"十二五"职业教育国家规划教材
经全国职业教育教材审定委员会审定

21世纪高职高专
精品教材
会展专业

Canzhanshang Shiwu

参展商实务

（第三版）

卢小金 编著

东北财经大学出版社
Dongbei University of Finance & Economics Press

大连

图书在版编目（CIP）数据

参展商实务 / 卢小金编著. —3版. —大连：东北财经大学出版社，2017.8

（21世纪高职高专精品教材·会展专业）

ISBN 978-7-5654-2917-0

Ⅰ．参… Ⅱ．卢… Ⅲ．展览会–高等职业教育–教材 Ⅳ．G245

中国版本图书馆CIP数据核字（2017）第208407号

东北财经大学出版社出版

（大连市黑石礁尖山街217号 邮政编码 116025）

网 址：http：//www.dufep.cn

读者信箱：dufep@dufe.edu.cn

大连理工印刷有限公司印刷 东北财经大学出版社发行

幅面尺寸：185mm×260mm 字数：323千字 印张：14.5 插页：1

2017年8月第3版 2017年8月第6次印刷

责任编辑：张旭凤 责任校对：齐 心

封面设计：冀贵收 版式设计：钟福建

定价：26.00元

第三版前言

《参展商实务》自2010年出版以来，有幸得到高职高专院校同仁的普遍好评和广泛使用，我们不胜感激！本书第二版经出版社申报获得评审专家的认可和厚爱，幸运入选"十二五"职业教育国家规划教材，这既是对之前的编写工作给予了肯定，也是对第三版的编写提出了更高的要求。

参展已经成为现代企业强化竞争能力的重要手段，企业在展会现场展示的技术、使用的展具和采用的营销手段日趋多样化，我们一直对此高度关注。

越来越多的参展商已经意识到，参加展会意味着企业将直接面对成千上万观展商的检阅，企业的产品陈列、展台设计、展位服务等都将要迎接客户挑剔的目光，参展商在展会上的表现是企业整体形象的一个缩影。对每一位参展商而言，熟练掌握和运用参展知识对提高参展效果可以起到事半功倍的作用。

为了更加适应时代发展的需要，应出版社的要求，本书在第二版的基础上进行了修订。此次修订，我们主要做了以下变动：

1.针对原书一些重点、难点内容进行了更为通俗易懂的阐述，有的直接用图或者表进行直观的呈现，有的对部分内容进行了更新或补充；

2.进一步充实和更新了典型参展案例；

3.在某些章节适当增加了一些图片，以期有助于读者更理解实务、贴近实务；

4.对附录中的数据进行了更新。

我们力求做到内容新颖、重点突出、概念准确、通俗易懂，并希望这次修订后的教材能更全面地反映参展前沿知识和发展趋势，更加符合教学需要。

由于能力所限，本书可能存在疏漏或不足之处，我们殷切地希望各位专家和行业人士对本书提出宝贵的改进建议或意见，从而使本书越来越完善、越来越符合高等职业教育的教学要求。

编　者

2017年6月

第一版前言

在竞争激烈的市场环境中，如何快速地将企业的产品导入市场，扩大企业的市场份额，树立和提高企业在行业和消费者中的地位、形象，这是当今企业每天都必须面对的问题。展览会因具有聚集性、现场性、互动性等特点，被众多企业视为不可多得的、高效的营销场所，就像每年春、秋两季的广交会，经常出现企业争先恐后排队要求参展的热烈场面。企业参展获得了一种展示自己、推销自己的机会。有些企业很好地利用这些参展机会实现企业的目标，但是有些企业获得了这种机会却没有达到预期的效果。编写《参展商实务》这本教材，试图达到如下的目的：通过对本书的学习，学习者能了解参展的主要流程，学会如何选择适合企业发展需要的展览会参展；通过对本书的学习，学习者能懂得如何布展，使布展的效果能有效地向市场传达企业的信息；通过对本书的学习，学习者能懂得作为展台人员如何与现场观展商或消费者进行互动，掌握现场的促销技巧以及巧妙融合种种营销手段，实现企业参展的目标。

本书作为实务性较为突出的教材，在编写过程中吸收了一些有实践经验的参展商的观点，引用了大量的案例，并搜集了一些中外知名的展览会附在书后进行介绍，突出了理论与实践相结合的特点，重在体现实用性。

本书在编写过程中，参考和引用了部分国内外相关的研究成果和著名网站的资料，在此谨向被引用成果和相关资料的作者、网站表示诚挚的谢意。由于编者水平有限，在资料搜集中存在错漏或书中存在不当之处，敬请广大读者批评指正。

编 者
2009 年 11 月

目录

第1章

展览会概述

【学习目标】

在学习完本章以后，你应该能够：

了解展览会的基本特征；

认识展览会的经济功能；

懂得展览会的组织结构；

熟知展览会的相关知识。

【引例】

CEPEE2017万众瞩目　业内企业报名火爆

随着环保产业的发展和成长，中国广州国际环保产业展览会（CEPEE，以下简称广州环保展）已经胜利举行了10届。作为华南地区最具规模影响力的环保产业博览会，广州环保展至今已吸引了40多个国家与地域的超过2 600家展商参展，贸易观众达30.6万人次，并取得国际参加者的认可，成为环保领域顶尖展会之一，是华南地区规模最大、最具威望性的环保行业嘉会。为了展示最佳的企业形象效果，展现最好的宣传推广效应，展会依托华南最佳、亚洲最大的展览馆——广州中国进出口商品交易会展览馆举办展会。本届广州环保展展露面积达36 000平方米，并首次启用展馆内最高规格的A区4大展厅，展厅采用超阔、超高的无柱设计，结合展厅两侧的玻璃幕墙，给供需双方提供了绝佳的展览环境，更为打造高大上的环保产业展提供了必备硬件。展会将充分发挥场地优势，通过集中展示环保产业领域的新技术、新产品、新结果和解决计划，搭建产业供需两端的对接平台，打造笼罩环保领域全产业链的环保生态展。

由中国环境科学学会、广东省城市垃圾处理行业协会、广州环境维护产业协会等环保领域权威机构主办、政府环保部门指导的"CEPEE2017第11届广州国际环保产业博览展"将于8月16—18日在中国进出口商品交易会展览馆A区举办。作为与时俱进、走在时代前沿的权威展会，本届广州环保展在往年的办展基础上作了更多冲破，多项亮点突出，展会规模、品质、衍生服务全面升级，目前，展会招观工作正严密开展中，本届展会预计邀请国内外专业观众85 000人次，组委会近期已通过利用政府主管部门、行业协（商）会、合作媒体及主办单位10余年来积聚的50万专业观众数据库和资源，以电话、短信、传真、群发海量请帖、门票等方式，邀请海内外工程公司、环保局、设计院、污水处置公司和各级经销代办商、化工厂、电力、纺织、印染、造纸、电镀、冶金、食物、制药等行业的专业观众以及技术、市场和采购部门负责人参观展会。经过组委会长期的品牌推广和精准对接，目前招展招观工作进展显著，展位销售异常火爆，企业报名踊跃。截至目前，已有300余家企业单位报名参展，海内外报名参观参展近30 000人，其中新展品数量、海外观众数占比将突破15%，形势已超越预期，预计8月份展出时，本届展会各项指标将全面超过上届。

资料来源　木木. CEPEE2017万众瞩目　业内企业报名火爆［EB/OL］. ［2017-03-27］. http: //www.traveljx.com/lyjd/jxlyjd/2797.html.

分析提示：展览会作为经济助推器的作用得到了社会的高度认同，政府部门为发展经济给予大力支持，各企业为了拓展市场壮大规模踊跃参展。事实证明，选择好的展览会参展是企业市场营销的最有效手段之一。

展览就是在固定的场所、特定的时间和期限里进行陈列、展示以供来人观看，展览会是众多的参展组织或个人以促成交易为目的，将展品实物或样品、模型、图片等摆放在展览场馆进行展示、宣传，吸引观众前来观看或购买的一种社会活动。每个展览会又可称为一个展览会项目。其名称可以是展览会、展销会、展示会、交易会、洽谈会、博览会等多种表述形式。

展览业的诞生、成长和发展与世界经济的发展密切相关。在古代农耕社会，人们往往在庆贺丰收、宗教仪式、欢度喜庆的节日里展开交易活动，后来逐渐发展成为定期的、有固定场所的、以物品交换为目的的大型贸易及展示的集会。公元5世纪，波斯举办了第一个展览会。当时的波斯国王以陈列财物来炫耀本国的财力和物力，以期威慑邻国。在14世纪到17世纪欧洲复兴时期，在通往罗马的旅途上，陈列各种出版物的法兰克福书展和商品博览会，成为旅游爱好者喜爱的停留之处。18世纪，随着新技术和新产品的不断出现，人们逐渐想到举办与集市相似，但只展不卖，以宣传、展示新产品和成果为目的的展览会。1791年在捷克的布拉格首次举办了这样的展览会。

18世纪60年代发生的以蒸汽机的发明和应用为代表的第一次工业革命和19世纪70年代以后爆发的以电力的发明和应用以及钢铁、化学、交通运输业的革新为代表的第二次产业革命推动了世界经济的快速增长，展览会的规模也逐步扩大，参展的地域范围从一地扩大到全国，由国内延伸到国外，直至发展成为由许多国家参与的世界性博览会。首次世界博览会于1851年在伦敦举行，来自世界各地（包括中国）的14 000多个展出者参加了展览。该博览会以其壮观的玻璃、铁架预制构件结构建成的面积7.4万平方米的"水晶宫"展馆，成为旧贸易集市向标准的国际展览会与博览会过渡的标志。

1894年莱比锡举办了第一届国际工业样品博览会。这届博览会不仅规模空前，吸引了大批来自各地的展览者和观众，更重要的是配合资本主义生产方式和市场扩张的需要，对展览方式和宣传手段等方面进行了改革和创新，如按国别和专业划分展台，以贸易为主，以便商人看样订货。这种方式引起了展览界的重视，欧洲各地的展览会纷纷效仿。展览业从此翻开了崭新的一页，国际展览业形成对经济全球化的强大推动力。

19世纪末至第一次世界大战前，展览会与博览会成为发达国家争夺世界市场的场所，为世界经济复苏注入勃勃生机。第二次世界大战结束不久，一批因战争停办的展览会和博览会重焕生机，例如，世界著名的"米兰博览会""莱比锡博览会""巴黎博览会"被誉为连接各国贸易的3大桥梁，值得一提的是"莱比锡博览会"在冷战期间为沟通东西方贸易联系所起到的重要作用：前民主德国每年与西方国家达成的贸易额中，有1/3是在"莱比锡博览会"上达成的。此外，原东欧社会主义国家特邀西方国家商人到"莱比锡博览会"洽谈业务，签订合同，因此"莱比锡博览会"被誉为"通往东欧国际贸易市场的门槛"。由于展览业对社会经济推动作用巨大，有人把它誉为"世界经济发展的加速器和助推器"。

展览会是一种流通渠道，它与批发、零售等流通媒介的功能大体相同，甚至我们可以把展览会看做是一个巨型的商场。对于参展商来说，展览会的作用就是通过参展宣传企业的产品，树立企业的市场形象，寻找潜在的目标客户，拓展企业的销售渠道，同时通过从展览会上获得的信息，了解自身所在的产业同类产品的技术发展最新动向，客观地认识本企业在行业中所处的地位，为企业制定发展战略提供依据。

(1.1) 展览会的特性

越来越多的企业把参与大型商业展览作为商品促销或采购的重要手段。它具有一般营销沟通工具的共性：广告、促销、直销、公共关系等。它还具有显著特性：展示品牌和形象；生产商、批发商、分销商交流沟通贸易的汇集点；调查观察有关信息的场所，帮助参展商、客商准确把握行业发展趋势，制订符合实际的生产或经营战略、策略和计划；它是低成本的营销中介体，展览会寻找一个客户的平均费用，与推销员推销、公关推销、广告推销等手段相比是1：6，展览会的成本优势非常突出。

组织良好的大型商业展览会，常给与会者带来意外惊喜。这正是世界展览会业历经百年历史仍旧不断发展、蓬勃兴旺的原因。随着科学技术的不断进步，展览会的时代特征日益明显。现代展览会一般具有以下6大特性。

1.1.1 聚集特性

展览是人、信息、产品在时间与空间上的聚集，同时展览业的发展是为了适应经济发展的需要，展览会地点也出现集群化。

1）人员聚集

在展览会期间，许多公司都满怀希望前来参展，参展人员与前来参观的观展人员共聚一堂，平常难得见面甚至可能没有机会见面的人，为了各自的或共同的利益和需要，聚在一起，共寻商机。

2）信息聚集

由于专业买家和商品的高度集中，能迅速发现和传递诸如产品、价格、市场以及产业发展等方面的信息，这是展览会区别于市场和大卖场的显著特点之一。来自社会各地的企业商家，将展览会上企业的信息迅速扩散到世界各地，为参展企业提供广阔的贸易空间和创造更多的贸易机会。因此，大型展览会是搜集商业信息和寻求商机的最佳场所。

3）产品聚集

产品展示是展览会的主要功能之一。在展览会上，众多企业将自己的新老产品集中展示，以寻求获得市场的认可和找到合适的买家。现代专业展览会更是同类企业的同类商品集中的展示场所，并且吸引众多的专业观众前来观展，使展览会的集聚性、竞争性和辐射性更为突出，由于买卖双方的高度集中，给企业带来规模化效应。

　　4）地点集群

　　展览会地点集群化，也是现代商展集聚特性的另一表现形式。世界众多展览会名城和展览会城市圈，多处于经济发达地区。我国经济的持续快速发展，使得三大城市圈也正在发展成为三大展览会城市群，即以上海为中心的长三角地区，以北京为中心的环渤海地区，以香港、广州为中心的珠三角地区。

1.1.2　前沿特性

　　企业在参展时，一般会把最新的商品和技术拿来展示。新材料、新技术的大量运用，使现代展览会极富科技性、时尚性和前瞻性。

　　1）科技性

　　参展商品是否受买家青睐，很大程度上要看原材料和生产工艺科技含量的高低。同时，一个展览会是否成功，又在很大程度上取决于业内顶尖企业的出席率，取决于业内最新技术、最新信息展示和发布的多寡。产品更新换代频繁的IT、汽车、航空等专业展种，其科技性表现得更为突出。另一方面，越来越多的大型国际展览自身的科技水平就很高，其中尤为重要的是现代信息技术的运用。电子识别系统、网上登记、声光电结合布展技术等，已被广泛采用。

　　2）时尚性

　　展览会具有展示时尚、引领时尚的功能。展览会往往成为引领世界潮流的新产品"横空出世"的最佳舞台。许多改变人类生活的重要产品，如蒸汽机、电动机、海底电缆、飞机、汽车、无线电通信、装配式建筑、可视电话、GPS全球定位系统等都是从大型展览会走向世界的。推陈出新是人类的健康心理和追求。展览会满足了人们求新、求异的心理需要。新颖、时尚、前沿的产品得以充分展示，业内最新技术得以广泛交流，是展览会服务的核心功能。

　　3）前瞻性

　　展览会上常常会展出一些新鲜出炉的"概念"产品。有的甚至是"夹生"产品或"图示模型"产品。这是因为，展览会上展示的新产品，并不纯粹是为了寻求买家，其中有相当一部分是来"试水"的，其本意是通过专业人员"横挑鼻子竖挑眼"，从而使自己的产品得到改进。其实，这也是绝大多数展览会只对专业观众开放，或规定前3天只对专业观众开放的重要原因之一。专业会议与展览同时进行，且会议的分量不断加重，是现代展览会的一个突出特点。在与展览同时举行的会议上，前瞻性表现得更为充分。"年会""论坛"的听众，一般会提前得到相关的文字和图片资料，在聆听多位业内权威人士的高水平学术报告后，还有机会与演讲者进行较多的直接交流。在这类会议上，人们甚至可以获取仅仅处于"萌芽"状态的新技术和新产品，此种新锐信息，有时会将听众引入从未想到过的产品和技术创新之门。

典型案例1-1

汉能全系产品首次集中亮相SNEC 全方位展现技术成果

第11届（2017）国际太阳能产业及光伏工程展览会（SNEC）于4月19日在上海新国展拉开帷幕。全球领先的薄膜太阳能企业汉能携装备产线"交钥匙"解决方案、户用等分布式薄膜太阳能产品、移动能源民用产品、全太阳能动力汽车、无人机等全系产品亮相本次展会。

据了解，这是汉能进军薄膜太阳能领域，整合了集薄膜太阳能技术研发、装备制造、组件生产及多样化市场应用的完整产业链以来，首次携全系产品集中亮相行业盛会，全方位展现了汉能的业务布局、技术成果与市场战略。

近年来，汉能此类产品开发向系统化和产品多元化发展，先后开发了"标准产品系列""小型工商业产品系列"等品类，研制了CIGS玻璃基组件、曲面发电瓦产品组件、阳光棚产品系列组件、柔性产品系列组件等多款产品，为进一步提升竞争优势提供了有力的保障。

展会现场，汉能薄膜发电集团旗下Solibro事业部的大尺寸铜铟镓硒（CIGS）薄膜太阳能幕墙组件，汉能美国子公司（Global Solar Energy，GSE）的PowerFlex六米柔性CIGS薄膜组件、薄膜太阳能交通隔音障、GSE柔性膜结构及新一代ICI封装PowerFlex组件，汉能美国子公司之MiaSolé世界单片功率之最的柔性组件Flex-03和可自由弯曲剪裁的第十代芯片，以及面向民用市场的便携式薄膜太阳能发电纸、依托于汉能美国子公司Alta Devices生产的高效柔性砷化镓（GaAs）薄膜太阳能组件而研制的全太阳能动力跑车Solar R和太阳能无人机等众多集中体现薄膜太阳能产品多样化应用的精品，成为本届展会亮点。

资料来源 佚名. 汉能全系产品首次集中亮相SNEC 全方位展现技术成果 [EB/OL]. (2017-04-19). http: //finance.sina.com.cn/roll/2017-04-19/doc-ifyeimzx7012784.shtml.

分析提示：企业将自己最新技术的产品在展览会上进行展示宣传是企业新产品进入市场的最便捷、最有效的渠道之一。

1.1.3 现场特性

在展览会上，参展商将展品实物摆放在展台上进行展示，并进行现场解说和演示，观展商通过这种现场展示可以深入观察和了解产品，甚至可以触摸展品，亲自开动机器，体验产品的各种性能。展览会给参展商与观展商（企业客户）提供了现场当面交流的机会，谈判双方在获得语言信息的同时，还可以从对方的神态和微妙的肢体语言中，获取对方真实的信息。展览会的这种现场特性是其他营销方式很难取代的。这是网络展览发展至今仍然只能作为实物展的补充，而不能对实物展形成强烈冲击的根本原因。

1.1.4 艺术特性

展览是非常强调创意的。现代展览会十分重视对美的追求，一个成功的展览会，必然会给与会者以美的享受。展场的整体布置必须是艺术化的，主题突出，风格统一。参展企业争奇斗艳，将展场装扮成展示自身形象的大花园。要想"一枝独秀"，展台布置必须讲究，因为展台形象直接反映企业的品位。展台的视觉冲击力，被称作"5秒钟的视觉形象"。展台布置精美，就能让客人驻足观看。在今天，一个精致展台的设计和搭建费用，远远超过展位租金已不足为奇。为了给观众留下深刻印象，有实力的企业，仍然愿意为赢得"刹那的光辉"而"一掷千金"。

1.1.5 互动特性

互动性强是现代商展的一个显著特点，其表现是多方面的。

1）买卖双方的互动

展览会具有强大的促销功能。为参展商提供免费参观券，以增加专业观众数量的做法，已经被各种展览会所普遍采用。展览会现场，买方可以表明自己的需求，并得到最直接、最确定的回答；卖方可以推介产品的新颖、性能、价格优势，并得到回应。通过相互交流，买卖双方彼此加深了解，互相得到满足。

2）同行之间的互动

"同台竞技"加深了同行之间的了解。通过展览会，可以搞清楚对手在做什么，了解自己在同行中所处的地位。最重要的是，通过与同类企业在生产技术、产品性能、营销策略等方面的比较，明确了今后的发展方向。

3）组织者与参与者之间的互动

通过连续参展，组织者与参展商、组织者与专业观众之间建立了长期联系，彼此互相信任、互相支持，获得双赢和多赢。在这方面，连续性越好的展览会，互动就越充分。那些连续办了五六十届的品牌展览会，组织者与参与者在商务和情感方面互通互动，大多成了知根知底的老朋友。每逢开展时节，展场就成了老朋友聚会的快乐天堂。

典型案例1-2

2016中国图书馆展览会精彩纷呈 互动体验成亮点

作为2016年中国图书馆年会的重要活动之一，中国图书馆展览会日前在安徽铜陵举办。"专业创新，注重互动体验"成为本次展览会的一大亮点。展览会现场设置了各种互动体验区，令观众感受到了国际化"大主题"博览会的精彩。

在国家数字图书馆体验区，虚拟现实体验、人机交互体验、视频展播互动等，充分展现了数字图书馆推广、网络资源共建共享、图书馆大数据应用等方面的建设成果，并为观众提供了国图公开课、文津经典诵读、移动阅读等主题互动体验活动。

机器人担当智能接待员，与门口大屏配合，生动有趣地给观众讲解体验区情况、主持国图公开课以及答疑解惑；虚拟现实体验让文津经典诵读的古诗词"活"起来，为观众带来了引人入胜的沉浸式体验；移动阅读提供国家图书馆各类创新服务平台，让公众享受随身阅读的乐趣；还有各地数字图书馆优秀案例展播、可以取走的照片墙和微信打印机自主体验等，吸引了众多观众。

资料来源　王涵. 2016中国图书馆展览会精彩纷呈　互动体验成亮点 [EB/OL]. (2016-10-27). http://www.ah.xinhuanet.com/20161027/3504969_c.html.

分析提示：展会上生动有趣的互动体验是赢得客户的一种有效的手段，参展商在参展时可通过巧妙设计互动环节活跃会场气氛，吸引目标客户。

1.1.6　高效特性

展览会的集聚性、前沿性、现场性、艺术性、互动性形成的合力，成就了展览会的高效特性。只要参加一个好的展览会，就有可能在最短的时间里，获取最多的商业信息，做成最大的买卖。就产品促销而言，成功的展览会有时就像一个大型订货会，大公司的大笔订单，多数是在展览会上获得的。广交会长盛不衰，如今扩展到一年两届四期，展位还是异常紧缺，就是一个极好的例证。为什么广交会的一个标摊可以卖出17万元的天价？因为你只要拿到了广交会的展位，就意味着可能获得外商的大笔订单。到目前为止，还没有哪一种商业形式，能在总体上比展览会更具高效性。在今后相当长的一段时期内，展览会的高效特性是其他促销手段无法替代的。

典型案例1-3

奏响"一带一路"最强音　成为海丝核心平台
——第12届东博会、商务与投资峰会

八音合奏，丝路共鸣。2015年9月21日，为期4天的第12届中国-东盟博览会、中国-东盟商务与投资峰会在中国南宁圆满落幕。这是一次奏响"一带一路"最强音的盛会，八方宾朋，汇聚能量，硕果累累。"一带一路"，无缝对接，沟通融合。

本次盛会进一步凝聚了共建21世纪海上丝绸之路的共识，促进中国-东盟友好合作迈向更高水平。中国和东盟共有6位国家领导人、269位部长级贵宾高规格出席。中共中央政治局常委、中国国务院副总理张高丽在开幕大会上高度评价中国-东盟友好关系取得的成果，表示中方愿意同东盟一道，以携手建设"一带一路"，构建更为紧密的中国-东盟命运共同体为目标，进一步落实"2+7合作框架"，推动双方战略伙伴关系不断取得新的进展。东盟国家领导人在演讲中，表示支持和参与中方提出的"一带一路"倡议。主题国泰国举办了中外领导人出席的国家馆开馆仪式等一系列主题国活动。韩国作为本届特邀贵宾国，不仅单独设立商品展区，还由产业及通商资源部副部长率政府代表团和重要商界人士参会，并在会期举办了韩国国家推介会。

各国企业参展参会踊跃，共享商机。会期参展参会客商6.5万人，采购商团组85家，比上届增加5%。合作区域由服务"10+1"向服务区域全面经济伙伴关系（Regional Comprehensive Economic Partnership，RCEP）及"一带一路"沿线国家拓展。除了东盟国家展商，盛会还吸引了印度、日本、澳大利亚、新西兰、土耳其、加纳、孟加拉国、巴基斯坦、哈萨克斯坦、吉尔吉斯斯坦、格鲁吉亚、俄罗斯、美国、加拿大等国家的团组和企业参展参会。

经贸实效显著提高，"一带一路"效应明显。会期举办了84场投资促进活动。通过一系列国别配对会和行业配对会，东盟国家的大米、咖啡、实木家具、手工艺品，中国的食品加工和包装机械、电子电器等品种成交活跃。共签订了62个国际经济合作项目，涉及现代物流、新型装备制造、金融商贸、高新科技及信息软件服务等行业，遍布东盟、美国、加拿大、葡萄牙、澳大利亚、日本和中国香港、中国澳门、中国台湾等国家和地区。其中跨境商贸物流、园区建设等涉及海丝的产业项目比上届增长50%。中国银行新加坡分行与中国－东盟投资合作基金签署了《全面合作备忘录》，云南同方科技有限公司和泰国CDIP生物医药有限公司达成技术合作，上海荣和船舶融资租赁有限公司和马来西亚BMGS有限公司签订海洋资源开发合作项目等。此外，东博会还推动了桂港现代职业教育发展中心等项目落地。

在国际经济与产能合作展上，电力设备、工程机械、运输车辆、建筑材料、电子通信设备等中国优势产能，以及中国铁路总公司、中国铁路工程总公司、中国铝业公司、中国银行、中国中车、中国北方工业集团公司等20多家大型企业及相关机构齐齐亮相。国际产能与装备制造项目对接洽谈会邀请了电力、建材、工程机械、电子通信设备等领域企业参与国际产能与装备制造项目对接洽谈会，为优势产能合作牵线搭桥。会上，60多家中国企业与泰中罗勇工业园区、柬埔寨西哈努克港经济特区、印尼工业园区、缅甸明加拉产业园、菲律宾三宝颜市特别经济区等东盟国家产业园区代表、投资促进机构及项目业主进行洽谈对接，现场达成合作意向的项目11项。据不完全统计，东博会期间通过各类项目洽谈会成功签约的国际产能合作项目达34项，涉及机械制造、汽车配件、能源建设、建材生产、有色金属、矿产开发等领域。

本届东博会框架下共举办27个论坛，为历届最多。通过多层次、多领域交流活动，开展了部长级磋商以及政府官员、企业家、专家学者、社会各界知名人士之间的对话沟通，建立了更多的合作机制，启动或实施了一批重大项目，丰富了"南宁渠道"，推动了21世纪海上丝绸之路在各领域的落实。

资料来源　作者根据中国-东盟博览会官方网站资料整理所得。

分析提示：现代品牌知名度高的国际展览会获得国际社会乃至官方机构的高度认可，集聚了大量优质的商家和专业观众，为企业带来了较高的签约成功率，为企业升级发展提供了很好的机会。

知识链接1-1

展览会的五大价值认知

成熟的参展商之所以能够拥有企业参展准确定位的能力，是因为他们对展览会的价值具有几乎一致的价值观，我们通过调查研究，发现企业对展览会的价值认知主要集中在"信息传播价值""第三方认证价值""体验价值""理念价值""精神领袖价值"等5方面。

所谓展览会的信息传播价值，指的是展览会具有快速反馈高效率、高质量的市场信息高效传播特点，一个知名展览会实际上就是一次行业年会，从行业协会到产业链的各个环节均被聚集在一个时空里，是行业信息量的大潮到来之际，是行业海量信息的尖峰时刻。我们不难发现，世界上一流的品牌展览会的一个主要标志，就是能够聚集行业最有影响力的媒体参与，大部分的展览会都有市场政策发布新闻会和行业市场宏观走势分析与专题论坛，50%以上企业会通过展览会把最新的产品信息发布给目标消费群体，因此，信息传播是展览会最基本的价值，任何企业参展都知道这个道理。

关于"第三方认证价值"，表现在展览会实际上是一个公平买卖的市场，是提供企业进行商业交易的特定场所，其所处地位就是一个中立的第三方，其对展览产品的认证相当于第三方认证，具有一定的客观权威性，一个简单的例子就是贵州的茅台酒，之所以在20世纪70年代被周恩来总理点名定为"国宴酒"招待美国国务卿尼克松，是由于贵州茅台厂1915年在美国旧金山参加巴拿马世界博览会期间被评选为金奖，因此产品在展览会上评奖和认证成为企业参展市场营销的一个主要目的之一。

展览会的"体验价值"，表现在展览会的聚集人气功能上，由于展览会的直接参与性和体验性，一次参展常常成为一次深刻难忘的体验。展览会作为一个行业盛会，可以将来自行业的各方人士在短短的3～5天内汇集到一个展览场馆中，大家平等交流，联络老客户，结识新客户，发现潜在客户，刺探竞争对手，观摩新产品，所有的活动均以个人调动五官全力体验为基础，与他人进行平等沟通为纽带，成为企业决策者最直接地对各类信息综合分析的第一手资料依据，这样的体验价值具有唯一性、时效性和前瞻性，是展览会作为市场营销工具区别于其他市场营销方式最重要的不可替代的特征之一。

那么，展览会的第四个价值——"理念价值"是什么呢?这是为许多参展商较难以理解的一种价值，不过，多半成熟的参展商一般对此有其独特的理解。纵观世界各个机电类知名品牌展览会无不像人有自己的"灵魂"似的，都在倡导、传播一种理念，这种理念能够左右消费行为，在消费市场上可能引爆流行，在生产资料市场上可能引起生产方式的革命。这是因为消费观念是巨大的消费动力。例如，汉诺威工业博览会，就是一个能够给参观者带来强烈的体验，使得参观者心灵上形成一种"极化""磁化"作用，这种作用足够强烈，就固化为一种"观念"，只要我们企业参加了这个展览会就足以说明我们的企业紧跟着消费市场的步伐，有能力在本行业与竞争对手"逐鹿中原"。

展览会的最后一个价值是"精神价值"，成熟的参展商均善于运用展览会的这个价值去影响自己的消费群体和与竞争对手进行较量，因为展览会的最高境界是成为一个消费者群体的"精神领袖"。一个达到精神领袖境界的展览就是按照已经设定的一套清晰的价值观念，成为某种生活方式的鉴定者和护卫者，通过展览会及其多种相关活动的举办，引导人们理解其所倡导的概念，为广大参展商"制造"一个通用型的价值观念或者价值信仰平台，从而带来巨大的商业效果。例如，法兰克福的照明展览会，被称为"世界照明行业的麦加"，是全球照明行业毕生追求的圣地，是反映世界照明行业最新动态和市场的晴雨表，成熟的参展商总是为能够参加这样的展览会而感到自豪和骄傲，这不仅是企业实力的佐证，最关键的是这样的展览会令成熟的参展商有了一种精神上的归属感。

资料来源　佚名. 正确认识展览会的五大价值 [EB/OL]. [2007-06-06]. http://www.nongji.com.cn/news/viewNews.action?newsId=6855.

(1.2) 展览会的经济功能

展览会具有强大的经济功能，包括交易功能、沟通功能、整合营销功能、技术扩散功能、展示功能、调节供需功能、信息聚集与传播功能等。

1.2.1 交易功能

贸易成交一般有若干环节：生产厂家向客户宣传产品，客户产生兴趣并进行询问了解，客户产生购买意向，厂家与客户洽谈，讨价还价成交。通常这个过程有可能比较长，但在展览会上，这一过程可以比较迅速地完成。在展览会中，丰富的信息、知识交流传播使得生产、贸易、生活趋于更轻松、直接、快捷、准确，消除了供求中的许多不确定因素，产生高效低耗的经济功能，创造了经济均衡的巨大可能性。在展销会上，参展商为卖而参展，参观者为买而参观，均有备而来。参展商可以在有限的时间内最广泛地接触买主，观众购买商可以在有限的空间里最广泛地了解产品，参展商可以于潜在客户表示出兴趣时就抓住机会开展推销、洽谈工作，直至成交甚至当场回款，买卖双方可以完成介绍产品、了解产品、交流信息、建立联系、签约成交等买卖流通过程，展览会起到沟通和交易作用。

1.2.2 沟通功能

展览会的联系沟通作用非常明显：联系量大、联系面广、联系效果好，因此展览会可以为展览会组织者、参展商、观众提供彼此联系和交流的机会。通常在短短几天有限的展览会期间，参展商往往可以接触整个行业或市场的大部分客户，可能比登门拜访等其他常规方式一年甚至几年所接触的客户还多。展览会参加者在专业展览会上可以接触到行业主管部门领导、本领域专家、现有客户、潜在客户、供应者、代理商、用户等与己相关的各种角色的人，其中不乏决策人物、关键人物，形成的人际联系质量高。展览会的环境氛围典雅，有利于进行高质量的交流。

典型案例1-4

羊城春暖花开，朵朵都是希望

2017年3月28—31日，瑞典木业协会携北魁沿湖（Bergkvist-Insjön）、爱生雅木业（SCA）、瑞典国家木业（Setra）和索达木业（Södra）等10家主要的瑞典锯木企业，参加了中国广州国际家具生产设备及配料展览会。瑞典是世界三大锯材出口国之一。瑞典锯木产量的大部分，来自本次来华的10家瑞典锯木企业。在瑞典木业协会的大展厅里，来自全国各地的中国客户与瑞典锯木企业代表直接对话，新老朋友欢聚一堂。客户们获得了瑞典木材性能、用途、进口渠道、价格的一手资料，并亲手触摸了瑞典赤松和云杉样品、表面处理样品以及多件由中国顶级设计师设计制作的赤松家具作品。展会期间，瑞典木业协会国际董事会主席、瑞典国家木业市场和业务发展总监Olle Berg先生、瑞典木业协会室内和设计总监Charlotte Apelgren女士、瑞典木业协会项目协调人Per Esbjornsson先生，先后就瑞典木业的市场和出口情况、瑞典木质家具设计、瑞典木材的用法进行了专场论坛演讲，充实的内容和认真的态度给论坛观众、展会参观者留下了深刻印象，也特别感谢《家具与室内装饰》杂志等媒体的支持。展会期间，瑞典木业协会获得了广东省家具协会、深圳家具协会的大力支持和关注，双方也进行了亲切交谈，以期在今后建立更为深入的合作，为广深地区的家具行业发展和家具设计创造更多的交流机会。本次参展的10家瑞典锯木企业表示，对此次参展中国广州国际家具生产设备及配料展览会非常满意，各企业收获颇丰。

资料来源 佚名. 羊城春暖花开，朵朵都是希望 [J]. 家具与室内装饰，2017（4）.

分析提示：展会吸引行业内各企业参加，没有国界，不分语言，大家济济一堂，由陌生到相识，彼此互相介绍和深入沟通，了解各自的需求，或者最终达成共识，形成合作。展会是一种企业之间、企业与消费者之间最为直接、有效的沟通方式。

1.2.3 整合营销功能

展览会作为企业之间的一个有效的营销平台，为企业展示产品、收集信息、洽谈贸易、交流技术、拓展市场提供了桥梁和纽带作用，展览会在企业市场营销战略中的地位日显重要。展览营销已经成为很多企业的重要营销手段。

　　整合营销理论认为，在营销可控因素中，价格、渠道等营销变数可以被竞争者效仿或超越，而产品和品牌的价值难以替代，因为它们与消费者的认可程度有关。整合营销的关键在于进行双向沟通，建立一对一的长久的关系营销，提高顾客对品牌的忠诚度。展览会具有整合营销功能，可以利用多维营销的组合手段，如展览会的报刊、电视、广播、因特网、户外广告、实地展示、洽谈沟通等各种营销方式，这种整合营销功能有利于企业与顾客的交流，增强消费者对企业产品与品牌的认同度，促进企业销售工作。展览会具备了其他营销工具的相关属性：作为广告工具，展览会媒介将信息有针对性地传送给特定用户观众；作为促销工具，展览会刺激公众的消费和购买欲望；作为直销的一种形式，展览会可以直接将展品销给观众；作为公共关系，展览会具有提升形象功能。

1.2.4　技术扩散功能

　　经济全球化的根本动力，是科学技术的日新月异和飞跃发展。而展览会与博览会为科研成果、技术革新、新发现与新创造在国际生产领域的应用和传播起到了不可低估的作用。在新产品、新技术层出不穷的今天，许多有利于生产发展的产品与技术都是通过展览的宣传和介绍而被社会所接受的。

　　展览会活动促进生产技术交流，为产品生产提供新技术，降低生产成本。展览会为高新技术的市场交易提供了条件，同时也为生产能力、生产要素的优化组合与配置提供了条件。

　　展览业可以促进科技开发和实现科技成果转让。展览会在一定场所使供需双方充分地交流信息，特别是生产企业，通过信息交流，可以了解消费者需求的新变化和未来的发展趋势。生产者为了避免自己产品被淘汰，跟上时代的消费潮流，应该利用展会上最新科技成果，进行科技创新，实现现有产品的第二次开发，或者进行新产品开发，提高产品质量和性能。同时，展览会也可以促进科技成果的转化，实现科学技术的经济价值和社会价值，而且通过科技成果转让，可以使供需双方建立长期的经济合作关系，有利于经济社会协调发展。

　　典型案例1-5

第19届科博会重磅云集

　　第19届中国北京科技产业博览会展览于2016年5月19—22日在北京中国国际展览中心举办。美国、英国、德国、法国、俄罗斯等17个国家和地区的20个境外政府代表团、科技与工商代表团参展参会；天津、上海、河北、山东、湖南、广东等20多个省、自治区、直辖市及计划单列市组团全面参与；1 500多家国内外高新技术企业和高校、科研机构参展。本届科博会最提振人心的是：一批重大科技成果面世，带动中国整体科技水平大幅提升；一批科技领军企业崛起，中国原创正在大踏步走向市场，走向世界。其中有：具有完全自主知识产权的中国鹰眼技术填补了多项国内外空白，是目前国内唯一实际应用到体育赛事的鹰眼系统；全球首款投影类可穿戴产品—数腕投，采用全新工艺制造，实现业界突破；全球首台可在任意材质和表面快速制造电子电路的"液态金属喷墨打印机"；中国领先的"人机对话"技术平台，产品领域包括智能机器人和智能车载产品等。

　　重量级原创技术成果集中登台，挺起中国创造的脊梁。比如中国空间技术研究院的月球车"玉兔号"、北方车辆研究所的月球车"玉兔号"的底盘小型轮步式无人平台等；比如最新海洋科技装备中的"蛟龙号"载人潜水器、4 000吨级"科学号"综合考察船、4 500米级"海马号"无人遥控潜水器、海上核电平台船、深海海洋油气勘钻、水下机器人等。第三届国际海洋科技与海洋经济展览将围绕"建设海洋强国"和"21世纪海上丝绸之路建设"国家战略，重点展示国家重大海洋科技成果和国内外涉及海洋油气与船舶工程、海洋生物医药、海水淡化、海洋探测、港口、海洋经济区等领域的新技术、新产品、新成果。中国电子科技集团公司将携海洋电子、智慧城市两大主题亮相展会，将展出多项高新技术产品。其中有以体系化发展思路聚合集团海洋产业优势力量而开发的海洋电子产业从体系、系统、装备到元器件及服务的全产业链产品。

　　全国各地重量级技术纷纷亮相。河北展示了高端制造、电子信息、新能源等战略新兴产业创新成果。其中包括创造了每小时487.3公里的世界铁路运营试验最高速度的唐山轨道客车高速动车组、刷新世界输电电压等级新纪录的1 000KV交流输变电工程变压器、中国首个拥有自主知识产权的国家一类新药丁苯酞、亩产810千克创世界之最的张家口农科院的杂交谷子。

　　山东汇集了最有特色和优势的35个项目参展。其中有获得2015年度国家科技进步二等奖的高产、稳产棉花品种鲁棉研28号，获得2015年度国家科技进步二等奖、山东省科技进步一等奖的高性能大规格复杂截面铝合金型材挤压成形及应用技术。鲁棉研28号作为国产抗虫棉品种在中国棉花生产中发挥了无可替代的作用，而铝合金型材挤压成型及应用技术则有力地支撑了中国高速列车等领域的建设与发展，促进了中国铝加工行业的技术进步和转型升级。

　　四川组织了35家企业的46个项目参展，一批具有国际先进水平的技术呈现了四川科技蓬勃发展的整体形象，其中有实时侦察无人机、高速嵌入式处理器、蜡丝3D打印机等。

　　贵州重点展示和推介了重点领域和产业集群中有代表性的高新技术项目。其中有以大数据、互联网+为代表的新一代信息技术产业，以新材料、新能源及新能源汽车、高端装备制造、航空航天、节能环保为重点的战略性新兴产业以及新医药大健康产业领域的技术成果和项目。

　　黑龙江带来一批具备一定前期基础，颇具市场潜力的科技项目，以高校和科研院所的研究成果为主，涉及高新技术成果、节能环保、新材料、电子信息、生物技术和医药等领域。

　　磁浮重磅亮相。湖南全面展示了磁浮模型及核心技术。长沙磁浮工程是中国第一条具有完全自主知识产权的、第一条投入商业运营的中低速磁浮线路，也是世界最长的中低速磁浮线路。该磁浮工程采用PPP模式，具有低辐射、低噪音等许多明显的技术优点。中低速磁浮线路适合中等运量的有轨交通，是城市内或城际间的交通选择之一。建设磁浮工程，可以推动磁浮产业发展壮大，打造城市经济新动力。

巴铁闪耀科博会。作为中国原创，巴铁多项自主研发的技术已申请国家专利。巴铁是一种完全依靠电力驱动的大运量宽体高架电动车，采用高效低碳公共交通新技术，是一项集城市快速公交（BRT）与地铁优点于一体的全新技术，适用于城市主要交通干道路面的上空。业界认为，如果巴铁技术成功应用，将造就一个巨大的新兴产业。

每一个重量级的、关键技术的成功突破，都将带动一个产业，乃至一个产业集群的发展，都将重塑产业链、供应链、价值链，带动产业升级和经济的发展。

资料来源　作者节选自《第十九届科博会展览综述》（2016-05-14）。

分析提示：北京科技产业博览会的成果充分表明，展览会具有十分强大的技术扩散功能，企业对此应有充分的认识并加以利用。

1.2.5　展示功能

展示功能是展览会具备的最基本的功能。展览会上，企业将各自的展品通过展台向公众展示，与国内外同类产品同台比较，还可以在展览会上通过交流向广大客商展示本企业的服务理念、产品及品牌，增强国内外客商对企业的了解，扩大企业的影响，树立企业的形象。现代展览会的展示功能对参展商提出了更高的要求，参展商要想在众多的参展商中胜出，吸引更多观展者的眼球，必须要充分利用各种展示技术。

1.2.6　调节供需功能

展览会可以视为供求信息市场，信息得以交换，企业参展产品的信息实为市场信息，是市场经济的重要资源。信息市场是经济运行循环过程的轴心，展览会信息市场反映信息交换中供求之间的各种经济关系，它连接市场信息供应方、市场信息用户、市场信息资源应用等重要生产力要素，促进各类市场资源得以优化配置，有效地刺激需求，调节供给。

1）刺激需求

展览会提供新产品示范的平台，通过参展的产品或科技成果的展示，广大消费者可以发现以前未曾有过的消费品和相关信息，可以促进消费结构的优化和重组，提高自己的消费水平。比如在科技博览会上，集机、电、液一体的全断面隧道挖掘机，堪称现代"土行孙"；新款个性化手机、数码相机令观众爱不释手，数码门锁、机器人吸尘器、智能化冰箱十分抢眼，深得观众青睐。这些新产品一经展览会亮相，就为众多顾客消费群所了解，刺激社会产生新的产品需求。因此展览会可以培养新的消费需求，更好地满足消费者的需要。

2）调节供给

展览会作为流通渠道之一，促使产品从供给剩余的地方转移到供给不足的地方，实现市场所具有的基本功能——调节余缺。这种功能是通过展览会活动，增加不同地域、不同文化背景、不同传统习俗的人们之间的互相交流与了解，消除沟通障碍，扩大共识，为产品的跨区域、跨文化、跨民族、跨环节的流通创造条件而实现的。

1.2.7 信息聚集与传播功能

展览会被誉为"信息冲浪""知识会餐"，突出强调了展览会的信息价值导向。展览会活动的开展涉及众多的主体，其中有组织者、参展商、专业观众、普通观众等，他们都冲着展览会所带来的丰富信息参加展览会。信息已经成为现代企业经营的关键性战略资源，信息代表了商机，企业掌握了及时有效的信息，就能够迅速占领市场，获取竞争优势。有实力的展览会企业不仅为参展企业创造了一个信息交流的场所，同时也为自己构建了一个信息碰撞的平台。

首先是集聚行业信息。展览会活动将众多的业内精英集聚在有限的空间范围内，更有利于企业之间的交流，比较企业之间的差距以及与行业发展水平之间的距离。通过展览会这个平台，展览会为参展企业商业信息的来源提供了一个有利的直接渠道。

其次是传播行业信息。一般来说展览会所提供的行业信息，比从网络或者公关等其他途经获得的商业信息更加真实、集中、可靠、丰富和及时。许多参展企业正是为了保证自己在行业中的竞争优势，而深入到展览会活动中来的。一般来说，展览会所提供的行业信息有3种形式：一是到场人员直接观察获得的信息，包括企业的产品形式、种类、推介方式等；二是企业直接发布的小册子和产品说明、介绍等文字和数字资料等；三是通过研讨会的形式获取行业的权威信息。现在展览会举办的同时往往伴有相关的专题研讨会，从专业的角度来看行业发展的规律和本质，并对相关专业难题进行探讨。如果说展览会展示的产品代表了行业发展的现状，那么这种专题论坛、研讨会所发布的信息则能够预测行业未来的发展方向，具有更大的潜在价值。

展览会为人们提供了交流场所，人们从中得到有用的商业信息以及被感染的情绪比市场经济预测更加可靠。在创新以及影响经济向积极方向增长方面，展览会起着灯塔作用。

(1.3) 展览会的分类

1.3.1 展览会从性质上分为贸易展览会和消费展览会

贸易性质的展览是为产业即制造业、商业等行业举办的展览，展览的主要目的是交流信息、洽谈贸易，贸易展的参与者一般是经过挑选而来的，他们通过登记入场，观众的质量高；消费性质的展览基本上都展出消费品，面向消费者开放。参展的公司一般是生产、经营消费品的企业，主要目的是直接销售。也就是说，对工商业开放的展览是贸易性质的展览，对公众开放的展览是消费性质的展览。

1.3.2 展览会从内容上分为综合展览会和专业展览会

综合展览会指包括全行业或数个行业的展览会，也被称作横向型展览会，如工业展、轻工业展，我国著名的广交会就属于此类展；专业展览会指展示某一行业甚至某一项产品的展览会，如钟表展。专业展览会的突出特征之一是常常同时举办讨论会、报告会，用以介绍新产品、新技术等。目前在国内外影响较大的我国专业展览会有北京国际机床展、北京汽车展、北京国际通信展等。

1.3.3 展览会从时间上分为定期展览会和不定期展览会

定期的有1年4次、1年2次、1年1次、2年1次等，不定期展则是视需要而定长期和短期。长期可以是3个月、半年、甚至常设，短期展一般不超过1个月。在发达国家，专业展览会一般是3天。在英国，1年1次的展览会占展览会总数的3/4。展览日期受财务预算、订货以及节假日的影响，有旺季、淡季。根据英国展览业协会的调查，3月至6月及9月至10月是举办展览会的旺季，12月至1月以及7月至8月为举办展览会的淡季。

1.3.4 展览会按展览场地分为定点展览会、巡回展览会、流动展览会

大部分展览会是定点在某专用展览场举办的。展览场馆分室内场馆和室外场馆。室内场馆多用于展示常规展品的展览会，如纺织展、电子展等；室外场馆多用于展示超大超重展品，如航空展、矿山设备展。在几个地方轮流举办相同性质、同类展品的展览会被称作巡回展。流动展是利用飞机、轮船、火车、汽车或组合房屋作为展场的展览会，在不同时间、不同地点展出内容相同的展览会，这类展览一般规模比较小。

1.3.5 展览会按参展者的地域分为国际展览会、国家展览会和地方展览会

国际展是指参展企业20%以上来自国外、观众的20%以上来自国外、20%以上的宣传费使用在国外的展览会。参加国际展是企业开拓国际市场的最为有效的方式。国家展是指以本国观众为主的展览会，但参展企业既可以是国内的企业，也可以是国外的企业。地方展是指以举办展览会所在地的观众为主的展览会，这类展览会一般规模较小，参与这类展览会主要满足当地消费者对某类产品的特殊喜好，或当地的企业为了激发本地消费者对本土产品的特殊情感、开拓当地市场而举办的。

（1.4） 展览会的办展机构

参展商在参加展览会前，要弄清楚办展机构的情况并与之联系。办展机构的能力和知名度会对展览会的成功举办起到决定性的作用，它是参展商决定是否参展的重要因素之一。办展机构是指负责展览会的组织、策划、招展和招商等事宜的有关单位，它可以是企业、行业协会、政府部门和新闻媒体等。根据各单位在举办展览会中的不同作用，一个展览会的办展机构一般有以下几种：主办单位、承办单位、协办单位、支持单位等。

主办单位：拥有展览会并对展览会承担主要法律责任的办展单位。主办单位在法律上拥有展览会的所有权。

承办单位：直接负责展览会的策划、组织、操作与管理，并对展览会承担主要财务责任的办展单位。

协办单位：协助主办或承办单位负责展览会的策划、组织、操作与管理，部分地承担展览会的招展、招商和宣传推广工作的办展单位。

支持单位：对展会主办或承办单位的展会策划、组织、操作与管理，或者是对招展、招商和宣传推广等工作起支持作用的办展单位。

典型案例1-6

第5届中国电子信息博览会（CITE2017）

主办单位：工业和信息化部、深圳市人民政府

承办单位：中国电子器材总公司、深圳市平板显示行业协会

支持单位：深圳市福田区人民政府

协办单位：中电会展与信息传播有限公司、深圳亚威会展有限公司

分析提示：一个展览会的办展机构一般都会包括主办单位、承办单位、协办单位等，一般而言，承办单位是负责展览会实际运营的主要机构。

1.4.1 展览会的主办机构

展览会的主办机构负责策划和制订展览会组织和实施的方案，展场联系和落实、观众组织，以及落实一系列配套服务（包括为展商提供的货运、报关、检疫、布展、住宿、交通），它是展览会的发起者，需要承担展览会的民事责任。成功的展览会，其主办机构一般都具有很强的号召力，这样才能保证展览会的质量和效果令人满意。展览会的主办机构大体可分为五种类型：

1) 政府及其有关部门

展览业是二十一世纪的朝阳行业，它不仅可以给展览会举办者自身可以带来直接的经济效益，对展览会举办地及整个与展览相关的诸多行业带来间接的经济效益。政府部门对它的发展十分重视，它们不仅支持和鼓励展览业的发展和举办，而且常常自己直接参与和主办一些大型的展览会。在我国，政府出面举办的展览会往往会获得更多的企业参与，其规模和影响力都比较大，对参展商而言，参加这一类展览会可信度较高，参展的效果较好。如中国进出口商品交易会（广州）、中国国际高新技术成果交易会（深圳）、中国-东盟博览会（南宁）等在我国知名度最大的展览会都是由政府主办的。

2) 行业协会

在一个成熟的市场经济中，政府管理企业的职能更多会通过行业管理协会来实现。行业协会组织承担起该行业的主要管理职能。行业协会是民间性质的，他们的主要职能是制定行规，在市场调研的基础上，进行行业间的协调和管理，为行业内的企业提供各种服务。目前在市场经济较成熟的一些发达国家和地区，政府管理展览行业的职能已经和行业协会紧密结合在一起。在我国，行业协会在经济领域的影响力逐渐提高，不少展览会开始从政府转由行业协会牵头主办，如第17届中国国际玻璃工业技术展览会（北京）由中国日用玻璃协会主办、2009中国日化产品原料及设备包装展览会（上海）由中国洗涤用品工业协会主办等。这类展览会多为专业性的展览会，由于参与者都是行业内人士，许多行业最新技术的产品都会在展览会上展出，有利于促进企业信息交流、技术进步和行业发展。

知识链接1-2

中国展览会主办机构（行业协会）名单

中国国际展览公司

中国国际展览中心

中国轻工工艺进出口商会

中国轻工业机械总公司

中国矿业协会

中国国际广告公司

中国纺织品进出口商会

中国进出口商品检验协会

中国广告协会

中国计算机学会

中国陶瓷工业协会

中国化工装备协会

中国食品土畜产品进出口商会

中国机电产品进出口商会

中国医药保健品进出口商会

中国五矿化工进出口商会

中国民用航空协会

中国涂料工业协会

中国交通运输协会

中国日用化工协会

中国日用玻璃协会

中国有线电视台协会

中国煤炭工业企业管理协会

中国铸造协会

中国电子节能技术协会

中国电子企业管理协会

中国企业管理协会

中国软件行业协会

中国锻造协会

中国仪器仪表行业协会

中国食品和包装机械工业协会

中国机电一体化技术应用协会

中国模具工业协会

中国通用机械压缩机行业协会

中国工业经济协会

中国安装协会

中国国际交流协会

中国皮革工业协会

中国轻工机械协会

中国机床工具工业协会

中国电机工业协会

中国冶金建设协会

中国乐器协会

中国包装技术协会

中国香料香精化妆品工业协会

中国石油和石油化工设备工业协会

中国塑料加工工业协会

中国质量管理协会

中国铁道工程建设协会

中国房地产业协会

中国制冷空调工业协会

中国科学技术协会

中国缝纫机协会

中国旅游协会

中国旅游饭店协会

中国市政工程协会

中国洗涤用品协会

中国衡器协会

中国轻工总会

中国纺织总会

中国电子商会

中国轴承工业协会

中国汽车工业协会

中国液压气动密封件工业协会

中国环保机械行业协会

中国文化办公设备制造行业协会

中国林业机械协会

中国服装协会

中国国际广告公司

中国外商投资企业协会

中国膜工业协会

中国食品土畜进出口商会

中国国际科技促进会

资料来源 佚名. 中国展览会主办机构（行业协会）名单［EB/OL］. ［2017-08-01］. http://resource.emagecompany.com/business/zhongguozhalanhuizhuban.html.

3）专业展览公司

专业展览公司是专门从事展览的开发、主办与服务的公司，它们具有丰富的展览知识、经验和操作技能。展览作为一个产业，它的发展同样要适应市场规律，展览业的专业化和市场化的发展是大势所趋，专业展览公司作为展览市场的经营主体，是主办展览会的主要力量。在市场化发育成熟的国家，专业展览公司是展览业的主力军。如新加坡，其中 30 多家专业国际展览公司主办的展览会，占新加坡办展总数的 60%，励展展览公司（Reed Exhibition Companies）是新加坡最大的展览会主办商。我国的展览业也在向市场化方向发展，许多专业展览公司纷纷成立，如中国国际展览公司、长城国际展览有限责任公司、上海世界展览会议有限公司、大连国际展览公司、珠海国际航展公司等。这些专业展览公司在我国的展览活动中十分活跃，已经成为我国展览业一支重要的力量。如由中邮国际展览广告有限公司主办的中国国际通信设备技术展览会已成为国际通信企业在我国展示其最新产品的盛会。

4）各类企业

一些大型企业，有时为了技术交流、产品营销等原因单独或者与有关协会和专业展览公司联合举办展览会。有些实力强劲的企业如 IBM、惠普等，则自行办展。

5）展览中心

在我国展览会发展过程中，各地建立了许多规模不等的展览中心。如中国国际展览中心、上海国际展览中心、广州国际展览会中心等。这些展览会中心经常自行主办和组织一些展览会。如北京国际展览中心举办的国际交通、电力、音响、印刷、制冷空调等大型专业展览会，在各个不同时期对行业的发展产生了较大影响，其中有的已成为国内该行业中具有权威性的国际展。

以上五类展览会主办者并不总是单独主办展览会，它们也常常联合在一起共同主办展览会，这样，政府机构、行业协会（或学会）、专业展览公司、大公司企业和展览会中心便能发挥各自的优势，使展览会达到更好的效果。

1.4.2 展览会的承办机构

展览会的承办者要负责和承担展览会的组织招展、公关、服务、广告宣传的具体工作。尤其是政府部门主办的各类展览会，主办者往往只是挂名发挥号召力和影响力，给予办展工作支持和方便而已，实际具体工作都是由展览会的承办者来做。这些机构能为参展商提供各类展览服务，如场地和设施的出租，场馆展台的装饰布置，展品的运输保管，参展商的商务、住宿、餐饮、旅游、国内外及展览会当地的交通等。参展商在参展过程中遇到需解决的事情或问题可以直接找承办机构联系。

承办机构一般都和主办机构有着密切关系，并且它们一般是有着丰富办展经验、实力较强的企业。承办机构的办展能力与展览会的展出效果有着更为直接的联系。它们必须具备强大的销售网络、出色的招展能力、良好的社会影响力并能提供良好的展期服务，能吸引展览会的优质目标客户和专业观众前来出席展览会。

1.5　展览会相关知识

1.5.1　名词术语

参展商——在展览期间利用固定的展出面积展示自己产品或服务并进行直接信息交流或商品促销的特定群体。

商贸类展览会——凡是以促进贸易成交、技术交流、经济合作、项目投资、服务推广等商贸性目标为主的展览会，即为商贸类展览会。

公益类展览会——除商贸类展览会以外，以展示成就、公益宣传、公众教育等为主要目的，或者根据政治、外交等方面需要举行的专门性展览会，为公益类展览会。

展览会面积——根据我国的实际情况和已经广泛使用的称谓，"展览会的面积"即指展览会"毛面积"。所谓"毛面积"就是展览会所使用的展览场馆的面积。一般情况下，"毛面积"也是展览组织者向展馆租用的全部面积。

展览会的展出面积——指展览会"净面积"。所谓"净面积"是指在展览期间用于参展商展出的面积和展览会公用的面积。

规模以上的展览会——根据我国的实际情况，参照既有文件的规定，凡"展览会的展出面积"（即展览会的"净面积"）在1 000平方米以上的可算作"规模以上的展览会"。其他即为一般展览会。

展览场馆——举办展览会活动的固定场所即为展览场馆。其名称可以是会展中心、展览中心、博览中心、展览馆等；也包括在科技馆、体育馆、博物馆、图书馆、会议中心、酒店等场所范围内专门开辟且固定用于展览活动的场所。

展览场所——临时或偶尔举办展览活动的地方可称之为展览场所。例如，常年展销中心或专业市场不能算作展览场馆，但可以叫展览场所。

展览会的参观人数、人次——在展览会开幕期间，如果进行观众的逐个登记，则所有进入展览会现场参观的单个人员数字之和即为展览会的参观人数；如果没有进行观众逐个登记，则是以人次为单位的。

展览公司——在公司营业执照的经营范围中明确列出"举办展览会、展销会"的公司即为展览公司。

展览服务公司——在公司营业执照的经营范围中未列出"举办展览会、展销会"，而列出提供与展览会相关的服务，诸如展览的装修、搭建、运输、信息、统计、广告、印刷、宣传、媒体等服务的公司即为展览服务公司。

效果图——通过高科技手段与人工设计表现具体的事物或产品的一种图形。

布展期——展览会在举办之前现场施工布置的期限。

撤展——展览会结束后，搬运走展品，拆除展具展架及特装的行为。

展具——由展馆提供的或参展商自带的搭建标准展位或特装展位所需的成品展架、展板、灯具、桌椅等。

光地售价——展览场地周边或内外为搭建标准展位而进行的土地短期使用权的一种租赁行为。

特装——在光地面积内通过不同的材料、展体、展品包装、展位结构包装而形成的一种具有特色的展示空间。

标牌——通过特定的材料制作的一种可用于展示具体内容的标志。

门楣——展览会议标准展位正面顶端的非展位内展示空间，是展览主办方为参展企业设计的一种企业标识或展示产品说明、名称的展示位置。

专业观众——是指通过注册获取参观证，免费参观展览会以及与参展商洽谈交流的各类个人和团体。

1.5.2 与参展商相关的事项

1）参展条款

参展条款一般包括展台租用、付款条件、合同终止条件、合租展台的展商及其代表、入门证等。参展条款的技术部分则包括搭建和拆除展台的时间和要求、展台设计方案、可用材料、展台高度、地面承重能力、电源安装技术、垃圾处理回收和再利用的管理规定、展台上的演示和广告、防火、保安、事故责任、保险、事故预防等。如果参展商因故不能参展，其参展费用高低视其取消参展的日期而定；假如展览会很快要开幕了，参展商才提出取消参展，展台租赁费基本上不能收回。

2）提供给参展商的服务项目

一般来说，展览会组委会会在理论上和实践中帮助参展商解决参展中的技术问题和组织问题，如果公司是第一次参展，则会得到这方面的更多照顾。

组委会向参展商发出参展条件、确认展台租赁事宜的文件，也发送各类服务表格。组委会除帮助参展商进行公关宣传、广告活动外，还向参展商提供一系列服务，有的服务项目是免费的，有的则按固定价格收取服务费。

组委会提供的服务项目主要有：

（1）租赁展台。

（2）出租家具、厨房用具、地砖或地毯、照明、音响设备等。

（3）展品运输服务。

（4）货箱打包、存储。

（5）出租会客室。

（6）展台清洁和保安。

（7）运输和展览保险。

（8）安装电线、水管、压缩空气设备等。

（9）对外宣传途径。

（10）临时办事机构。

（11）摄影服务。

在建馆期间，组委会还会提供更多的服务内容，包括出售鲜花，出租人造花卉、装饰材料、建馆材料，提供临时工服务等，有的还专门设立提供这类服务的杂货店。

组委会还负责为展台工作人员发放出入证，其中免费入门证的数量多少视展台大小而定，另外需要入门证则需花钱购买。参展商可提前填写表格，向组委会索要展出期间的停车证。有的展览会需收取停车证费用。

3）会刊和信息系统

组委会一般在向参展商发接受参展申请的函件时，还提供会刊和展览会信息的登录表格。有一点值得引起注意，会刊厂商名录的征集工作会在展览会开幕前较早时候截止，因为组委会要在展览会开幕前几周内发给那些对展出感兴趣的公司，以便让他们有足够的时间做好参观准备。

会刊上厂商名录的排列通常有3种顺序：第一种是按公司名称的字母顺序排列（有时把展出同类产品的公司放在一起）；第二种是按公司的展品名称进行排列；第三种是按照展厅平面图排列。如果参展商提出要求，其公司名称可出现在会刊不同的展品种类里，组委会一般要收取一定费用。经常有公司要求将其名称或产品商标刊登在会刊上，这也是一种收费服务项目。会刊还提供广告服务。

类似的登记体系也用在为观众设计的电子信息系统中，参展商可用这一系统来做广告。当系统启用后，组委会有必要对展览第一天来登记的观众数量进行统计，并与同类展览会的观众登记情况加以对比，在必要时对登记办法加以改进。

4）参展商可参与的相关活动

在展出期间、参展商可以按照组委会关于参展商举办特殊活动的要求组织讲座，宣传本公司的产品及制作工艺。举办讲座需提前在组委会登记，登记服务一般是免费的。组委会负责提供会议室、开展对外宣传、吸引大量观众参加讲座。

参展商也可用其展品参加一定主体的特别展示。一般情况下，组委会预先单独通知各公司参加这类特别展示，而在公司选择方面无所偏向。

参展商参加专家会议，研讨会获小组讨论也会有所收益，特别时有助于学习对目前走势的新认识。

知识链接1-3

国际著名的展览会评估机构

全世界每年要举办成千上万个展览会，这即使展览会市场繁荣，又难免良莠不齐。为创造品牌展览会的声誉，更好地维护参展商、观众和主办者的利益，国际展览行业出现了一些权威的评估机构和相对成熟的评估体系。这些评估机构对各个展览会的评估报告是参展商选择展览会的重要依据之一。

1.国际展览协会（UFI）对展览会的分析标准

从世界范围看，对展览会评估和资质认可最权威的组织是国际展览协会。

UFI对申请加入其协会的展览项目和主办单位有着严格的要求和详细的审查程序，能取得UFI的资质认可、使用UFI的标记便成为名牌展览会的重要标志。目前得到UFI资质认可的展览会有近600个。

UFI评价展览成功与否的定量标准有：收入、租用面积、售出票数、售出目录数、服务收入、参展商数量、参观者人数。

定性标准有：参展商类型、观众类型、媒体的评论、展览期间的现场气氛。其中，分析观众类型是在展览期间，对观众进行抽样调查，包括：观众来源（国外、国内、地区）、职位、所属行业、参观时间、参观频率。除了对观众进行分析外，组织者还要选择一些参展者面谈，以调查他们对展览的意见、愿望和感受。

上述调查结果都会对外公布，以衡量展览会成功与否，并更新展览会的理念，提供更好的服务。如果某些目标未能达到，主办方就要客观地分析原因，制定策略，使得下届展览会能避免这种情况的发生。

2.欧洲对展览会的评估与认证

欧洲是世界上展览经济整体实力最强的区域，欧洲每年要发布展览会统计报告，统计数据正式公布前要经过参加发布的各国专门机构的审计。参加欧洲展览会统计报告发布的国家大多有展览会审计机构，这些机构参与了展览会统计文件的起草工作。它们是：德国博览会和展览会统计自愿审核学会（Society for Voluntary Control of Fair and Exhibition Statistics，德语简称FKM）、法国综合性和专业性展览会统计审计办公室（Statistical Audit Bureau for General and Specialized Fairs and Exhibition,法语简称OJS）、英国展览会数据鉴定交流所（Clearinghouse for Certified Data on Exhibitions，简称CCDE）、荷兰展览会联盟（Federation of Trade Fairs and Exhibitions in the Netherlands，简称FBTN）、丹麦展览会审计办公室（The Danish Audit Bureau of Exhibitions and Fairs）等。

欧洲众多展览审计机构中，在国际上最有影响的是德国的FKM和法国的OJS。

（1）德国展览评估机构——FKM

德国权威的展览会评估机构为博览会和展览会统计自愿审核学会（Society for Voluntary Control of Fair and Exhibition Statistics），隶属于德国展览与博览会协会AUMA，德语简称FKM。

FKM总部设在柏林，于1965年由6家德国展览会公司共同创建，创建的目的就是制定统一的展览会相关指标统计审核标准，促进展览会数据的透明度和真实性。目前直属会员由在德国的75家会员及中国香港贸发局、意大利Verona展览公司、莫斯科MVK等3个外国展览会机构组成。FKM只为成员单位申报并主办的展览会开展审核，每年4月发布对上一年展览会的审核结果，并公布当年申报展览会的名单。FKM每年要对德国的75家会员审计约300个展览，一般德国展览会推广方都会标记该展览会是否经过FKM审核。在奥地利和瑞士也有完全类似的机构，因为都是德语系国家，所以都简称为FKM，但这两个国家的FKM与德国的互不隶属。

FKM的工作任务是制定展览会数据统计的标准和规则，并聘请专业经济审计机构对展览会主办者填报的展览会统计数据进行审核。FKM机构的成员要按照 FKM 的规则和标准申报展览会统计数据，接受 FKM 组织的专门机构对统计数据进行的审计，并保证在任何场合和情况下所使用和发布的展览会统计数据均与 FKM 公布的统计数据相一致。FKM 的相关数据和规则由独立的经济审核机构负责审计。授权的经济审计机构通过随机抽查的方式对各成员申报的展览会数据开展审计，包括派人员到展览会现场了解情况、展览会结束后对展览会财务进行审计，或者通过问卷调查的方式进行审计，然后出具审计报告。

FKM 主要是进行 3 个指标的量化分析和横向对比，包括展览面积、参展商数量、观众数量。展览面积包括净展览面积和毛展览面积，净展览面积主要是指国内外厂商所租用的展台面积，另外还包括被称为特殊区的与展览主题有关的图片陈列区和表演区，毛展览面积则再加上公共通道及服务区；参展商是指带有产品或服务的公司及组织，由其职员租用场地参展，如果公司的产品或服务由代理商参展，该公司不列为参展商；观众人数一般由电子入场系统统计，或统计每天售出的参观券数量，此外，FKM 还分析观众结构，是专业观众还是普通观众，以及对观众的来源地、职业、所属行业、职务、年龄、参观频率等各个指标细化分析。

经过 50 多年的实践经验，FKM 已经成为德国展览界品牌和质量的象征，受到了参展商和展览主办者的青睐。除德国展览会外，越来越多在德国以外地区由德国主办的展览会走进了 FKM 的审核范围，很多非德国展览会主办者也申请成为 FKM 的海外成员。

（2）法国展览评估机构——OJS

法国综合性和专业性展览会统计审计办公室（Statistical Audit Bureau for General and Specialized Fairs and Exhibitions，法语简称 OJS）于 1967 年由法国 16 个专业展览会和 23 个大众性质的博览会共同发起成立，并在 1970 年得到法国财政部的支持，成为政府认可的展览统计数据认证机构。

OJS 成立的目的是对展览会的统计数据进行来自外部的、公正的认证，建立公平的竞争环境，保证展览会的透明性，为参展企业和参观企业提供可靠的展览会质量信息。

OJS 对自愿参加这一统计系统的商业性展览会进行统计认证，主要认证数据有 3 种，即展览会的销售面积、参展企业数量、观众人数。为了执行这一任务，OJS 在全国组织了 12 个独立的会计事务所，常年对参加这一统计系统的展览会进行统计和监督。对每一届展览会，OJS 均指定会计事务所对上述 3 大指标进行统计复查和认证，拟出正式统计报告，并在 OJS 官方网站上公开发布。

OJS 的建立对法国展览业发展起了很好的促进作用。

资料来源　作者根据相关资料整理。

〈知识掌握〉

1.1　展览会有哪些基本特性？

1.2　展览会有哪些功能？

1.3　简述综合展与专业展的区别。

1.4　谁是参展商？

1.5　参展商在参展时可获得哪些服务项目？

〈知识应用〉

▶ 案例分析

电子商务和专业展会快速发展冲击下的广交会

广交会是我国外贸的晴雨表和风向标，当前外贸形势复杂严峻，下行压力较大，广交会采购商到会和成交额在2013年到2015年连续三年出现了双降的局面。但是，2016年第119届广交会采购商到会、成交额出现了微增，这和我们国家外贸走势是相吻合的。

广交会自1957年春季创办以来，60年来从未间断过，始终得到党中央、国务院的亲切关怀，得到有关部门、各地方和广大海内外参展企业的大力支持，是我国目前历史最长、规模最大、商品种类最全、到会客商最多、成交效果最好的综合性国际贸易盛会，是名副其实的"中国第一展"。在不同的历史时期，广交会都发挥着重要作用。主要体现在四个方面：

一是有力支持企业开拓国际市场。目前，每届广交会2.4万家参展企业中，民营企业达到75%左右。广交会已成为广大中小企业寻找国外客户、拓展国际市场、由小到大的孵化器，成为大批有实力的外贸企业转型升级、由大变强的推进器，为夯实我国出口基础，促进外贸稳定增长做出重要贡献。

二是助力企业培育自主品牌。2008年专门设立品牌展区以来，广交会在促成交的同时，品牌展示和培育的功能不断提升。目前，优质品牌参展企业每届超过2 000家，展位数量超过总展位数量的20%，成交超过30%，促进了外贸转型升级和结构调整。

三是带动国内一大批外向型经贸展会。广交会期间，汇集了全球近20万名采购商，形成了以广交会为核心的华南展览季和以春秋两季为主的国际采购季。广交会和这些展会兼容并蓄、相辅相成、相得益彰，吸引了更多国际采购商来华，有力促进了地方经济社会发展。

四是增进经贸交流和互利共赢。广交会每年吸引超过210个国家和地区近40万采购商，促进了中外经贸交融和文化交流。从第101届广交会起，广交会设立进口展区，累计已有来自108个国家和地区过万家的优质境外企业参展。

广交会是集全国之力举办的综合性国际贸易盛会，同时服务全国，对外贸发展做出了重要贡献，功不可没。当前，我国外贸发展面临的国际环境和国内条件发生深刻变化，广交会自身发展也面临新形势、新要求和诸多挑战。

一是广交会是参展企业出口成交的重要渠道，但不再是唯一渠道。参展企业通过广交会结识客户达成的成交额占全年出口额的比例接近五成。

二是不再局限于广交会的现场成交，会后成交额占参展企业通过广交会结识客户总成交额的近七成。

三是广交会的展览效果得到了参展企业和采购商的普遍认可，仍然是重要的出口贸易平台。在新形势下，广交会需要主动适应新常态，提升国际化、专业化、市场化和信息化水平，更好地服务地方和企业，服务全国外贸发展，稳中求进、创新进取，功能不断拓展，从现场成交功能向结识客户、展示洽谈、行业交流、信息发布、产品推介等综合功能转变。

广交会以行业领先专业展为标杆，坚持服务国家战略，主动适应新常态，加快改革创新，不断增强内生动力和发展活力，更好地服务于地方和企业，服务全国外贸发展，力争成为专业、智慧、绿色的中国外贸发展第一促进平台。目前采取的主要措施包括：

一是遵循国际展览业发展规律，坚持研究制定广交会中长期发展战略，巩固和发展广交会传统优势，加快培育新优势，实现可持续发展。

二是在保持广交会传统优势的基础上，不断提升广交会的专业化水平，加快展品升级和专业化集中布展，调整培育现有展区和新展区，打造部分国际领先的"展中展"。

三是建立优胜劣汰的企业参展机制，同时加大自主品牌培育和推广力度。支持有实力的境内外企业参展。

四是提升广交会信息化、数字化、智能化水平，推进"广交会＋互联网"行动计划，加强软硬件支撑体系建设，打造以智慧服务、智慧商旅、广交会认证、企业推广等新业务模式为核心的全渠道、一站式、线上线下同步服务，增强互动体验功能，全面提升服务水平。

资料来源　王晓. 广交会转型升级适应新常态［N］. 国际商报，2016-09-29.

问题：阅读以上案例，并结合本章所学知识，请你谈谈如何看待广交会的功能和作用。

（分析提示：展览会具备七大功能：交易功能、沟通功能、整合营销功能、展示功能、调节供需功能、技术扩散功能、信息聚集与传播功能。企业需要正确看待新形势下展会功能的变化，采取多元化的方式提高参展效率。）

▶ **实践训练**

到你所在城市的展览会参观，并向参展商们了解展览会展出的效果以及对该展览会的看法。

第 2 章

企业参展相关程序

学习目标

在学习完本章以后，你应该能够：

熟知国内参展基本程序；

掌握出国参展程序与要求；

了解展台施工程序与要求。

【引例】

关于组团参加第13届中国-东盟博览会的通知

各市、县、自治县及洋浦经济开发区商务主管部门，各相关园区，各有关企业：

第13届中国-东盟博览会（以下简称东博会）将于2016年9月23—26日在广西南宁市举行。东博会是由商务部和东盟10国政府经贸主管部门及东盟秘书处共同主办，广西壮族自治区人民政府承办的国家级重点展会。本届东博会以打造"国际产能和装备制造合作"为重点，将电力和新能源设备、工程机械及车辆、建材、电子通信、高铁、北斗产业及工程承包、基础设施建设、先进技术、金融服务等作为重点展示内容，并配合举办系列论坛和经贸促进活动。

东盟与海南地缘相近、人缘相亲、文化相通，经贸合作与交流密切，目前已成为我省对外贸易发展最快的地区。2015年，海南与东盟国家贸易总额160.32亿元，占同期海南外贸进出口总额的18.5%，其中进口82.87亿元，增长8.4%。我省向东盟出口商品主要有成品油、钢铁制品、纸及纸制品、机电产品、化肥等，进口商品主要有原油、木片、有机化学品、水果、纸浆、橡胶及其制品、工业用淀粉等。

随着国家"一带一路"发展战略的深入推进，海南地处东南亚国际主航道区域，紧靠东盟各国，是我国面向东盟各国经贸的重要支点，而中国-东盟博览会是我国实施对外经贸交流合作的重要平台。为促进海南与东盟各国的经贸往来，进一步密切与东盟的合作关系，我省将继续组团参加第13届中国-东盟博览会。现将有关组团事项通知如下：

一、展会时间、地点

时间：2015年9月23—26日

地点：广西南宁国际会展中心（主会场）

广西展览馆（农业展）

二、参会参展主要活动

本届东博会设置五大专题：商品贸易专题、投资合作专题、先进技术专题、服务贸易专题、"魅力之城"专题。结合我省具体情况，本届东博会我省将主要组织开展宣传推介、产品展示展销、投资促进、组织采购等活动。

（一）宣传推介。利用东博会的平台，搭建海南形象宣传展台，重点展示我省"三大目标"和"三大愿景"，以及"十三五"期间我省重点发展的12大产业，开展招商引资、投资合作促进和服务贸易的宣传推介；帮助相关市县政府在东博会上搭建开展宣传推介和招商引资的现场平台（注：每届展会重点宣传推介一个市县）。

（二）展示展销。结合展会产品特点要求，支持我省企业利用会展平台开展产品展示展销等促销活动。

1.南宁国际会展中心：展览面积90 000m²。主要展示内容：

（1）工程机械及运输车辆展区（室外展区）。重点展示工程机械、运输车辆、港口物流机械等。

（2）食品加工与包装机械展区。重点展示加工机械、包装机械、通用机械等。

（3）电力设备及新能源展区。重点展示发电设备、输配变电设备、成套设备及电工附件、新能源技术及应用等。

（4）电子电器展区。重点展示通信设备、绿色家电等。

（5）建筑材料展区。重点展示门窗幕墙、室内装饰材料等。

2.广西展览馆（农业展）：展览面积10 000m²。主要展示内容：渔牧产品、优质水果、绿色农产品和食品、茶叶等。

（三）参加投资促进活动。用好东博会平台，协助相关市县、园区或行业协会举办专场推介和项目对接活动。组织我省医药产业、现代农业、旅游服务业等产业单位参加贸易投资促进活动，努力推动我省与东盟国家的贸易与投资合作。

（四）组织采购商到会采购。组织我省有采购意向的进出口企业和商贸流通企业到会采购，积极开展双边贸易。

三、参会参展单位

（一）参加专场招商会单位。有意利用东博会平台开展项目招商、推介的各市县政府及其有关产业部门，洋浦经济发展局、洋浦招商局，各产业园区、单位和企业。

（二）参会参展企业。我省各有关生产企业、加工企业、销售企业、采购商以及有意向利用东博会开拓市场的企业。

四、参会参展费用

（一）参展展位费用。

1.主会场（南宁国际会展中心）。

（1）9m²标准展位：RMB10 000元/个

（2）净地（36m²起租）：室内净地RMB1 000元/m²，室外净地RMB500元/m²。

2.广西展览馆（农业展）。

标准展位：RMB5 000元/个。

3.展位扶持。为鼓励我省优势产品大力开拓国内外市场，积极参与国际竞争，根据省政府支持企业开拓市场相关规定，参照商务部中小企业国际市场开拓资金扶持政策，本届博览会拟给予本省参展企业展位费50%的财政扶持，费用从博览会专项工作经费中安排。

（二）人员费用。参加展会人员的费用由各单位自理。

（三）省商务厅外贸处负责展会的组织、协调和指导。

五、报名方式

请各市县商务部门、招商部门积极组织企业参会参展，认真组织招商合作项目，并于2016年6月10日前将参展企业名单、参加招商活动单位和项目报送到省商务厅外贸处（报名表见附件1、附件3）；另外，拟通过东博会平台开展宣传推介和招商引资的相关市县政府，我厅将协助申请场地并支持展台搭建，共同做好推介活动，请相关市县政府报名确认（附件2）。

联系人：李×× 653×××47，陈×× 653×××35　传　真：65×××190

电子邮箱：hnwmc65××××65@163.com

了解中国–东盟博览会更多详情可登录中国–东盟博览会官方网站（www.caexpo.org）查询。

附件：1.第13届中国–东盟博览会参展报名表

　　　2.第13届中国–东盟博览会市县形象宣传确认表

　　　3.第13届中国–东盟博览会参会报名表

资料来源　海南省商务厅. 关于组团参加第13届中国–东盟博览会的通知［EB/OL］.（2016-05-11）. http://xxgk.hainan.gov.cn/hi/HI0120/201605/t20160513_1990868.htm.

分析提示：在我国有政府背景的大型展览会，企业所在的行政管辖区权威性的团体或组织机构会根据大家的意愿组织企业统一参展，可以获得一定的展位价格优惠或政府补贴，企业可以在规定的期限内提出展位申请，办理相关的手续。

（2.1）　国内参展基本程序

企业到展览会去参展，应该了解参展的基本程序。参展的基本程序如图2-1所示。

选择展览会 → 预订展位 → 选择参展人员和展品 →

展品运输 → 展位布置 → 参加展览会 → 撤展

图2-1　参展的基本程序

2.1.1　选择展览会

企业如果打算参展，首要的问题是如何在众多的展览会中做出选择。选展是成功的第一步。各地博览会形式多样，五彩缤纷，有些是综合性大型博览会，但更多的是专业性展会，地区间也有所侧重。企业在参展前要对展览会进行市场调查，了解展览会的举办时间、地点，展览会的影响力和知名度，同行对展览会的态度，参加展览会的专业观众人数，可能达到的效果等。企业在选择展览会时，关键要看所选的展览会是否达到企业的参展目标，费用支出与收益比是否符合企业要求。

2.1.2 预订展位

参展商选择参加某个展览会后，与主办单位取得联系，对方会传真或邮寄报展文件。这些文件应包括展览会介绍资料、参展申请表格、参展费用、展会服务、展馆展位图、参展人员手册等。填好参展表格后（大型展览会一般都开通网上报展，参展商可根据网上的提示进行报展），返给大会主办者，在得到确认之后，将全部或者部分展位费作为定金汇至主办者，提供参展所需的相关企业资料并按时将相关表格传真回组委会，这样展位便得到最后的确定。具体流程如图2-2所示。

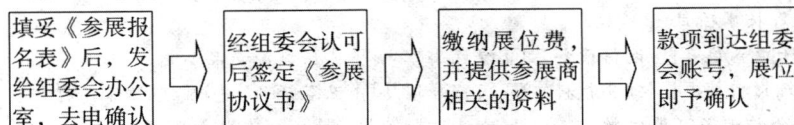

填妥《参展报名表》后，发给组委会办公室，去电确认 ⇨ 经组委会认可后签定《参展协议书》 ⇨ 缴纳展位费，并提供参展商相关的资料 ⇨ 款项到达组委会账号，展位即予确认

图2-2 参展商预订展位流程

典型案例2-1

东盟博览会参展报名表样式

CAEXPO

第14届中国—东盟博览会参展报名表

时间：2017年9月12—15日（15日为公众开放日）

公司名称	中文：		
	英文：		
公司类型	□生产商　□经销商　□批发商　□零售商　□进出口商　□其他		
地址	中文：		
	英文：		
邮编		进出口企业代码	
工商注册号		注册资金	
联系人	□先生　□女士	职位	
电话		传真	
电子信箱		公司网址	
主要展品（中英文）			

续表

请在下列专题中选择填写贵公司所申请的展位规格和数量，并选择展示商品所属类别：
◆ **主会场：广西南宁国际会展中心**
◆ **商品贸易专题**（展位：　　　　个，或净地：　　　　平方米）
(1) 工程机械及运输车辆展：□ 工程机械　□ 运输车辆
(2) 食品加工与包装机械展：□ 通用机械　□ 包装机械　□ 加工机械
(3) 电力设备展：□ 电力设备　□ 输配变电设备　□ 电气自动化设备　□ 电线电缆
□ 新能源技术项目
(4) 电子电器展：□ 通信设备　□ 绿色小家电　□ 新能源产品
(5) 建筑材料展：□ 铺装材料　□ 门窗幕墙　□ 卫浴产品　□ 新型环保建材
◆ **投资合作专题**（展位数：　　　　个，或净地：　　　　平方米）
□ 国际工程承包　□ 劳务合作　□ 资源开发　□ 信息科技　□ 能源开发　□ 基础设施
建设　□ 园区招商
◆ **先进技术专题**（展位数：　　　　个，或净地：　　　　平方米）
□ 节能环保和新能源技术　□ 民生科技　□ 农业科技　□ 光机电及电子信息技术
◆ **服务贸易专题**（展位数：　　　　个，或净地：　　　　平方米）
□ 金融服务　□ 旅游服务　□ 信息技术外包服务
◆ **分会场：广西展览馆**
◆ **农业展**（展位　　　　个，或净地：　　　　平方米）
□ 农业先进技术　□ 农用生产资料　□ 农产品　□ 食品
注：所有申请参展中国食品需通过绿色食品及有机食品认证。
◆ **分会场：南宁华南城**
◆ **轻工展**（展位：　　　　个，或净地：　　　　平方米）
□ 家居用品　□ 文体礼品　□ 个人电子消费品　□ 工艺美术品

　　资料来源　作者根据中国-东盟博览会网站资料整理。
　　分析提示：预订展位需要认真填写参展报名表，并在规定的时间内将填好的报名表传真给展览会的组委会。

2.1.3　选择参展人员和展品

在展品的选择上，要选择能体现自身产品优势的展品，展品质是参展企业给观众留下印象的最重要的因素。选择展品有 3 条原则，即针对性、代表性、独特性。针对性是指展品要符合展出的目的、方针、性质和内容；代表性是指展品要体现企业的技术水平、生产能力及行业特点；独特性是指展品要有自身的独特之处，能和其他同类产品相区别。另外，参展商选择的展品要符合展览会的相关规定。

在人员配备上，人员配备的质量决定着参展企业在会展上的成败，企业配备人员的能力及其展示反映了企业在行业中的地位。特别是服务人员的身体语言、对话和知识是否具有亲和力对会展的成功是极为重要的，服务人员在发放资料时应尽量多与观众沟通交流达到互动的效果。展台的人员配备可以从以下方面来考虑：第一，根据展览性质选派相关部门的人员；第二，根据工作量的大小决定人员数量；第三，注重人员的基本素质，如相貌、声音、性格、能动性等；第四，加强现场培训，如专业知识、产品性能、演示方法等。

典型案例2-2

广交会参展展品管理规定

1.参展商品

广交会展品（包括展位内摆放的产品及张贴的宣传图片、发放的资料，下同）须是参展企业或经参展企业许可由联营（供货）单位提供的产品（物品），并符合以下规定：

①由参展企业对参展展品进行登记。

②展品不得跨展区摆放（即未按《中国进出口商品交易会参展展品范围》要求摆放）或摆放于展位净展览面积之外。

③凡涉及商标、专利、版权、质量认证的展品，参展企业须取得合法权利证书或使用许可合同（以下统称权利证书）。

④由供货单位提供的展品，参展企业和供货单位须在参展前签订书面展品参展协议（协议内容包括：展品类别，展品参展的展位号，商标、专利、版权、质量认证条款及时效等，并附相应合法权利证书复印件）。口头协议一律无效。

凡不符合以上规定的展品，视为违规展品，禁止参展，由此产生的责任与后果由参展企业承担。

2.展品管理

（1）参展企业负责对所属展位展品进行管理。

①参展企业的展位负责人在广交会举办期间须携带以下展品资料：

A.展品清单；

B.《商标、专利、版权、质量认证情况备案清单》及商标、专利、版权、质量认证的合法权利证书（复印件）；

C.如联营（供货）单位共同参展，参展企业与供货单位签订的展品参展协议书（正本）。

②广交会期间各展位负责人须每日对本展位展品进行检查，如发现来历不明的展品，要立即向所属商会和交易团书面报告，并立即撤下展台。

③更换展位负责人，代替人须逐项核实确认展品及展品资料，并对展位展品负责。

（2）广交会期间各商/协会组织展品检查组负责检查广交会有关展区参展展品摆放情况，并将检查及处理情况报大会业务办。各交易团负责对本团参展展品进行检查。广交会业务办监督管理、保卫办予以协助配合。

3.对涉嫌违规展品查处程序及处理

（1）对侵犯知识产权的展品，按照《涉嫌侵犯知识产权的投诉及处理办法》处理。

（2）对跨展区摆放或摆放于展位净展览面积之外的展品由各相关进出口商会/协会认定，并根据本办法第三条第（六）款的规定给予处罚。

（3）对虚打质量认证标牌的展品及其他不属于知识产权范围的违规展品，由各相关进出口商会在交易团的协助下给予认定，并根据本办法第三条第（六）款的规定给予处罚。

（4）对展品进行检查时，检查单位（检查人）应向参展企业（展位负责人或当事人）出示证件。检查单位负责对检查时发现的违规情况作现场记录和现场处理，并将现场记录和处理情况于当日报广交会业务办。

（5）检查单位对展品进行检查时，参展企业（当事人）须按要求提供有关资料，进行说明，并对检查记录确认签字。对拒检者，其展品视为违规展品，并根据本办法第三条第（六）款的规定给予处罚。

（6）对出现违规展品的参展企业，分别给予下列处罚：

A.已查明确属违规的展品，由参展企业立即自行撤下。拒不执行的，展品由广交会予以没收。

B.视情节轻重，再给予下列追加处罚：

a.通报批评；

b.扣减该参展企业相应展区的展位，取消其两届广交会参展资格，对性质严重的永久取消其参展资格。

（7）举报人或当事人如对处理有异议，可向广交会申诉或依照有关法律、法规进行申诉。

4.其他

（1）广交会鼓励单位和个人举报违规行为。商标、专利、版权权益人应提高自我保护意识，如发现其他参展企业涉嫌侵权，应及时向广交会举报。

（2）参展企业使用的样本、目录以及所有已批准在广交会上发放的刊物，对涉及商标、专利、版权、质量认证的产品宣传，须符合有关法规。编印单位亦须按有关法规进行严格审查。有关权益人如发现涉嫌侵权，应及时向广交会进行举报，由广交会进行查处。

资料来源　作者根据中国进出口商品交易会网站资料整理。

分析提示：参展商选择的展品既要符合企业的参展意图，同时也要符合展览会对展品管理的规定，以免给自己造成不必要的麻烦。

2.1.4　展品的运输

在国内参展，参展商可自己将展品运到展览场地。大会主办者会在参展细则里提供展品运输的相关注意事项，参展商可以据此将展品运往展览所在地。对于自己运输不方便的，可以委托运输代理，运输代理提供门到展位的服务。

2.1.5　展位布置

展位（台）是企业显示企业实力和产品特色的窗口，有个性、有视觉冲击力的展位（台）布置可以使企业在众多的参展商中脱颖而出。展位（台）设计的根本任务是帮助企业达到参展的目的，展位（台）要能反映企业的形象，能吸引观众的注意力，能提供工作的功能环境。因为展品本身大部分情况下并不能说明企业产品的全部情况、显示全部特征，一般需要配以图表、资料、照片、模型、道具、模特或讲解员等真人实物，借助装饰、布景、照明、视听设备等展示手段，加以说明、强调和渲染。

大会组织者通常会给布展留出足够的时间，大型展览会的布展时间为3天以上，展品至少可以在展览会开幕之前3天运进展览馆，进行展台布展前由负责人到现场办公室办理入场登记手续，交纳装修管理费等，领取布展工作证，布展流程图如图2-3所示。所有电动工具必须从正门登记进、出场，否则将不予出场。每天闭馆时，带出展馆的物品必须填写《放行条》，《放行条》在现场办公室领取，盖上组委会出场章方可放行。

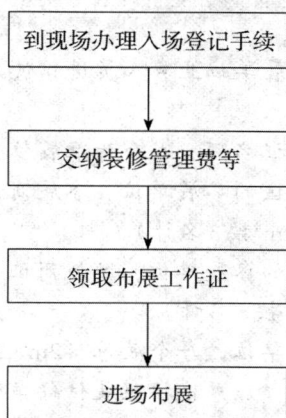

图2-3　布展流程图

2.1.6　参加展览会

展期工作是参展商参展的主体内容，能否实现参展预期目标就看参展人员在展期的工作成效了。在展览会期间，参展商要注意吸引观众提升人气，做好观众接待、资料散发、洽谈交流、展台记录和市场调研等工作，要善于从观众中寻找目标客户，并努力与之建立起联系，及时、详细地记录下每一个到访客户的情况及要求，每天将潜在商机及客户资料发回公司，以便即时处理及回应；工作人员每天进行汇报总结，根据需要适当调整业务计划和安排等。按一般规律而言，展览会开幕后的前3天，是专业观众到来的高峰，也就是展览会的黄金时段。参展商在这个时间段应全力以赴，合理安排人手进行现场演示或推销，争取把潜在的客户变成真正的客户，把可能的机会变成合同，与客户早日成交。

2.1.7　撤展

在展览会即将结束的最后1天，观众稀少，参展人员可以适当进行撤展的准备，例如，检点展品，将包装物料准备整齐，等到清场即可以开始撤展。撤展时秩序比较乱，为妥善起见，所有工作人员最好都到撤展现场收拾、整理和清理，防止遗漏、错拿展品。展台撤除时要注意安全，要将租借的展具及其他物件退还，并收回押金，展品运出展馆要带撤展证。值得注意的是，在展览会期间，不可以随意撤展。

知识链接2-1

广交会（春季）相关证件的办理

广交会设立证件服务中心，为参展人员提供办证服务。

1.证件分类

广交会内宾证件分为工作证、参展商证、采购商证（以上各证均使用IC智能证件，均可多届使用，每届、每期均需重新注册）、筹展证、撤展证、大会搬运证及车证七大类。

2.证件的用途及名额

（1）参展商证——供参展单位业务人员进馆使用。

名额安排标准：

①按展位数分配参展商证名额。一个标准展位3名。

②工程机械（户外）展区的参展单位，参展商证名额为每12m²3名（小数部分按四舍五入计，小于12m²按3名计）。

③车辆、铁石制品展区的参展单位，参展商证名额为每20m²3名（小数部分按四舍五入计，小于20m²按3名计）。

④化工产品展区的参展单位，每个展位（2m×2m）2名。

⑤各交易团的办证名额，应严格按照展位备案资料所分配的名额办理。

（2）筹展证（分1、2、3、4、5、6天和全期7种证件）——供参展单位或协助参展单位进入展馆进行布展的人员使用。

名额安排标准：交易团筹展证指标是参展商证指标的2/3。特装展位施工单位的筹展证办证指标由广交会审图组按此标准确定。

（3）撤展证——供参展单位或协助参展单位从事撤展工作的人员使用。

名额安排标准：按交易团参展商总人数的10%分配。特装展位的撤展证办证指标由广交会审图组按9m²/人的标准确认。

（4）车证——供商（协）会、交易团和有关服务单位的车辆进出、停放在广交会以及运输展样品的车辆进出广州市和广交会使用。

车证分类：停车证、酒店车证、筹展证、撤展证。

①停车证。

内停证：持证车辆在规定日期内可进出和停放在指定展区地下停车场。进入地下停车场的车辆，司机须持广交会有效证件。

外停证：持证车辆在规定日期内可进出和停放在指定展区大客车停车场。

②酒店车证。

持证接送中外宾客的酒店车辆可进出和停放在指定展区的指定位置。

③筹、撤展车证。

持证货车在规定时间内可进出市区和指定展区。

④车证、车位指标安排标准。

每个商（协）会、交易团及中央企业交易团各分团均安排2个地下停车场全期内停车证。每50名参展商核发1个大客车外停车证，每3个大客车证安排1个停车位，此车位安排原则适用于第1～3期，但车位须根据各交易团三期的人数变化分别安排与办理。每40个摊位核发1个地下停车场内停车证。

3.注意事项

（1）广交会开幕后，交易团、商（协）会工作人员证，进口展区招展代理机构工作人员证，参展商证，驻会服务单位工作人员证，留展证，外勤证，表演证，每换一证，收取服务费100元（纸质IC证件要交回旧证领新证）。上述人员属第一次办证的，硬卡式IC证收取费用150元。

（2）硬卡式IC证件可多届使用，要妥善保管，不能弯折，远离强磁场。如在当届广交会及以后的各届、各期仍需按原身份（如参展商或采购商，以此类推）与会者，必须带回已办证件，经注册登记后可继续使用。在此后的各届广交会中，交易团、商（协）会、招展代理机构工作人员或参展商、国内采购商更换了单位、职务或身份，均需重新办证并每证收取工本费50元人民币。

特别提示：若忘记带回证件需要重新补办，将被视为丢失，需经广交会主管领导审批，且要交纳200元/证的手续费。

（3）凡发现变卖、转借、涂改的证件，一律没收，原则上不予返还，当事人将移交公安部门处理，并记录在案，停止一届或多届违规人员的办证资格。

（4）如果遗失参展商证，应在第一时间告知安全保卫部门，随后凭招展代理机构出具的书面证明到证件服务中心挂失并申请补办的手续，收费标准为人民币200元/证。证件的持有人如事前没有申报丢失或被盗，其后证件被冒用、伪造而被广交会保卫部门查获的，将被记录在案，原则上不再补办证件。

（5）凡因工作需要办理了贵宾证和临时进馆证的，需在使用完以后及时交回证件服务中心，丢失或不按时退还的，经办人要写出情况说明报大会领导审批。丢失证件者还要缴纳证件工本费。

（6）办证人员和印章。

①除第一期筹展证外，办理其他与参展有关的证件，须由交易团指定专人负责，不受理个人的办证申请。特装单位也需指定专职办证人员负责办理本单位的筹、撤展证。相关人员均需办理"专职办证卡"后才能办理相关业务。

②办证须使用统一规格的办证专用章，专用章由各交易团向广交会证件服务中心领取启用。该印章为各交易团办证的唯一专用章，请各交易团妥善保管。

（7）更换证件的手续。

①参展商证允许更换，筹、撤展证不得更换。

②交易团更换参展商证，应将办证资料通过网上传输到广交会办证系统办理，申领证件的同时要缴纳换证费用。

③凡更换证件（含交易团和商会、外企协会工作人员证），广交会开幕前不收费。第1期4月15日零时起，第2期4月24日零时起，第3期5月3日零时起每更换1个证件，收取人民币100元。换证人属第一次办证的，还需缴纳50元/证的工本费，合计150元。

④第1期换证时间至4月17日17:00止，第2期换证时间至4月26日17:00止，第3期换证时间至5月5日17:00止。

（8）加强特装布展施工单位"留展证"办、换证的管理。

①申请办、换证时，必须出具由核准单位加盖公章确认的介绍信和特殊工种"上岗证"，原件和复印件。

②办、换证截止时间与参展商证相同。

③更换"留展证"要以旧证换新证，同时收费100元/证。

④指标外"留展证"的办、换证，按每证每天200元+30元（工本费）收取。换证时须凭旧证换新证。

（9）其他。

①佩戴不同证件人员的进馆时间：大会工作证8:30；参展商证9:00；采购商证9:30。

②证件不得转借、变卖、涂改，违者将按广交会的有关规定处理。

③证件丢失后须马上报告发证部门及所在交易团和参展单位。

④交易团、参展企业需交齐参展费后才能领取参展商证。

4.办证方法

办证资料的总体要求：

①身份证复印件必须能清楚地辨认出人像和字迹。

②在身份证复印件与介绍信之间，交易团必须加盖印痕清晰的骑缝章，否则不予受理。

③提供现场办证或通过扫描录入办证资料的证件专用彩色相片，必须是用相纸洗印出来的光面相片。不得使用由普通打印纸打印出来的相片。证件专用彩色相片的五官必须清晰，头部应占相片的2/3。其中，相片上端距头顶2~3毫米，下端距下颌5~8毫米。通过系统直接提交数码照片的，必须是JPG格式，文件大小在100K以内。

④筹展证和撤展证的证件专用彩色照片为蓝底两寸（40mm×50mm）。

5.办证地点

主办证点：C区内宾及进口展区办证处（大会工作人员证、参展商证、进口展区证件、筹撤展证、身份证审核）；A区珠江散步道南侧5号馆（参展商证换证、大会工作人员证换证）；地铁二号线新港东站A出入口旁人行道（进口展区证件、大会工作人员证、留展证、筹、撤展证、车证、身份证审核）；地铁二号线琶洲站A出入口旁人行道（筹、撤展证、车证、身份证审核）。

资料来源　作者根据中国进出口商品交易会网站资料整理。

知识链接2-2

广交会参展企业参展流程

广交会参展企业参展流程图，如图2-4所示：

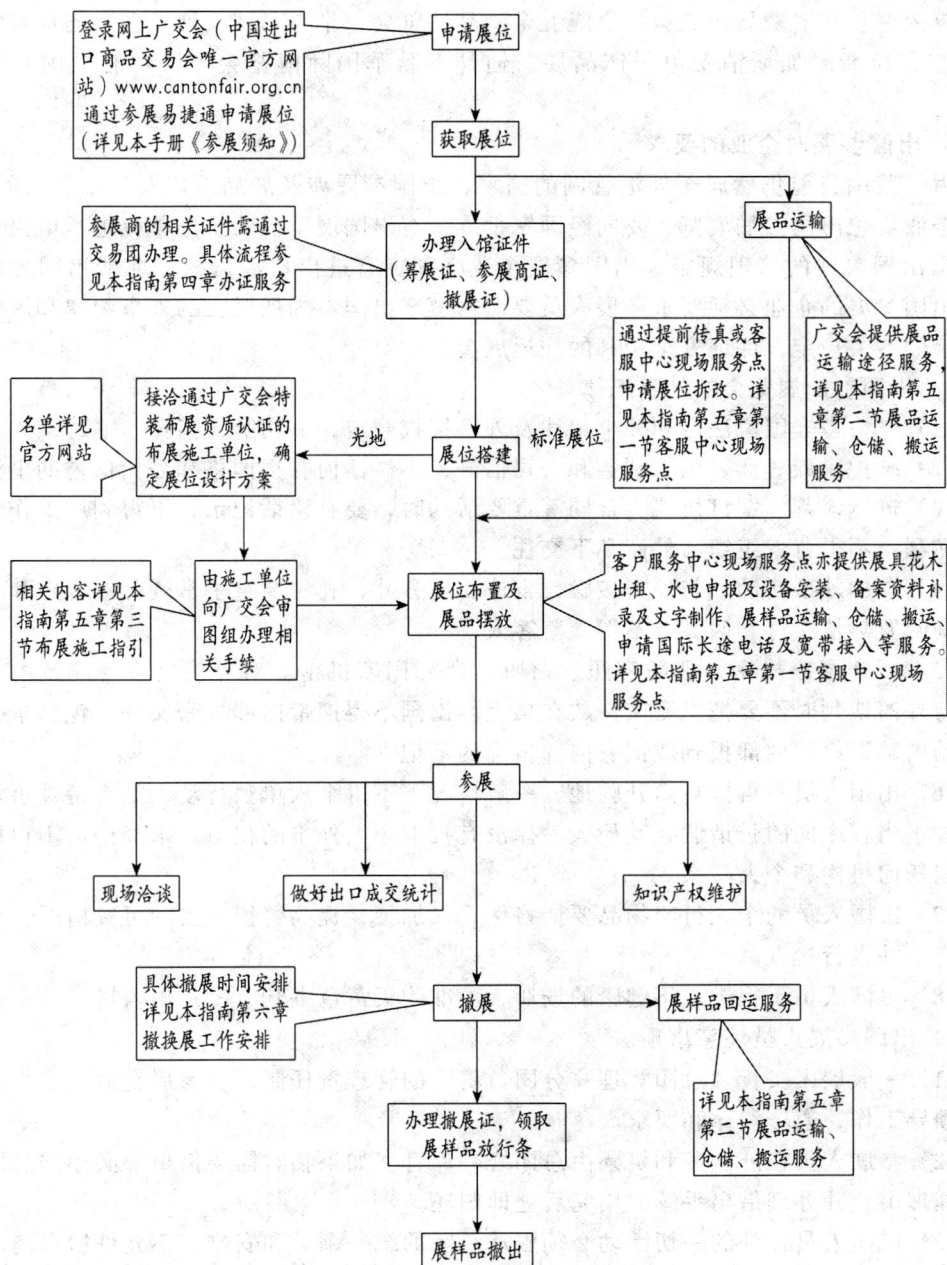

登录网上广交会（中国进出口商品交易会唯一官方网站）www.cantonfair.org.cn 通过参展易捷通申请展位（详见本手册《参展须知》）

参展商的相关证件需通过交易团办理。具体流程参见本指南第四章办证服务

名单详见官方网站

接洽通过广交会特装布展资质认证的布展施工单位，确定展位设计方案

相关内容详见本指南第五章第三节布展施工指引

由施工单位向广交会审图组办理相关手续

通过提前传真或客服中心现场服务点申请展位拆改。详见本指南第五章第一节客服中心现场服务点

广交会提供展品运输途径服务，详见本指南第五章第二节展品运输、仓储、搬运服务

客户服务中心现场服务点亦提供展具花木出租、水电申报及设备安装、备案资料补录及文字制作、展样品运输、仓储、搬运、申请国际长途电话及宽带接入等服务。详见本指南第五章第一节客服中心现场服务点

申请展位 → 获取展位 → 展品运输

办理入馆证件（筹展证、参展商证、撤展证）

展位搭建（光地／标准展位）→ 展位布置及展品摆放 → 参展

现场洽谈　做好出口成交统计　知识产权维护

具体撤展时间安排详见本指南第六章撤换展工作安排

撤展 → 展样品回运服务

详见本指南第五章第二节展品运输、仓储、搬运服务

办理撤展证，领取展样品放行条

展样品撤出

图2-4　广交会参展企业参展流程图

(2.2) 国外参展的要求与程序

出国参展已成为我国企业开拓国际市场的有效做法之一。出国参展可以使国内企业扩大商务接触面，开阔视野，寻找到更多的商机。许多具有较高知名度的国际展会，如法兰克福春秋季消费品博览会、科隆五金制品展览会、米兰马契夫展览会、芝加哥五金展览会、拉斯维加斯消费电子产品展、迪拜春秋季国际博览会等，都有中国企业的参加。

2.2.1 出国参展对企业的要求

由于我国目前仍然属于外汇管制的国家，出国参展涉及展品出口及外汇兑换问题，一般企业要想出国参加展览，要向经国家批准、有出国展览权的主办单位进行申报。根据我国出国参展的管理规定，出国参展企业必须拥有进出口经营权，才能出国参加展览。出国参展的企业必须要求参展人员要严格遵守出国参加展览会的外事纪律和展览会组委会的有关规定，保证安全顺利的往返展会。

1）出国参加展览会的外事纪律

（1）严格遵守国家法令和外事纪律及外事授权规定，一切听从指挥。

（2）维护民族尊严、国家利益和公司信誉，不做任何有损国格和公司信誉的事情。

（3）进行谈判、签订协议、合同等重要活动时，要有谈话记录；不得利用工作之便谋求私利，不得背着组织与外商私下交往。

（4）参加外事活动，与外宾接触，言谈要有分寸，礼貌要合乎常规。对客户和参观者的询问要热情接待和回答，不得冷落客人。

（5）严守国家机密，严防窃照、窃听，泄漏国家机密。对外谈判不要涉及内部机密。与外商谈判时不要把机密文件放在桌上。出国不得携带内部机密文件，包括本公司扩印的内部资料、内部报刊或记有内部情况的笔记本。

（6）出国人员不得擅自离开驻地。一般情况下不得个人单独行动，如有特殊事情需要通过正当程序向团长请假，其他人一律没有批准个人外出的权力。未经许可不得擅自与外国任何机构和个人联系。

（7）出国人员的个人行李物品要严格保管、加锁，提高警惕，发现可疑情况，要立即报告，并进行检查。

（8）出国人员不得进入不健康的场所，不准购买黄色书刊、图片出入境。

2）出国参展人员注意事项

（1）一般展团实行"总团管理，分团负责"的管理责任制。各参展企业应自觉配合展团领导工作，遵守纪律和要求。

（2）参展人员在外护照和机票由总团统一保管。如果临时需要借出，必须向总团说明合理理由，并办理借出手续，用完后立即归还。

（3）展团人员在外的一切活动必须服从总团的统一领导和安排，不允许擅自离团活动，更不能到展团安排以外的他国活动。人员临时外出要征得所属单位在外负责人的同意，并向领导报告。

（4）遵守外事纪律，遵守所在国法律，尊重当地的风俗习惯，维护国家尊严。

（5）遵守博览会的有关规章制度，不得提前撤展，按博览会规定处理样品；展览期间参展人员认真做好贸易洽谈工作，争取多成交。

2.2.2　出国参展程序

出国参展程序见表2-1。

表2-1　　　　　　　　　　　　　　　　　出国参展程序

顺序	时间安排	工作内容
1	展览开幕前6～10个月	与组织出国展览的单位取得联系，索取展览会概况、费用表及《参展申请表（代合同书）》等资料
2	收到展览会概况、费用表及《参展申请表（代合同书）》等资料后	将《参展申请表（代合同书）》填好并盖单位公章后传真给出国展的组织单位或进行网上申报
3	签好《参展申请表（代合同书）》后一星期内	参展商将摊位费全款汇至组织单位账户，以确认摊位
4	展览开幕前约105天	组织者发给参展商《参展程序介绍》
5	展览开幕前约105天	参展商需确认摊位数、派人单位名称、出访人数，以及确认持因公还是因私护照
6	展览开幕前3个月（根据国家和地区不同下发时间也有所不同）	发"展品箱号"及《运输指南》
7	展览开幕前3个月	参展商将《出国人员详细资料》传真至组织者
8	展览开幕前约75天	参展商将英文的单位全称、地址等会刊资料以电子邮件或传真的形式发给组织者
9	展览开幕前约75天	参展商确定装修方案及预订增租展具
10	展览开幕前2个月（根据国家和地区不同集货时间也有所不同）	展品集中发运
11	展览开幕前2个月	下发《出国任务通知书》等批件，办理护照等出国手续
12	展览开幕前2个月	组织者将展览主办方《邀请函》快递给签证的参展人员
13	展览开幕前1个月	参展商付清人员费、运费等所有参展费用
14	展览开幕前1个月	参展人员将护照、确认件、政审批件、照片等签证资料快递至组织者或送当地外事办，准备办理签证手续
15	展览开幕前1个月	参展人员确认具体行程
16	展览开幕前约15天	通知国内集中出发地点及时间
17	展团离境前1天	出国人员国内集中学习
18	展览开幕前2天	展团离境
19	展团回国后1个月内	组织者开具发票

2.2.3 出国参展办理个人签证程序

我国政府目前对出入境管理还相对比较严格，出国参展必须要办理合法的出国签证手续。参展人员办理出国手续依据其所持有的护照的类型不同，有不同的办理程序：

1）办理因公护照、签证等出国手续

（1）组团单位收到《参展协议》及摊位费全款后，根据参展单位提供的单位名称和参展人数向展览审批单位上报《参展人员的复核批复》。

（2）组团单位在收到《参展人员的复核批复》的答复后，立即向上级主管单位上报《出国任务通知书》及《出国任务批件》。

（3）组团单位在收到《出国任务通知书》及《出国任务批件》的答复后，即刻将《参展人员的复核批复》复印件、《出国任务通知书》原件及《出国任务批件》复印件等材料快递至参展单位。

（4）参展单位在收到《出国任务通知书》等材料后，到当地政府及相关部门办理《出国任务确认件》《出国政审批件》及护照手续。

（5）参展单位办理完上述手续后，于指定时间内将《出国任务确认件》原件、《出国政审批件》原件、护照、照片及签证所需材料送交组织者办理签证手续，签证表由组团单位代填。如办理欧美等国家的签证，须根据所赴国家（地区）使领馆指定要求委托当地政府外办办理签证手续（签证表由参展单位自填）。有些国家须在其指定的使领馆与签证官面签（如美国），由组织者或当地政府外办通知面签时间。

（6）已有护照的参展人员须确认护照有效期，通常行程结束后6个月以上仍然有效的护照才可以送签。提供送签资料之前请确认所提供材料的一致性（如邀请函上的日期及天数、日程表天数和机票订单中的日期须与批件所批天数相符等）。

（7）签证签出后，请确认签证生效日期须与实际行程相符，所签出天数不得少于实际在外停留天数。

2）办理因私护照、签证等出国手续

（1）由参展人员本人向当地公安部门的出入境管理局申领因私护照。如已有护照请确认护照有效期须在行程结束后6个月以上。

（2）组团单位在收到参展单位参展人员资料、摊位费及人员费全款后，统一向展览会主办方索要正式邀请函。

（3）参展人员收到邀请函后，便可自行送签。有些国家办理签证需要提前预约面签时间，如美国、德国等；有些国家则不需要，如英国等。面签预约电话事项由组织者办理。预约签证时通常需要提供申请人护照号、姓名、身份证号、出生日期。但需要注意的是，有些国家在签证高峰时段很难拨通电话。美国、德国等国家在每年年底及7、8月份为签证高峰期，申请人预约的面签时间可能为其拨通预约电话后30天，故需要提前提供相关资料预约。

（4）如果有需要，签证申请人应在其指定的使领馆与签证官面谈，许多国家在中国的使领馆通常设在北京、上海、广州等地。也有些国家不接受本人预约，如日本，申请人须将材料送至指定签证代办机构统一办理。

（5）有些机构对申请人提供免面谈服务。如在北京申请德国签证时，若申请人5年内曾至少2次获得申根签证并用过此签证，可通过中信银行营业网点或德国工商总会北京代表处递交申请。

（6）交纳签证费。有些国家要求申请人在面签当天以现金形式交纳，也有些国家需提前到指定代收银行交纳（如美国需提前交纳到中信银行）。

（7）办理签证所需材料：填写完整并贴好照片的签证表、护照、展览会主办方出具的邀请函原件、参展摊位证明、摊位费发票、申请人所在单位出具的经济担保函（在职证明）、申请人名片、身份证、户口本、结婚证书、在职证明、申请人所在单位营业执照复印件、信用证明、所赴国家（地区）从事商务活动的证明文件、申请人曾去过其他国家签证页复印件、申请人所拥有的财产证明原件（如申请人购房、购车发票，有申请人署名的房产证、行驶证、银行存单及由银行打印的国际信用卡出入账明细）等。具体可参见各展览会通知，由项目负责人向参展人员提供。

（8）面签前请确认所提供签证材料的一致性（如邀请函上的日期、天数、日程安排和机票订单中的日期须相符，经济担保函、名片、营业执照复印件和签证表上的单位名称须完全一致等）。

（9）取签证，此时应确认签证生效日期、截止日期与实际行程相符，所签天数不得少于实际在外停留天数。

2.3　展台施工程序与要求

展览会主办方提供给参展商的场地一般是一块净地或者是一个标准展位的框架，参展商为了提高展出效果，一般都要根据自己的展出需要对展位重新设计、搭建或装修布置。

2.3.1　展位施工的程序

展位施工程序主要包括：

（1）布展施工前7～15天，向展览会组委会提出施工申请，申请时要提交布展施工图、效果图、电路图等。

（2）组委会进行审核。

（3）组委会同意后，与其签订《布展施工安全责任书》。

（4）申领施工证、车辆出入证（筹展证）。

（5）进场施工。

2.3.2　展台施工要求

为了维护展馆的正常秩序，保证展馆安全和卫生清洁，参展商在施工过程中要遵守组委会相关规定。

（1）施工人员应佩带施工证件进馆施工。

（2）施工单位和施工人员在施工中对展馆安全承担责任，对进入展馆的施工人员应进行消防安全教育，要求施工人员严格遵守消防安全操作规程，并采取相应的安全措施。

（3）搭建、安装特装展位的参展商，一般在施工15天前，将特装设计平面图、施工图报给组委会，由组委会报消防部门审批，审批合格后的设计平面图、施工图由组委会交付展馆展览现场部审核，审核合格的单位在施工前到总服务台交纳特殊装修施工管理费和展后特装物清理保证金，参展单位或施工单位在撤展期间将特装物清理干净，经展览现场部验证后，退还保证金。

（4）特装展位在开展前由消防检测专业公司做电气设施消防安全检测，由施工单位自付电检费，检测合格后方可供电。

（5）严禁将易燃易爆、化学危险品、压力容器带入展馆。

（6）严禁在展馆内明火作业，如有特殊需要须消防部门批准后在馆外作业，并设看护人员和采取相关的防护设施。

（7）施工单位要爱护展馆建筑物和设备、设施，施工中应注意保护好墙面、地面，不得在上述任何部位钉钉子、扭螺丝、打孔、粘贴图案或宣传品。展馆顶部龙骨严禁吊挂物品。

（8）搭建物的安装要牢固、安全，施工中展材、展具轻拿轻放，禁止砸地面、墙面，避免对展厅造成任何损坏。如发生损坏，按规定赔偿。

（9）施工单位不得在监控设施、空调排风口处搭建隔离物、展板或堆放任何物品。禁止遮挡安全疏散指示及应急照明，不得损坏和挪用消防设施、器材，不得圈占消火栓，严禁占用防火间距及堵塞公共通道。

（10）施工单位在展厅台阶、地面上做标识，须经组委会广告公司同意。

（11）施工单位使用的地毯、粘板等材料应为符合消防规定标准的非易燃物，固定时请使用非残留性的单面、双面布底胶带。

（12）展馆内所有设施、设备、展材展具及桌椅未经同意不得擅自挪用，如施工单位需要上述物资请到总服务台办理租用手续。

（13）馆内禁止吸烟、饮酒和各种形式的娱乐活动。使用音响设备应低于70DB。

（14）施工单位按规定的时间进出展馆，如提前进馆施工或延长工作时间，需经展馆展览现场部及保卫部同意，并按标准支付费用。

（15）施工单位在施工中要注意各展厅楼面高度和地面的负荷重量，避免发生事故。

（16）施工单位需要用电时，到总服务台办理租用手续。施工单位进行电器线路、电器设备安装，应由持有效电工操作证件的人员施工。

（17）展厅内禁止使用碘钨灯、高压汞灯，不准超负荷使用电器设备。

2.3.3 展台施工费用

参展商进行展台施工要缴纳一定的管理费、水电费、布展超时费、布展施工押金（撤展后无违规情况退回）等费用，参展商要准备好足额现金支付，以免延误展台的施工和影响参展效果。

典型案例2-3

展览馆自建摊位布展施工价格

展览馆自建摊位布展施工价格表见表2-2。

表2-2 展览馆自建摊位布展施工价格表

项 目	价格（人民币）	备 注
施工管理费	22元/平方米·展期	
布展施工押金	20 000元/100m²以下 40 000元/101m²～200m² 50 000元/200m²以上	施工单位给展馆造成损失和损坏的，按相关规定进行赔偿。开始撤展后，请将搭建的特装展台结构及时地拆卸放平，并凭展览馆开具的《搭建材料出馆凭证》及时运回可重复使用的特装材料，其余的搭建废弃物料由场馆自行处理。反之，押金不退。施工押金以现金形式支付
施工证	20元/人·展期	限布、撤展期间使用（须提供本人1寸免冠彩色照片1张，用于制作证件）
车证	50元/辆·展期	进入前广场使用
展厅内吊点	500元/个·展期	限11、12厅
布展超时费	600元/小时	限1、2（二层）、3、4、5、6、7、9、10号厅、报告厅主厅、报告厅序厅、前广场
	2 000元/小时	限2（一层）、11、12号厅
通道地毯管理费	2元/平方米	通道地毯铺设方须办理入场手续，包括施工证件、营业执照复印件、地毯防火检验报告以及押金等
临时电（220V5A）	100元/个	只在布、撤展期间使用，在北展现场服务中心申报办理
水点	1 000元/个·展期	2号厅（15mm 2个、48mm 2个） 3、4号厅（48mm 2个） 5号厅（20mm 1个、48mm 3个） 6号厅（48mm 1个） 7号厅（48mm 4个） 9号厅（15mm 1个、48mm 2个） 11、12号厅（15mm 各10个） 相关材料和接驳由搭建公司自行准备和完成

注：

1. 每展期为10天，不足10天的按10天计算，超过10天按两个展期计算。

2. 每日请在16：00前申报加班并办理相关手续，超过16：00申报加班的，按原价格加收50%。

3. 布展超时加班只限当日24：00前，超过24：00的加班按原价格的3倍收取布展超时费。

4. 布展搭建公司进馆施工前须与北展签订《布展施工安全责任书》以及其他入场施工的相关手续。

5. 凡在施工、展出期间内出现任何安全事故，均由其搭建公司负责，北展将取消该公司今后在北展施工搭建的资格。

资料来源 佚名. 自建摊位布展施工价格表［EB/OL］.［2017-07-31］. http://www.docin.com/p-644277851.html.

分析提示：展台施工费用是企业参展一笔较大的开支，企业在进行参展成本预算时，要对这笔开支有清楚的了解并尽可能节约开支。

《知识掌握》

2.1 简述企业参加国内展览会的基本程序。

2.2 我国对出国参展企业有哪些要求？

2.3 简述展台施工的程序。

《知识应用》

▶ 案例分析

出国参展签证秘笈

怎么做才能减少签证中的不确定因素，保证企业的正常参展活动少受或不受干扰？本文将为广大参展企业支招。

1. 保证签证资料的真实有效

一提到要和政府机构打交道，国内企业的反应可能首先是有没有窍门或者捷径可走。对于生存在中国特有环境中的企业来说，有这样的想法并不奇怪。但在申请赴外商务签证时，这种想打擦边球、钻空子、图省事的念头就十分有害了。因为国外大型展会的主要举办地一般是在欧美国家，入境管理措施十分严密，均是预设申请人有移民或滞留意图，所以签证官员会对申请人所提供的材料进行非常详细的核实与甄别，绝不会"走过场"，只要发现有任何作假的痕迹，申请人就将会被拒之门外。

例如，国内一家石材工具公司由老板亲自带队去东欧某国参展，在递送过程中只是因为秘书忘了让参展人员签名，而公司内的一个老业务员自作主张的代签，最终导致被签证官认定为造假。即使后来该公司的人全部去了领事馆，还是无法避免被拒签，就连那位已经出国三十几趟的老板本人也未能幸免。另有一家企业在申请赴加拿大参加一个五金展时，只是由于随附的宣传资料上夸大了企业的生产规模，也同样被拒签。可见，对于出国参展企业的人员来说，认真准备并如实的申报所被要求递送的材料，才是成功签出的最大保障。

2. 细致合理地准备申请资料

在保证资料真实的前提下，资料准备的充分程度便成为影响签证成功与否的第二大因素，企业应该筛选并预备提供那些具有证明力的有效文件，不要主动提供那些与出展目的无直接关联、可能造成误解甚至麻烦的周边材料。当然，如果是持因公护照组团出展，那事情就会简单很多，因为签证将由地方政府外办或组团方统一送签并领取。不过对多数企业来说，因私商务签证才是他们最常用出展签证方式，所以下面将着重介绍为办理因私商务签证准备资料时，应注意的事项。

首先，要注意在提供信息上尽量保持团队与个人的一致性，例如，所有团员都在一个行业，隶属于同一个协会、学会或组织机构，大家都有固定工作和职业。其次，要将出展的目的表述的简单明了，不能含糊其辞，要保证出展目的能被签证官接受并理解，不会出现认识上的误区；第一次出国的人员可能还会被要求提供工资证明，而护照上之前的出国经历将会是对申请人很有利的"诚信记录"。此外，在准备好各国使馆所要求材料的同时，申请企业应该自行准备好能证明其确实参展的相关材料，如展位费收据。

最后，对于第一次出国参展的企业来说，如果可能，应该事先去专门公司或专业人士处咨询或委托他们协助签证事宜，这样会使整个签证过程顺畅很多。

3. 面签时应当注意哪些细节

准备好签证资料后，最后所要面对的就是签证官的面试与考察了。但在考虑如何应付签证官的"刁难"之前，参展企业首先应该确定是否能见到签证官，因为不少国家的面签是需要预约的。实际上，每天在各国大使馆、领事馆门口都有很多因为缺乏这些基本常识而打道回府的人。这里有个比较极端的例子是博世集团中国分公司邀请的一个美国客户，但是临了他却来不了，因为在前往机场登机时他才知道去中国是需要签证的。而且，签证预约并非像打个电话预订饭店那么简便，一般还得凭使馆方面发的确认回函才算最终敲定。另外，在不同的国家，不同的时点，预约面签结果也会不同，类似美国、德国这样的热点地区，在遇到诸如长假旅游、留学报到的旺季时往往要提前两周、一个月甚至更久才能保证被排上。此外，在赴约前还需明确签证费用的缴付方式，关键应弄清是通过委托代缴还是在现场直接支付。

而当参展人员最终面对签证官的考察时，则应该注意把握以下四个面谈原则：首先是不问不说，即只回答签证官提出的问题，争取回答清楚，简捷明确。但不要主动回答签证官没有提到的问题。然后是不问不给，即只提供签证官要求的材料，不要主动提供任何签证官没有要求的材料，哪怕自己带的材料都用不上，不要主动出示。接着是问谁谁答，当遇到签证官有选择地询问签证团队里特定团员问题时，通常应由被问的当事人来回答，不要征询旁人意见，更不能由他人代答。最后就是据实回答，这是最重要的诀窍，绝不要猜测签证官希望什么样的答案，只是照实回答就行。

4. 未雨绸缪早做准备

虽然以上的多种方法能帮助企业尽量避免在签证时遇到麻烦，但现实中我们仍然会发现那些玻璃橱后面的领事还是要时不时给人带来"惊喜"。实际上，就励展国际销售部所提供的意见，即便是那些常年参加各类外展的老展商，也难保不会被拒签。因此，企业在对待签证问题时最好能尽可能早的进行准备，那样即便相关人员由于不可预知因素而被拒签，也能留出相应的时间进行二次签证。而以励展国际销售部的经验来看，除了美国外，在申请赴其他国家签证时，第一次被拒而第二次通过的例子并不鲜见。

另外，一些特定人群在申请一些特定国家的签证时可能会遇到差别待遇。例如，年龄低于三十五岁的未婚女性在申请北美与伊斯兰教国家签证时成功概率可能会低些，而西欧的地中海国家则对于江浙闽三省的申请特别"严格"。而那些在过去三年内有至少两次获得过西方发达国家（日本除外）签证的人，则可以通过中信实业银行直接送签赴德签证，其通过机会将较面签大为增加。对于这些情况，参展企业应在选择参展人员时加以注意。

最后，还有一些应急措施可以作为特殊情况下的一个选择。例如，当实在需要参加某个展会而又被签证所阻时，若该展会是在欧盟国家举办，企业可以利用申根协定十五国之间的人员自由流动便利，先通过其他更容易的方式去另外的欧盟国家，然后再转道抵达目的地国。但这只能算是权宜之计，毕竟对于出国参展企业来说，只有早了解早准备早行动才是签证顺利的实在保障。

资料来源 佚名. 出国参展——签证秘笈 [EB/OL]. (2007-03-30). http://finance.sina.com.cn/roll/20070330/20581302339.shtml.

问题：请分析办理出国签证应注意哪些问题。出国签证的手续如何办理？

（分析提示：办理出国签证应做到资料完整、真实可靠、早做准备。面签时要注意四个基本原则：不问不说、不问不给、问谁谁答、据实回答。参展人员办理出国手续依据其所持有的护照不同类型，有不同的办理程序。）

▶ **实践训练**

分小组分别模拟扮演展览会的主办方和参展方，进行展位预定过程的实战演习。

要求：展位预订的过程："与主办方联系—填写申报表—主办方认可并签订参展协议书—缴纳展位费—展位最终确认"要在演习中完整体现。

第 3 章

展览会的选择

学习目标

在学习完本章以后，你应该能够：

了解参展的目标；

掌握市场调查与分析的方法；

正确选择展览会。

【引例】

analytica 2016 展后感之参展厂商语录

"analytica 是我们参加的最重要的展会之一，我们在这里展示最新的产品和方案，培育和维持现有的业务联系，2018 年我们一定会再次回归。"

——Dr.Günther Wobser，德国 LAUDA 执行合伙人

"鉴于我们在液体、样品和细胞处理方面的专业知识，analytica 对我们来说是一个可以进行现场内容营销的无与伦比的产业平台。"

——Ralf Clauβen，德国 Eppendorf 广告与交际主管

"analytica 是我们努力获得新客户和培养现有客户关系的非常重要的组成部分之一。展会卓越的品质和同期配套项目给我们提供了将自己呈现给广泛受众并同时满足重要决策者需求的平台。首先，我们对于观展人员数量很满意，当然也在于他们对于我们产品的兴趣所在。再者，analytica 很明显是一个引入新的应用解决方案的理想平台，2018 年我们一定会再次回来。"

——Svenja Goth，Perkin Elmer 德国环境健康部 EMEA 市场经理

"在展会开始之前，analytica 就非常懂得利用一些热点的话题来引起人们的关注。我们公司在展会上作的关于职业安全和健康的主题演讲引起了参观者的极大重视。我们也在思考 analytica 2018 年可以提供哪些方面的职业安全知识来再次吸引大量参观者。"

——Günther Rossdeutscher，德国 asecos 常务董事和股东

"较之于 Pittcon 的多样性，我们更看重 analytica 的专业性，后者更专注于实验室和研究领域，更加符合我们公司的市场所在。"

——Dr.Christian Schmidt，德国 elementar 市场总监

资料来源　佚名. analytica 2016 展后感之参展厂商语录 [EB/OL]. (2016-05-18). http://www.instrument.com.cn/news/20160518/191399.shtml.

分析提示：参加展览会对企业开拓市场效果明显。企业选择展览会时要与自己的参

展目标相匹配，认真筛选。好的展览会能吸引来自世界各地的参展商和采购商，保证参展的目标得以实现。

现代企业面临着激烈的市场竞争，企业要保持和提高自身在市场的竞争地位，必须要时刻掌握市场发展动态。选择有影响力的知名展会参展是企业把握市场脉搏的最便捷、最有效的方式。企业对此应有正确的认识。

企业为保证参展达到预定的目标，就要保证所选择的展览会的质量。这要求企业在参展决策过程中采用系统、科学的方法选择合适的展览会。企业选择展览会应包括的环节，如图 3-1 所示：

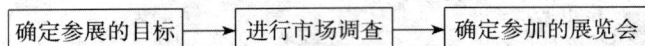

确定参展的目标 → 进行市场调查 → 确定参加的展览会

图 3-1 企业选择展览会应包括的环节

3.1 企业参展的必要性

现代展览会具有强大的功能，包括交易功能、沟通功能、整合营销功能、技术扩散功能、展示功能、调节供需功能、信息聚集与传播功能等，这些功能可以满足参展企业各种不同的需要。展览会可以满足的企业需要主要包括以下几个方面：

3.1.1 沟通的需要

展览会的沟通作用非常明显：参展商与买家数量大、覆盖面广，可以进行直接的交流。展览会的环境氛围有利于进行高质量的交流。当今市场竞争激烈，企业要努力扩大自身产品的市场份额及范围，必须增进与经销商或者消费者的沟通，扩大销售网络，促进销售。在展览会上，消费者通过与参展商进行双向互动的沟通甚至亲身的体验，了解产品性能、价格，从而增进对参展商的了解和信心。

3.1.2 营销的需要

现代企业为了稳定和扩大市场份额，需要进行市场营销。展览会活动是一种非常有效的市场营销方式，可以满足企业营销的需要。企业通过展览会展示自己的产品和发布新产品信息，以激发目标客户和潜在客户的消费欲望；在展览会上找到合适的经销商、代理商进行合作，建立销售渠道，达到产品促销的目的；通过参加展会树立企业形象，建立品牌知名度，在同行业间建立横向联系；还可以降低营销成本。

3.1.3 宣传的需要

展览会是一种非常有效、直接的宣传公关活动，它的宣传效果不同于传统媒体（广播、报纸、电视、杂志），而且收益价格比高于传统媒体。企业在展览会上可直接面对消费者和竞争对象，通过即时性的宣传与交流，立即获得市场信息和动态，可迅速统计出相关的市场资料，为企业制定以后的宣传目标及方针提供了重要的依据，这些都是传统媒体所不能达到的。通过多种展览会形式，企业不仅能够迅速、准确地了解国内外最新产品和发明的现状与发展趋势，而且可以通过展览会形式展示自己的品牌，通过展览会提供的信息渠道和网络宣传自己的商品，树立企业形象。

3.1.4　技术发展的需要

展览会是集中展示新产品、新技术的理想的平台，突破了区域之间诸多的技术壁垒和贸易性壁垒，大家走到一起取长补短，有利于企业检查已有技术、学习他人先进技术。企业通过参展可以进行技术交流，了解行业技术发展的最新动态，及时对产品进行更新换代，保持技术优势。

3.1.5　获取信息的需要

企业的发展需要了解市场信息、竞争者情况、行业技术发展动态，展览会汇集各地的厂商和客户，使其成为"行业的风向标，顾客的导航灯"。通过参加展览会，企业在短短的时间内，不仅可以了解竞争者的情况和行业最先进的技术和最新的产品，而且可以知道顾客的需要。

典型案例 3-1

美国不同行业参展情况调查

美国贸易展览局对美国不同行业参加展览会的情况做出的一份调查，结果见表 3-1。

表 3-1　　　　　美国不同行业参加展览会的情况调查

行业	百分比
制造业	85.1%
运输、通信、公共事业	75.0%
批发	78.7%
零售	37.8%
金融、保险、不动产	57.6%
服务	34.4%
广告、宣传	33.3%

分析提示：借助展览会这个渠道，向国内外客户试销新产品、推出新品牌，同时通过与世界各地买家的接触，了解谁是真正的客户，行业的发展趋势如何，最终达到推销产品、占领市场的目的，是大多数现代企业的最佳选择。

企业应根据其需要确定参展的目标。总体而言，企业参展的最终目的是销售，展示只是一种手段，但这并不意味着企业参展时签的订单数就等于参展效果。企业参展除了展示新产品、提升企业知名度外，还是选择了一条了解市场变化的最佳途径，市场上什么样的产品最受欢迎以及竞争对手的各种动态，这些都将是展会给参展企业带来的有价值的东西。企业参展可能只有一个主要目标，也可能有几个主要目标，但无论如何，展前务必明确参会目标，以便有针对性地选择展览会并制订参展计划，突出参展人员的工作重点。

(3.2)　企业参展的目标选择

3.2.1　寻找新客户，巩固老客户

1）寻找新客户

客户是企业赖以生存和持续发展的最重要的基础。展会是最迅速、成本效益最佳

的新市场开拓手段之一。对参展商来说，在展览会上能否找到新客户是他们最为关心的事情。展览会吸引众多企业来参展，是因为在展览会上，参展商可以在很短的时间内结识到大量新客户，为企业开拓潜在的市场、扩大市场份额创造条件和机会。所以参展商往往在做出是否参加展览会决定时，最先考虑的就是展览会的专业观众的数量和质量，以推测有没有自己的潜在目标客户群。当展会结束时，如果没有找到一个新客户，参展商就会怀疑参加这样的展览会是否有价值，是否应当继续参加这样的展览会。

2）巩固老客户

凡是知名展览会，都会汇集众多的客商前往，老客户往往也会出席。一方面他们想在展览会寻找新的商机，另一方面他们也希望利用这个机会跟老朋友会会面或者是捧捧场。企业通过参展一方面展示自己的实力，让老客户相信企业的经营一切正常，他可以放心大胆地与企业继续合作；另一方面，市场竞争激烈，产品同质化越来越明显，客户是否与企业合作就要看相互的关系，在展会上跟老客户进行面对面的交流，如有机会请老客户吃饭叙叙旧，可以进一步融洽和巩固双方的关系，防止客户被自己的竞争者在展会上抢走，避免客户流失。

3.2.2 维护或树立参展企业的形象

企业的形象是一个企业在用户和社会公众心目中的总体印象或者说是消费者和社会公众对企业的整体感觉与综合评价。企业形象塑造分3个层面，即"理念识别、行为识别和视觉识别"。利用展览会活动树立和宣传企业形象具有投入少、针对性强、目的明确、效果显著的特点，并且为企业直接树立自身形象和推广以品牌为代表的形象特征提供了一个良好的空间，在此空间，参展企业可用"静"和"动"两种不同的方式直接将形象诉求传达给关注者。

1）"静"态的方式是展现企业形象的视觉层面

"静"主要是指一些静止的物体，具体讲就是指参展企业的展台、有关的宣传资料以及参展人员的着装。展台是表现企业形象视觉层面很好的窗口，是一种传递视觉要素信息的良好媒介，特别是对视觉要素中基本要素的传达（如标志、标准颜色、标准字体、企业口号等）有着极高的识别效果和传递作用。企业发放的宣传资料带有极高的形象传播功能，参展企业可以将形象的相关要素有机地融入到这些宣传资料中，无疑将会起到极大的形象推广作用。参展人员的着装是企业形象要素中的重要内容，它在企业形象的传播上起着独特的作用。

2）"动"态的方式集中表现企业形象的行为层面和理念层面

在商业性展示中，动态的企业形象集中表现在两个方面的服务上。其一是参展企业的人员为观展者提供的服务，这种服务多以企业及产品内容为中心，包括介绍产品特点及回答关注者的问题。其二是有关人员为参展企业提供的特定服务，即通常所说的展示服务，如模特、舞蹈、问答抽奖活动等。这种服务尽管在展现企业及产品内容上不是很直接，但服务的手段和方式却非常丰富，而正是这种丰富的手段和方式为动态地展示企业形象提供了良好的机会，并构成了展示服务在宣传企业形象上特有的优势。

安吉竹产业：抱团参展提升形象

"这次展会安吉展区呈现出两大特点：一是搭建安吉馆展示竹产业整体形象；二是特邀18家国际采购商与安吉企业实地对接。"在3月22日开幕的第十八届中国国际地面材料及铺装技术展览会上，安吉县商务局局长姜平介绍说，这次参展活动由政府组织企业抱团参与，效果令人满意。

当天上午10点半，在上海新国际博览中心E3展馆的安吉展区，前来参观的客商将展台围得满满当当。据了解，该展会被誉为亚太地区最具权威的地材专业展会，为展商连接人脉、树立品牌形象最理想的商业平台。"提升安吉竹产业形象，有利于推动企业销售，也有利于推动企业发展。"安吉奇晨竹业有限公司是参展企业之一，掌握一口流利英语的总经理黄林忙个不停。"展览才开始一个小时，我已经接待了十多位国外客商，他们都对我们的竹产品有浓厚兴趣，我们也互留了联系方式。"

据了解，展会将于3月24日结束，姜平表示，24—26日，县商务局还将组织18家国际采购商来安吉，开展"发现美丽安吉——海外买家团"活动，参观企业车间，对接合作事宜。

"这次展会结束后，我们还要对展品进行全年推荐、全年跟踪，争取做到一次展会全年受用。"姜平介绍说。

资料来源 朱柯.安吉竹产业：抱团参展提升形象［EB/OL］.（2016-03-24）. http://szb.ajnews.cn/site1/ajrb/html/2016-03/24/content_163968.htm.

分析提示：树立企业形象是塑造企业可信度和知名度的有效途径，为打造企业良好品牌奠定基础。企业通过参展充分利用展台向来自全国或世界各地的观众宣传和展示自己，是树立企业形象十分有效的一种方式。

3.2.3 宣传产品

展览会是一种立体的广告，为展商提供了一个充分展示自己产品的机会。展览会期间，企业可以将其所有的产品展示在展台上，向参观者进行宣传推广，对于本企业开发的新产品，更是可以利用这个机会，向新老客户进行宣传、介绍，让客户认知、体验、接受和使用新产品。展览会在宣传产品方面有着独特的优势，它可以同时达到现场宣传和媒体宣传的双重效果。

1）现场宣传

在展览会现场，参展商可以向参观者详尽介绍自己的产品，由于有实物在场可以展示，参观者可以直观地认识产品、了解产品。而且大多数参观者都是带着诚意而来，他们在听取展商的介绍时会更有耐心，更注意倾听。参展商和观众之间还可以进行现场互动交流，参观者现场提问，参展商即时解答，使客户全面深入了解产品，增加对产品的信心，参展商宣传的效果会更加明显。

2）媒体宣传

展会举办者一般会运用现代信息技术对展会的有关信息进行分析、处理、发布，使参展者、观众和展会组织者随时了解参展商品的供求状况、新产品的开发信息、参展商和观众的身份特征，增强展会的信息交流、发布功能，使观众更好地了解企业及产品。展会的举办者中包括媒体机构，它们会为参展商摇旗呐喊，企业可以充分利用这些免费的媒体为自己进行宣传。

典型案例3-3

广交会引爆眼球 新中源携新品席卷中国第一展

第120届广交会在广州琶洲展馆拉开帷幕，这也是广交会60年发展史上的一个里程碑。作为佛山本土强企，新中源陶瓷出口公司已是连续17年参加这个有"中国第一展"美誉的广交会，继续为全球客户献上丰盛的产品盛宴。在广交会琶洲展馆的9.2D建材馆，新中源陶瓷出口公司在主通道醒目位置的展位上设置多个新品展区（如图3-2所示），重点展示了公司新近推出的"BIG+"薄板、大理石瓷砖以及托斯卡纳仿古砖等主流产品。据新中源陶瓷出口公司负责人介绍："新中源陶瓷自2000年起连续17年参加有着'中国第一展'之美誉的广交会，今年4月份举行的广交会无论是采购商数量还是订单情况都有很好的表现，从全球各大洲前来洽谈采购的客商数也明显有回暖现象，从本届展会目前展现出的势头来看，相比去年的广交会毫不逊色。"

图3-2 第120届广交会新中源陶瓷出口公司的展位

本次新中源陶瓷出口公司重点展示的"BIG+"薄板引起了众多参展客商的极大兴趣，长久驻足品鉴。年轻、时尚的新中源陶瓷出口公司强势出击，显示了新中源陶瓷出口公司在业界强大的规模实力和产品创新能力，同时也为国外客商提供了性价比更高的环保低碳家居建材用品。

"BIG+"薄板系列，是新中源陶瓷出口公司2016年自主研发并隆重推出的薄板新品。"BIG+"薄板拥有900×1 800毫米的超级规格，以尺寸带来视野的崭新飞跃，符合国家节能环保理念。其同时支持多种应用切割，用无缝视界呈现"大而不同"的波澜壮阔。5.5毫米和8.0毫米的砖身尽显轻、薄，性能却超越传统瓷砖，14款风格4大系列产品率先引领混搭新潮，任意组合，随心变格，在恢宏空间中演绎与众不同的灵感主题！

高端新品不断推向市场的行为，增强了各国客商对新中源陶瓷品牌的忠诚度和信心！32年新中源，依旧在创新，不断在前行，相信未来，新中源会用更好的产品和服务，继续携手全球客商共建美好。

资料来源 佚名. 广交会引爆眼球 新中源携新品席卷中国第一展 [EB/OL]. [2016-11-20]. http：//www.maigoo.com/news/470748.html.

分析提示：展会是企业发布新品和渠道招商的大舞台，成功的企业都会重视参加国内外各大展会以积极拓展潜力市场，通过展会这一新品推介的窗口，不断扩大产品销售优势和在市场中占领制高点。

3.2.4 市场调研

展览会的最重要的特性之一就是具有聚集性，来自各地的企业和客户聚集在一起，带来了各地企业的最新信息。

（1）在市场方面，客户会带来参展商非常希望了解的信息，如市场供求、价格变动状况，消费者对产品的反映以及新客户所在的市场状况等。企业还可以借助展览会，推出自己的新产品，在大规模推向市场之前，了解客户对新产品的反映及改进意见。

（2）在行业发展情况方面，同行为了争夺客户，大家都会尽可能地展示自己的实力，树立企业的形象，在展会上展示各自最新的产品和最新的技术。参展商可以轻易地在展览会上获得这些信息，了解行业发展动向，还可以了解到竞争者的价格，甚至竞争者的客户信息，这些信息对参展商进行经营战略制定、调整和争取客户、抢夺市场有着极其重要的作用。

一位有经验的参展商曾经说过："当竞争对手的展台挤满参观者时，所有人都忙于交谈，无暇四顾，我便上前留意观察，倾听、收集情报。如果我上前直接询问很多问题得不到答复，但装成一个潜在客户，认真与别人交谈也许会获得很多有用信息。"

3.2.5 销售成交

企业参加展览是围绕着销售其产品这个最终目的而展开的。寻找客户、宣传产品、树立企业形象以及市场调研，这些都是销售企业产品的手段。因此在展览会上销售成交无疑是参展商的一大目标。因为很多专业观众参加展览会的目的也是找到合适的产品，因此在展览会上销售成交可能性是非常大的。而且成交金额的大小是衡量某一展览会成功与否的最重要、最有参考价值的指标，也是影响参展商选择展会的一大因素。对参展商来说，参展成交可以从两个方面来理解：一是在展览会上的现场成交，其成交金额仅仅是参展商销售的一部分；二是在展览会后的成交，对一些新客户和新产品，由于在展览会详细洽谈成交的细节有着种种不便，很多成交是在展览会后达成的，这时展览会就成了成交的媒介，即展览会成为牵线搭桥的场所。

（3.3） 参展企业对展览会的市场调查与分析

　　参展商在选择展览会参展前，要对展览会进行深入调查和了解，以保证参展效果。对展览会进行市场调查与分析应以科学的方法，有系统、有计划、有组织地收集、记录、整理和分析与展览会相关的各种信息，为参展项目的确立提供科学依据。只有在全面收集有关展会信息并加以科学分析的基础上选择的参展项目，才能确保实现其参展的预期效果。

3.3.1　市场调查与分析的内容

　　参展商在进行市场调查时包括两方面的内容：

　　第一，对备选的目标展览会的如下情况进行调查了解：展览会的性质；主办和承办单位及其资质水平；展览会的参展商和专业观众情况；展览会的历史；展览会的知名度；展览会的时间及地点、参展费用、展位分配的习惯做法等。

典型案例3-4

某企业海外参展未达预期效果

　　我国某电子产品制造商为了拓展海外市场，报名参加了美国久负盛名的国际消费类电子产品展（International Consumer Electronics Show，CES）。由于第一次到国外参展缺乏经验，其听从会展代理的建议选择了所谓专门为中国展商划定的区域。到了现场才发现，这个区域不仅是两个展馆当中规模比较小的那一个，而且不属于主要展示区。作为扩充出来的展区，这里的主题不明确，集聚了许多中低端产品的生产厂商和销售商，更像一个小商贩市场，和CES所代表的世界最先进消费电子潮流的形象相去甚远。这个区域吸引的主要是追求低价的买家，该企业的创新技术很难遇到识货的客户，没有达到预期的参展效果。

　　资料来源　张臻. 从三个案例谈中小企业海外参展存在的问题与对策［J］. 对外经贸，2016（12）.

　　分析提示：案例中的企业选择展会的依据是招展商的推荐，并没有从更多方面收集信息，以及考察评估这个展会和企业的契合度。事实上，CES实行积分制，按积分阶梯选位；而积分来自之前参加这个展会的年资，参展时间越长分数越高，因此常年参展的大公司才有可能拿到好的展位。此外，CES还会审查展商的网站以限制疑似代工（OEM）的企业进入主会场。尽管CES在中国有限定的招展代理，但是为了顺利售出展位，这些代理也未必会告知所有细节，有些信息需要企业自己通过更多的渠道去了解。做足功课才能正确判断是否值得参展以及如何使自己的展位和展品在众多的参展单位中脱颖而出。

第二，对企业自身的内部情况，包括资金预算、人员素质、产品、目标市场及其规模、营销状况等进行调查分析。对企业的内部情况进行调查分析主要考察企业是否需要参加展览会，有能力参加哪种类型、级别的展览会，备选的展览会是否与企业的营销目标一致等。

3.3.2　市场调查与分析的方法

在选择展览会时进行市场调查与分析的方法主要有实地考察法、询问法和文献法。

1）实地考察法

企业自己派人到展览会的现场进行考察，收集第一手的材料，这种方法就是实地考察法。这种方法需要耗费的时间和成本较大，但获得的信息真实可靠。有条件的企业为避免错误选择造成浪费可以适当采用实地考察的做法。

知识链接3-1

考察展览会粗细结合的方法

粗，是指通过浏览式地查看来了解展览会的整体情况，包括展览会的规模、性质、质量等。参观展览会，首先，查看参观者入场情况，是门可罗雀还是门庭若市；是随便入场还是统计入场（填表入场）；是手工操作还是计算机操作；接待人员是手忙脚乱或是无精打采还是有条不紊、态度友善。其次，进场以后可以走马观花地看看展场展品是否齐全，了解展场设施是否完备。这样走走看看就基本可以了解展览会的整体情况。

细，是指通过细致地观察和询问来了解展览会的具体情况，包括展览会的效果、效益等。在展出期间，可以观察有多少主要竞争对手参加了展出，它们的展出面积有多大，展台设计下了多大的功夫，哪些公司或企业人员参加了展台工作，展品有哪些等。在展览结束前，可以询问一些非竞争对手的参展企业。此时，参展企业可能还未统计出具体数据。但是，根据展览会组织工作的效率和质量，对参观者的数量和质量，对展会的效果、效益大多已有明确的印象和评价，并可能已决定是否准备继续参展。通过细致的调研，可以验证前面的调研结果，还可以了解展览会场什么位置最好，展出多大面积比较合适，如何设计、装饰展台等展出具体问题。

资料来源　刘松平.参展商实务［M］.北京：机械工业出版社，2005.

2）询问法

询问法是由调研人员事先拟定调查提纲，然后请被调查者回答相关问题，以此来搜集资料和获取信息的调查方法。它包括问卷调查法、电话调查法、网络调查法、拜访等。在缺乏详细、可靠的专门展览资料或分析这些资料后仍无法做出选择的情况下，以及需要在调研第二手资料的基础上做更深入、更细致调研，以便获得更准确的信息，做出更合适选择的情况下可以采取这样的方法。咨询的对象可以是展览会所在行业的工业商会、所在地区的工商会或政府主管部门；其次是询问以往的参观者或参展企业，最好是相识和熟悉的；还有就是询问展览会评估审核机构。

3）文献法

文献法也称二手资料调查法，是调研人员从各种文献、档案材料中收集展会信息的调查方法。其调查对象是各种文献、档案，如图书、期刊、报纸、调查报告、政府文件、统计数据、会议记录、专刊文献、学术论文、历史档案、信息数据库和网络资料等。通过第二手资料进行选择可以分两个层次：首先是通过综合展览资料对展览种类进行选择，就是选择在性质、内容等方面符合参展企业营销战略要求的展览项目。其次就是通过具体专门展览资料对展览会项目进行选择，选择在时间、地点、质量等方面都合适的展览项目。综合展览资料是指包括多个展览会的资料，一般来说，国际性的综合展览资料由国际展览组织和专业出版公司编印，国家性的综合展览资料由国家展览组织、工商会、政府部门编印，行业展览资料多由行业协会编印。通过专门展览资料可以对展览会做出比较详细的了解，并从一批同类的展览会中选择出少数比较合适、比较好的展览会。

知识链接 3-2

调查展览会的几种切实可行的做法

1.了解同行态度

行业名牌产品参加展览会，既可提高该展会的档次和吸引力，也能带动业内其他产品的参展效益。企业在计划参展时，应多向业内企业和人士了解参与兴趣、参展态度和评价，从而确认该展会可能达到的规模与影响。一般而言，行业内主要公司参加的展览会说明展览会获得同行的认可，该展览会质量和效益就比较好。

2.了解展览会往届的情况

通过了解展览会的往届举办情况，以往该展览会技术及交易方面的汇报、新闻资料、观众类别的调研报告、协会（商会）和参展商、参观者的评价，可以较准确推断该展览会的成效。展览业的竞争同样会优胜劣汰，展览会能否进行下去就要看它能否吸引足够的参展商和买家参加，如果展览会没有了参展商和买家的参与，它就无法支撑下去，只能立即停办。展览会的历史长，它的知名度就会较高，就有足够的参与者。

3.了解展览会的推广

展览会的宣传广告占据了展览会举办成本中很大的比例。一个展览会最终能取得多大的效益，往往取决于展会宣传和广告的进行程度和成效。参展企业在决定是否参展前，应全面了解展览会的宣传力度计划，并由此判断展览会主办方的计划可能带来怎样的效果，这是企业参展前最应了解的事项之一。

4.是否获得权威性机构的认可

要了解展览会的资质和水平，可以查看该展览会是否获得国际权威评估机构——国际展览联盟（UFI）的认可，每个展览会都应是其本国展览组织者协会的成员，也应是某个出口组织及有关行业贸易协会的成员，如美国展览管理协会（IAEM）、英国展览业联合会（EFI）、新加坡会议展览协会（SACEOS）

和香港展览会议协会（HKECOSA）等。行业协会、行业内的一些机构或许会
对展览会进行比较公正的评价和排序，也可以了解到展览会的质量。

　　资料来源　佚名. 如何正确选择适合自己的展会［EB/OL］. （2007-07-27）. http: //
info.1688.com/detail/1000586007.html.

〈3.4〉 展览会的选择

　　对于企业来说，参加展览会是为了能够取得理想的营销效果，耗费大量精力财力却
劳而无功，是所有参展企业都不愿看到的。世界各地的展览会众多，选择切合企业实际
需要的展览会参加，是企业成功参展的关键之一。

3.4.1　参展费用的选择

　　参展是企业开拓市场的一种营销手段，参展的费用支出属于现代企业正常的支出，
企业在制定每年的预算时应包含此项开支。参展所需基本费用包括：

　　（1）租用展览场地的费用。

　　（2）广告宣传费，包括展前吸引参展客商和参观者的各种媒介广告费用，展中发放
各种广告宣传品如产品目录、产品使用说明书、产品广告传单、促销赠品、产品的试用
样品的费用，展览会上录像播放、悬挂广告横幅和广告宣传画的费用等。

　　（3）展品的运费、保险费、供现场示范表演的产品费用。

　　（4）展台的设计和建造费用，包括展台设计或再设计的费用，展台建造和装饰整理
费用，展台建造材料的购买和运输费用，雇用专业公司或专业人员的费用等。

　　（5）展览场地的声、光、电、水、电话、空调、清洁场地、摄影照相等多种设备的
费用；展览场地的家具、地毯、花卉及其他环境装饰物的费用。

　　（6）公共关系活动的费用，如召开新产品新闻发布会的费用；招待记者对本企业产
品及展位进行采访报道的交际费用；邀请知名人士出席开幕式剪彩仪式的费用；对重点
客户迎来送往、请客吃饭、租用宾馆套房、安排旅游娱乐活动、预订返程票、馈赠礼品
的费用；对于一般的潜在客户或目标观众开展联谊活动的费用，如赠送展览会入场券、
戏票，邀请参加文娱活动等；在展览会期间举行产品技术研讨会的费用；聘请和培训展
览礼仪模特及产品示范操作人员的费用等。

　　（7）参展人员的吃穿住行、邮政通信、公关交际、工资津贴奖金等方面的费用。

　　（8）应付偶发事件的处理费用和其他杂支费用。

　　参展商要考虑参加展览会的成本支出是否符合企业的利益。在参展费用越来越高的
趋势下，企业根据自身的财力在预算内选择适合自身发展需要的展会，参展的费用不能
对企业造成额外的负担。展览会的费用与展览会的知名度成正比，展览会的知名度越
高，参展费用越高，反之亦然。展费的高低与组织者的服务水平也成正比，一些中小企
业最先考虑的往往是低展费的展会，低廉展位费往往在服务上大打折扣。因此，企业在
选择展览会时，不能片面考虑展览费的高低，而应考虑投入产出比。展览会的开支相当
于企业的资本投入，销售利润或参展签订的合同（包括在展会上结识的客人在展后下的

订单）带来的利润相当于企业的收益产出，将展览会的支出与参展的收益进行比较，以此衡量备选展览会是否值得参加，基本原则是参展的收益不低于支出。

知识链接3-3

怎样正确预算国外参展费用

参加国外展览的费用包括场地费用、展位搭建、展品运输和人员费用四大块，另外还有报名费、会刊登记费、杂费等相对数额较小的费用。

欧洲的展览会公布的场地价格一般是指光地价格，曾经有向博览会直接报名的展商误以为付了场租费就万事大吉了，到了现场才发现自己只有一块没有任何基本装修和道具的光地。AUMA认证的展览会都还有每平方米0.6欧元的管理费用，博览会在收取净场地租金的时候一般还预收每平方米15~20欧元的服务费押金。这项预收服务费将抵扣在参展时发生的和展览公司的各项费用，如电费、接电费、插座费、人工费、租赁道具费、清洁费等杂费，一般基于上届展览会平均服务费用标准。德国展览会的所有报价都需加收16%的增值税，如果公司自行报名参展索要20平方米单价150欧元的场地，那么在确认报名后，收到的场地费付费账单将是3 957.92欧元（（150+0.6+20）×1.16×20），而不是3 000欧元。另外，博览会报名费、会刊登录费也是依据各个展览会的标准而有所不同，均需列入成本预算中。

展位搭建是一笔可高可低的预算，如果要节省费用，可以用最简单的装修；如果要体面而有风格，自然花销不菲。如果希望省成本又醒目实用，参加展团统一施工是最好的选择。而且即使在中国馆内，各个参展商的特殊展示要求我们都可以尽量照顾到。很多有实力的国内公司非常注重参加境外展时的公司形象，不惜花重金从国内送去展架及搭建工人。其实，与在国外寻找适合的搭建公司做装修方案并搭建展位相比，前者的费用支出及所消耗的人力、物力并不少，语言方面的障碍也可通过值得信赖的组展公司得以克服。京慕公司就曾借助自己熟识的德国搭建公司的资源优势，为多家国内大型企业提供了满意的展位设计与装修服务。

随展团运输展品对参展企业来说是比较便捷并节省成本的途径，组展公司报出的展品运输价格，通常分为海运（按照体积：××元/立方米）和空运（按照重量：××元/千克）两种方式，包括从指定仓库集货起直至博览会展台的全程运输费、仓储费、报关手续费等费用。展商只要根据自身运输的展品情况结合相应的报价，即可提前计算运输成本。需要注意的是，因为展品类别或参展国别、地域的不同，展览品的关税额度也有各自的规定，组展公司会根据当地海关的要求提前报价，并指导展商如何计算关税开支。

人员费用则是往返交通加境外餐饮、交通及住宿等境外生活开支，组展公司通常会详细列出各项费用的预算情况。

总之，只有真正地了解参展的费用结构，参展公司才会在自己参展或通过组展公司两者间做出适合自己的选择。

资料来源　佚名. 怎样正确预算国外参展费用［N］. 青岛日报，2014-11-13（14）.

3.4.2 展会知名度的选择

展览业作为一种产业，它的发展与其他产业相仿，经过激烈的市场竞争，优胜劣汰，逐渐产生一批行业内的知名企业、名牌产品。如芝加哥工具展、米兰时装展、汉诺威工业博览会、中国（广州）进出口商品交易会等。这些知名度高的展览会，能吸引很多优质的企业参展，因为很多买家为了在最短的时间接触到最多最好的供货商，降低采购成本，同样会选择知名的展览会前去观展并下单采购，参展企业既可以扩大知名度，成交的几率也大大提高。因此企业在参展时应优先选择知名度高的展会。

但是也要看到，名气大的展览会，往往云集了行业内的众多优秀企业，这类展览会也是竞争最为激烈的场所。对于中小企业而言，参加这类展览会前要做好充分的准备，在产品质量、价格以及展会现场的营销工作方面要做到有特色，能吸引客户。如果你的产品质量、价格获得观展客户的认可，企业很可能就会取得大的突破，企业的销量将会随着参展而上升；但是如果你的产品在同行中没有特色，质量、价格没有竞争优势，在众多的竞争者中又没有名气，也有可能面临铩羽而归的窘境。而对于知名度不高的展览会，大公司往往不愿参加，如果展览会的组织者工作出色，展览会辐射的区域又存在一定的市场潜力，这反而给小企业提供了不错的成交机会。因此，企业在选择展览会时，要根据自己的实际情况具体考虑。

3.4.3 展览会组织者的选择

展览会的组织是一个庞大的系统工程，从展会推广、专业观众的邀请、行业活动的组织安排到客户服务等一系列工作需组织者在切实了解参展商需求的情况下，做出策略性统筹才能成功完成。因此组织者的组织能力、服务水平、信誉及其社会影响力就成为参展效果好坏的关键。在社会上或行业内有权威、实力强、服务水平高、信誉好的组织者，能请来在社会上的名人名流、名企业为其宣传助威，对社会影响力大，对参展商和专业买家具有号召力和吸引力，吸引众多的企业和买家前来参加，特别是对于新兴行业，还没有形成行业内公认的最具影响力的展览会，展览会组织者的权威性和组织能力对提升展览会的质量有极大的帮助。例如，首届中国（深圳）国际高新技术成果交易会，由中国对外经济合作部、科学技术部、信息产业部、中国科学院和深圳市人民政府共同主办，国务院总理亲自主持开幕式，吸引2 856家中外知名企业和机构、4 150项高新技术成果参加了展示和交易，获得了巨大的成功，深圳高交会成为我国最有影响力的高新技术产品交易的盛会。

因此，参展商应该选择资质好、组织能力强、经验丰富的展览会组织者。参展企业可以从展览会组织者的招展函、广告以及各项组织计划等方面来评估组织者的策划能力和宣传推广能力，通过与展会主办商的反复接触，观察和了解主办人员在操作中的表现，以判断主办商和承办商的资质和水平是否有能力举办高成效的展会。

知识链接3-4

行业协会参与组织的展览会具备的优势

行业协会参与组织的展览会往往能够更成功。因为行业协会掌握行业的国内外信息，办展具有针对性，能满足行业、企业和买家的需求；行业协会拥有众多的会员单位，有庞大的网络系统，与国内外和行业内外具有广泛的联系和影响力；办展的同时，行业协会往往举办一些有针对性的学术交流和新产品、新技术推介会，以及行业重要的会议等，这是其他单位办展所不具备的；此外，行业协会容易得到政府部门和国际行业组织的支持和帮助，也会得到行业和企业的信赖。

3.4.4 展览会范围、性质的选择

展览会的范围、性质与企业的营销目标有着密切联系。企业在选择展览会时要与自身的营销目标一致，促进企业达到预期的目标。有的展览范围较广，如博览会，而有的只限于本行业；有的展览注重的是产品的展示，而有的侧重贸易交流。准备参展的企业必须对展会的性质、范围要了解，再根据本企业的发展目标和营销策略对展会进行慎重选择。展览会的范围、性质可以从展览会的主办者那里了解到，在绝大多数情况下，他们备有参观者情况的详细资料。在一个以科技为主的展览会上，推出采用新技术的产品更合适一些，突出其技术的先进性与含量；在这样的展览会上如果想靠采取优惠的方法去增加老产品的销售，显然是不合适的。若企业经营的产品专业技术很强，应用行业较单一，则不宜参加综合性的展览会，而应该参加专业性的展览会。企业营销目标是接触客户、推销产品、签约成交，应选择贸易性质的展览会；企业营销目标是直接零售，了解终端消费者的反映和需求，在用户中建立企业形象，应选择消费性的展览会。例如，法国巴黎国际博览会历史悠久，规模庞大，但它却不是贸易性质的展览会，而是消费性质的大庙会，不适合贸易企业参展。

而不同类型的展览会为经济流通的不同环节服务，一般而言，国际展做进出口贸易，国家展做批发贸易，地方展做零售贸易。在经济全球化的趋势下，不少企业内贸和外贸并举，既参加国际展，也参加国家展。因此，在选择参展时应根据自身的实际情况做出判断和选择。

【小思考3-1】

产品刚上市的企业应该参加哪一类行业展会？

分析提示：全国性展会。从营销角度来看，推广策略是为产品策略服务的，不同的产品组合和产品线、不同的产品周期有不同的推广方法，展会策略是推广策略的组成部分之一。产品刚上市，企业应立足本国市场，期望国内更多的潜在客户认识、了解并接受产品，并寻找合适的代理商，参加全国性的展会可以实现企业的这些目标。

3.4.5 展览会规模的选择

评估展会的规模主要看参展商和专业观众的数量以及展览面积的大小。国际性展览公司组织大型专业展，展览面积大多超过2万平方米甚至更多；国内机构组织的规模以上专业展览会，展览面积在1万平方米以上（约500个标准展位）就具有一定的规模。

一般而言，成功的会展必然具备一定的规模，规模大的展会可以吸引更多的专业观众，而这正是保证参展商达到参展目的的最主要因素。但是并非只有规模大的展览会才值得去参加，有些展览会虽然很热闹，但是到访的专业观众寥寥，参展效果并不

好；而一些专业展览会，虽然规模不大，但前来观展的都是专业人士，他们观展的目的很明确，参展效果反而出人意料。参展商在选择时应参考其他因素进行综合分析，如展览会辐射区域、当地销售市场潜力、竞争对手情况等，如果展览会辐射区域有一定市场潜力，企业在产品的质量、价格上具有竞争优势，这类地区的展览会即使规模不大，只要在当地的行业中有一定的影响力，企业也值得参展。例如，中东地区展览会总体规模都不大，这和中东地区的经济规模有着密切关系。对比欧美地区展览，中东展览场地面积是其几分之一，甚至几十分之一，但其展览会展出的效果却很不错。

3.4.6　展览会时间和地点的选择

在时间上要考虑：展览会是否与公司的其他计划在时间上有冲突，是否符合订货规律的要求。如果同时或前不久有几个同类型的展览会举办，参观者就会大量减少。另外，对一些销售季节性强的产品，展出的时间应与商品的销售季节或流行时间相一致，或稍稍提前。如农机类展会一般集中在春秋两季，使经销商在销售旺季前，有足够的时间参展和订货，厂商的生产也能配合。

展览会地点选择的好坏，对有效观众数量的多少有直接影响。展览会举办的地点多选在信息辐射能力强的大城市，或某种商品的产地，或交通方便、四通八达的商品集散地城市，或商品进出口口岸城市，或旅游风景区。我国大部分的展会都在经济、交通、信息、人才、科技、服务等方面拥有综合优势的上海、北京、广州、大连、深圳等城市举办。对于参展商来说，在展览会举办地点的选择上可以从两方面考虑：一是从贸易角度考虑，参展的最终目的是推销产品，展览会的主办地及周边地区是否是自己的目标市场，是否有潜在购买力，该展会是否能辐射企业的目标市场；二是从差旅角度考虑，它涉及企业参展的成本预算，如果展览会地点是在国外，企业必须具备进出口经营权。

典型案例3-5

参展商选择展览会常见的错误

在展览中，需要注意避免一些错误的选择观念和方法。不考虑自身的需要，不考虑市场条件，不对展览会做调研、选择工作，仅出于某一孤立的原因，或出于某一单方面的考虑而做出的展览选择往往是错误的。常见的选择错误有：

1. 因为被邀请而选择展览会。邀请可能是展览会组织者发出的，也可能是名人、政府部门、工商会、行业协会等发出的。展览会组织者发出的邀请，如非确有需要，大多可以不予理会。名人、政府部门等发出的邀请也许能证明展览会有些影响，质量不会差，但是不考虑自身的营销需要和市场潜力就接受邀请决定参展是不明智的。对于企业来说，低层次的邀请（包括展览会组织者的邀请）不必考虑，高层次的邀请也只能作为考虑因素之一。

2.因为费用低而选择展览会。费用是选择展览的因素之一，低投入高产出一直是所有商人包括参展企业所追求的。但是在靠供求关系调节的市场经济中，费用低必然有其原因，大的方面可能有三点：一是展览会所在地的市场潜力可能不大；二是展览会可能不适合参展企业的需要；三是展览会质量效益可能不理想。因此，因费用低而选择展览会往往是错误的。实践也证明了这一点（但是要说明的是政府部门或其他方面资助的展览会不在此范围）。费用高低很重要，但是更重要的是成本效益。因此不能孤立地考虑而要综合地考虑费用。市场是否有潜力，展览会是否适合参展企业需要，展出效果是否理想应该作为选择的最重要的考虑因素，费用低应该放在次重要地位。

3.因为评价好而选择展览会。社会名流、政府部门、商会协会、新闻媒体等可能会对某一展览会做出相当高的评价，但为此而做出选择可能并不恰当。需要注意以下几个方面的问题：这种评价可能是展览会组织者所做的公关工作的结果；评价者出于本身需要、按照本身标准评价展览会，其需要和标准与参展企业可能不一致；评价者可能不是内行。因此，这类评价只能是作为展览选择的参考依据而不能作为主要依据。

4.因为竞争对手参加而选择。这是一个相当普遍的现象，尤其是大公司。好的展览会是重要的贸易场所，在此场合亮相、对扩大或保持参展企业影响有着积极的意义。但是，竞争对手参加某个展览会自有他的战略和战术考虑。

资料来源　佚名.参展商选择展览会常见的错误［EB/OL］.（时间不详）http://www.56en.com.

分析提示：各人的参展原因不一定一样，他人的参展行为不应该作为自己的参展理由。因此除了要考虑自己的营销战略，即为什么参展，还要考虑营销战术，即采取什么样的营销方式。商场竞争不一定都要正面捕杀，克敌制胜、占领市场的方法多种多样。要根据自身的需要多方面考虑，不能被竞争对手牵着鼻子走。

知识链接3-5

企业参展前要问的问题

您选择参加的展览能给你带来最高的回报吗？您需要在下决定前提出以下问题。

1.该次展览能满足我们市场拓展的需要吗？

2.展会日期是否合适？

3.同期有别的展会举办吗？

4.展会地点是否便利？

5.有多少与会者是来自目标市场？

6.有多少与会者是来自我们主要的服务地区？

7.组展机构怎样推广展会？

8.展览过往的业绩如何？

9.哪些竞争对手将参展？

10.我们可为此展会投资多少？

11.展会组织对参展商的推广提供什么协助？

12.组展机构可以提供参观买家专业性的保证吗？

13.我们希望通过参展得到多少回报？

14.该展会能为我们现行的市场策略服务吗？我们的需求是：

★ 提高现有市场的现有产品和服务　　★ 向现有市场推出新产品或服务

★ 将现有的产品或服务投向新的市场　★ 将新的产品或服务投向新的市场

★ 提高公司在现有市场的形象　　　　★ 将公司推向新的市场

15.需要展出什么产品？

16.在这次展会上谁是我们的目标观众？

17.我们参展的目的是什么？

18.我们有书面的参展计划吗？

19.参展预算已确定了吗？

20.我们的展位已确定了吗？

21.展位订金已支付了吗？

22.怎样的展位设计符合我们的要求？

23.我们能使用现有的展示品吗？

24.我们需要新的展示品吗？

25.我们需要新的宣传画吗？

26.我们需要预定什么展览服务？

★ 楣板　　　★ 电气　　　　　　　★ 地毯　　　★ 视听器材

★ 给排水　　★ 展位清洁服务　　　★ 植物摆设　★ 电话

★ 电脑　　　★ 打印机　　　　　　★ 垃圾篓　　★ 家具

27.安全服务是否必要？

28.是否安排好展位的安装与拆卸？

29.怎样安排货运？

30.有什么需要了解的当地工会条款？

31.保险是否安排好了？

32.是否准备好工具箱？

33.酒店服务预订好了吗？

34.展位付款的最后期限是哪天？

35.需要提供展位信用卡交易方式吗？

36.需要营业执照吗？

37. 指引卡片已设计并打印好了吗？ 推广计划提前6~8个月制订。

38. 展前推广如何进行？

★个人邀请函（包括介绍和回复函）　　★广告（贸易出版物，当地媒体）

　★直邮广告　　　　　　　　★电话推广　　　　　　　★公关

39. 我们的展位号是否包含在展前的推广材料中？

40. 需要印制额外的传单、目录和价目表吗？

41. 印刷品准备好了吗？

42. 对其他的公关活动做好了计划吗？

43. 我们的展览指引条款已完成并寄出了吗？

44. 怎样的赠品能取得更好的效果？

45. 我们要组织什么样的现场推广活动？

★机场广告/户外广告板　　★酒店电视广告　　★运输广告

★展会每日广告　　　　　　★酒店房间推广　　★展会目录广告

46. 是否为参观者提供引路服务？

47. 我们的竞赛和赠品符合当地的法规吗？

48. 要预订多少门票？

49. 展位上需要多少工作人员？

50. 谁是代表公司的最佳人选？

51. 展位经理指定了吗？

52. 参展人员的培训准备好了吗？

53. 定好展前会议的时间了吗？

54. 参展人员熟悉展出的商品和服务吗？

55. 是否组织好一个演示会？

56. 展台人员穿什么服装？

57. 是否为参展人员预定了足够的证件？

58. 参展人员是否有足够的名片？

59. 谁负责监督展位的安装和拆卸？

60. 该负责人是否清楚展会的出入程序？

知识掌握

3.1　企业参展可以满足哪些方面的需要？

3.2　企业参展的目标有哪些？

3.3　参展商对展览会的市场调查要包括哪些方面的内容？

3.4　参展商选择展会时进行市场调查的方法有哪几种？

3.5　参展商如何选择展览会？

《知识应用》

▶ 案例分析

办"黑展会"被查后仍不停业

6月1日上午，铜川市体育场门口车流拥挤人头攒动，体育场内正举行一场大型展销活动。除了货品混杂外，场内秩序差、管理无序、缺少安保措施。华商报记者调查发现，这次展会活动未经相关部门审批。

展会现场秩序混乱 6月1日，铜川市体育场开始举行的是一场名为"2016首届铜川国际车展暨服装丝绸博览会"的展会活动。1日下午，华商报记者跟随人流进入市体育场内看到，偌大的体育场已被高大的展棚占去大半。展棚被主办方分成了两部分：一部分是车展区；一部分是日杂区。两个区域被隔开，每个场地只有一个出入口。车展区内稍微开阔些，日杂区则明显混乱得多，服装、日化用品、食品交杂摆放，甚至还有人在销售药材、偏方等。大棚内通道狭窄拥挤，地面上的烟头、杂物随意丢弃，现场也没有维持秩序的安保人员，尽管门口竖着禁止抽烟的牌子，实际上无人监管，甚至有活动方工作人员也在抽烟。

展会未经监管部门审批 该展会名称为汽车展和服装展，实际上却是各种货品鱼龙混杂。铜川市公安局王益分局桃园派出所负责人介绍，该展会活动主办方曾向派出所递交过活动手续，但派出所无权审批，已书面告知其向上级公安机关申请。王益公安分局和王益区消防部门的负责人均表示，至今未曾收到任何有关该展会主办方递交的相关手续。对此，王益区桃园街办经济发展办公室主任杨军峰表示，该展会主办方向他们提交过展会活动资料，活动项目仅有车展和服装展，未曾告知还涉及食品、药品、化妆品等项目。

多部门联合执法要求停业 6月2日下午5时许，王益区消防大队来到展会现场检查，展会现场确实存在诸多安全隐患，展厅安全出口数量不足，现场也未悬挂场地平面图，灭火器材部分未达标，展厅内供电线路未按要求穿管，安全出口形同虚设。"地上采用的是可燃地毯，未采取阻燃处理……""展会主办方已提供车展和服装展手续，我们这儿采用的是备案制，但是食品展展会主办方没有提供手续。"杨军峰表示，已要求有关食品的展区停止经营行为，待手续完善后才能营业。铜川市公安局王益分局治安大队副大队长王建刚现场表示，该展会活动手续不全、没有报备，相关环节缺少负责人，展厅线路和指示标志未悬挂，安全措施不到位，预案未制定，应立即停业。

展会仍在正常举行 展会现场，市民王先生说，现场人群拥挤，很不安全，商品繁杂质量难认定，这样的活动对城市商贸没什么积极作用。"我们这次的商户主要是西安过来的，每家商户收5 000元，如果是铜川本地的商户，可以便宜一些。"展会主办方的工作人员说。尽管6月2日公安、消防、街办等部门联合执法检查时要求该展会立即停止营业，然而3日上午，记者看到该展会仍在正常举行。

资料来源 侯建. 办"黑展会"被查后仍不停业〔N〕. 华商报，2016-06-04.

问题：请分析以上案例，谈谈企业选择展览会不慎重存在的危害。

（分析提示：一旦企业在选择展会的时候不慎"中招"，不仅在现场可能存在货品混杂、秩序较差、管理无序、缺少安保措施等不安全因素,而且有可能竹篮打水一场空,根本无法实现预期的目标,白白花费了参展费用,浪费了参展时间。)

▶ **实践训练**

　　请为一家企业选择适合其参展的某个展览会,要求提供该展览会的详细资料,并分析你为企业选择该展览会的原因。

第 4 章

参展人员的选择与展品的选择、包装、运输

《学习目标》

在学习完本章以后，你应该能够：

懂得选择展品的方法；

了解展品包装的基本知识；

掌握展品运输的知识。

【引例】

海外参展人员的"遗憾"表现

在一次中国香港国际电子展览会上，一个展商位置显著，展板上都是关于工厂的广告，而且极具装饰效果，展览架上也错落有致地摆放着各种规格、大小不一的绿色电路板，参展人员眉清目秀，仪态端庄。不难看出，这是一家比较专业的、以帮助客户定制和加工各种规格 PCBA 为赢利模式的工厂。某客商正好是国际 BUYING OFFICE 中国区的负责人，在电子行业内有多年的从业经验，此次参展正为一款新的 ODM 产品寻找合适的供应商，该展位的陈列与介绍引发了他的兴趣。他非常有礼貌地用英语询问："女士，我可以进来看一下您的展品吗？"女子立即起身，慌张地回答："OK，OK。"客商一边看着产品，一边打量这位姑娘，当时心中还暗自赞叹："这家工厂的老板真有眼光，从摊位的布置，到展品的选择与陈列，再到参展人员的选择，都处处体现着专业与实力，看来老板本人非常重视参展工作！"

"你好，请问你们工厂做了多久了？"客商问道。

"好像是八九年吧。"女子回答。

"到底几年？"

"抱歉，您等一下，这里有公司的介绍资料，我看一下，哦，8 年。"

"请问你们的设备目前是什么状况呢？能具体介绍一下吗？如果你不介意的话，我希望知道具体的 SMT 设备的品牌，因为我需要的产品可能对设备的要求比较高。"采购商追问。

"不好意思，我不是设备工程师，我只是产品销售人员，对于设备了解不多，真的抱歉。"女孩子为自己开脱道。

"哦，那请问你们的产品最小 PIN 间距是多少？"客商又紧接着把一个非常核心的关于 SMT 加工制造工艺的问题抛了过去。

"我也不是研发工程师，所以这个我也不清楚，如果您到工厂参观，我可以请技术人员给您详细讲解。"

"哦，谢谢，不必了。"说罢，客商疾步走出展位。

"先生，请留张名片吧?"女子面带难色，试探地问到。

"哦，谢谢，不用了。"客商非常干脆地回答，匆匆走往下一个展位。

后来，客商在另外一个展位上找到了合适的供应商，订单的规模是20万片/月。

资料来源　许丽洁. 加强海外参展销售人员专业培训〔J〕. 进出口经理人，2011（4）.

分析提示：选配参展人员是一项非常重要的工作。展台人员的表现和素质会影响到客户对企业的印象。为确保参展的效果，应选择经过专门培训的并有销售技能、了解产品或专业技术、会随机应变的人员参展。

4.1　参展人员的选择

参展人员是指展览会期间在展台直接面对客户的人员。由于参展人员在展台或展地是企业的代表，他们的言谈举止直接体现着企业的形象，因此，他们的工作态度、工作能力和工作方式，与企业的参展效果有密切的关系，参展人员的选配也是企业组织参展活动的一项重要内容。人是展览工作的第一要素，也是展览成功与否的关键所在。展台人员要懂得结合参展商品的特点，灵活应对：如果是大众消费品应着力树立品牌形象，在消费者中培养亲和力；如果是新产品，需大力宣传其与众不同之处；产品如具独创性，则应强调其技术上的突破性。鉴于此，参展人员必须对公司的产品和服务有较清晰的了解、有客户接待的经验并具备进行商业洽谈的能力。参展人员激情越高，能力越强，就越能取得良好的销售业绩，建立更多的商业联系。专家们认为，展出效果70%以上取决于展台工作人员。因此，对于参展人员要慎重选择。

在决定参展以后，应该立即配备参展人员，展开参展的各项工作，积极准备并做好展前培训。在配备参展人员时可以从以下三方面予以考虑：第一，根据展览性质选派合适类型或相关部门的人员；第二，根据工作量的大小决定人员数量；第三，注重人员的基本素质，如相貌、声音、性格、自觉性、能动性等。

4.1.1　参展人员素质要求

在挑选参展人员时，应考虑他们是否具备以下素质：

（1）良好的心理素质：包括有事业心、自信心和耐心。事业心是指努力成就一番事业的奋斗精神和热爱工作、希望取得良好成绩的积极心理状态。具有事业心的人能根据自己的主客观条件，确立虽然有一定困难，然而经过努力可以达到的目标。事业心强的人，能妥善处理好自己的能力和任务完成水平，即使失败也能正确对待。不管做什么事情，做什么工作，有了事业心，才会有进取心和自信心，才会激发主动性。在展会上，遇到挫折和失败在所难免，如果没有强烈的事业心作为支撑，就不可能自展会开始到展会结束始终坚持以积极、乐观、向上的态度完成参展的工作。

（2）良好的工作作风：主要表现为严谨细致、吃苦耐劳。参展人员对参展要认真筹划，周密部署，有程序、有章法，一步一个脚印地把工作推向前进。杂而不乱，严谨细致是做好参展工作的前提和保证。参加展览会必须要时刻保持精神高度集中，能"连续作战"，不怕吃苦，始终保持旺盛的工作热情。

（3）熟练掌握或了解相关的知识技能：参展人员要懂得参展产品的性能、使用方法，本企业的生产管理状况、产品供应状况，本企业产品的市场竞争状况、市场推广状况等；商务谈判知识；展览知识；知识产权等法律知识等。

（4）良好的沟通能力：有效的沟通是营销人员在展会上与潜在的客户保持联系、及时把企业的产品介绍给客户的一个有效的方式。企业参展的一个重要目的，就是通过展会直接与客户进行面对面的交流。但即使是专业展会，前来参展的客户所涵盖的范围也相当广泛：既有技术人员和采购人员，又有负责收集市场信息的情报人员。不同客户的关注重点也不同，参展人员应根据不同观展商随机应变，在用语方面显示出极强的针对性和专业性，这样可以为参展企业争取到更多的客户并能有效地增强客户对参展企业的信心。

4.1.2 参展人员的构成及其分工

参展人员可以分为展台负责人员、合作洽谈人员、推广接待人员和产品展示人员等，具体分工如下：

（1）展台负责人员是展台现场的负责人，负责展台现场内外的一切组织工作，包括展台现场工作人员的管理、日程和人员的调整，突发事件的解决，现场人员的后勤工作等。此类人员应有丰富的参展经验。

（2）合作洽谈人员一般由公司较高层次的工作人员担任，如大区经理、商务经理、市场经理等，其职责主要是针对意向客户，争取在会议上确定合作意向。

（3）推广接待人员由公司的业务人员担任，负责吸引观众并主动向观众介绍产品，将意向客户介绍给合作洽谈人员。

（4）产品展示人员可以由生产部经理担任，可定时以多媒体手段向观众展示产品，通常每隔一段时间或参观者多的时候进行一次讲解，每次5~10分钟，这样既能体现出专业性，也是吸引观众的好方法。

以上是一般参展人员的分工，在实际参展过程中，参展人员数量由于企业预算或者展览会参展人员名额规定等限制，可能要一人身兼数职，这对参展人员的要求就非常高，企业在选人时就要进行全面衡量，谨慎选择。

4.1.3 参展人员的培训

为了保证良好的展出效率和效果，在配备展台人员之后，要对参展人员进行培训。培训的目的是使展台人员了解展出目的，掌握展台工作技巧，培养合作及团队精神。生活中有这样的现象：将一根萝卜放在沸水中，结果是萝卜由硬变软；将鸡蛋放在沸水中，结果是鸡蛋的内部变得坚实起来；如果把一些咖啡豆放入沸水中，结果则是沸水变成了浓咖啡。参展企业要努力将展台职员培训成"咖啡豆"。通过展示和现场演说，将企业的形象和价值观渗透到整个展会中。

展台人员培训工作应当列入展出工作计划，成为一项必要的工作。如果条件允许，就安排比较正规的培训，至少要在开幕前进行简单的工作交代和技术指导。培训工作可以在选定展台人员后即着手进行。比较正规的培训形式包括筹备会或培训班，时间可以是半天至两天。培训内容要系统化，培训材料要编印成套。培训的主要内容包括以下三个部分：

1）情况介绍

情况介绍的目的是使展台人员熟悉展出背景、环境和条件。具体有：①展览会情况，包括名称、地点、展出日期、开馆时间、场地平面、展馆位置、出入口、办公室、餐厅、卫生间位置等；展台情况包括展出意图、展出目的、目标观众、展台位置、展台序号、展台布局、展出工作的整体安排等。②展出活动介绍，包括记者招待会、开幕仪式、馆日活动、贵宾接待活动等，并对展台人员提出相应的工作要求。③展品介绍，要详细介绍每一种展品的性能、数据、用法、用途等。④市场介绍，包括销售规模、销售渠道、规章制度、特点、习惯和销售价格等。

2）工作安排

向展台人员布置展台工作，并提出要求和制定标准，必须使展台上的每一个人清楚、理解展出目的；布置展台工作，包括观众接待、贸易洽谈、资料散发、公关工作、新闻工作以及后续工作等，进行分工，提出要求；管理安排，包括工作时间、轮班安排、每日展台会议、记录管理等；行政安排，包括展台人员的宿、膳、行、日程等安排。展出目的主要是成交，展台工作准备就是围绕此目的开展，包括市场调研、准备货源、准备产品资料、准备贸易条款等。

3）展台接待和推销技巧训练

展台工作与其他环境下的工作有所不同，展览是即时行为，不会有第二次机会。即使是有经验的推销人员也应接受展台技巧培训，可以使用模拟方式，并准备完善、系统的培训资料。培训要强调以下几个问题：（1）如何激发观众的兴趣；（2）如何接近观众；（3）如何询问观众的姓名和地址，并做好记录；（4）如何对待观众。

知识链接 4-1

如何开始展位接待工作

当一个参观者走进展位中，展位接待人员应先站在一边，给予对方足够的时间充分浏览展品，但要密切关注对方动向，并随时准备回答参观者提问。当和参观者有第一次眼神接触后，就可以开始对话了，这是最好时机。用一个开放性的问题来开始对话，如"您对什么方面感兴趣呢？我可以向您介绍一下。"需要注意的是，永远不要用"我有什么可以帮到您呢？"因为，在这种情况下，对方有超过 50% 的机会拒绝或回答："不用，谢谢，我只是随意看看。"

4.1.4 参展人员的商务礼仪

作为参展商，除了商品外，参展人员自己也在被展览。参展人员的举手投足、衣着打扮、风度仪态都会在短短的三至五秒钟之内给客商留下第一印象。在展览会上要注意给客人留下好印象。因此参展人员应重视商务礼仪，要做到：

1）整洁的仪容

仪容是指不着装的部位，头发、面部和手部。

（1）男性。

头发：发型简单大方，长短适当，干净整洁，忌发型怪异、蓬头乱发。

面部：干净清爽，剃须，口气清新，牙齿清洁。

手部：指甲要干净。

（2）女性。

头发：发型要端庄大方，短发，披肩长发最好加发卡或盘成发髻。

面部：化淡妆。

手部：不宜涂色彩艳丽的指甲油。

2）规范的服饰

一般情况下，要求在展位上工作的人员统一着装。最佳的选择，是统一穿本单位的制服，或者是穿深色的西装、套裙。在大型的展览会上，参展单位若安排专人迎送宾客时，则最好请其身穿色彩鲜艳的纯色旗袍，并佩戴印有参展单位或其主打展品名称的绶带。为了说明各自的身份，全体工作人员皆应在上衣左胸位置佩戴标明本人单位、职务、姓名的胸卡。按照惯例，工作人员不应佩戴首饰。

3）文明得体的言谈举止

当观众走近自己的展位时，不管对方是否向自己打了招呼，工作人员都要面带微笑，主动地跟对方说："您好，欢迎光临！"随后，还应面向对方，稍许欠身，伸出右手，掌心向上，指尖直指展台，并告知对方："请您参观。"当观众在本单位的展位上进行参观时，工作人员可随行于其后，以备对方向自己进行咨询；也可以请其自便，不加干扰。假如观众较多，尤其是在接待组团而来的观众时，工作人员亦可在左前方引导对方进行参观。对于观众所提出的问题，工作人员要认真做出回答，不允许置之不理，或是以不礼貌的言行对待对方。当观众离去时，工作人员应当真诚地向对方欠身施礼，并道以"谢谢光临！"或者"再见！"

在任何情况下，工作人员均不得对观众恶语相加，或讥讽嘲笑。对于极个别不遵守展览会规则而乱摸乱动、乱拿展品的观众，仍须以礼相劝，必要时可请保安人员协助，但不允许对对方动粗，进行打骂、扣留或者非法搜身等。

在展会上，言谈举止一般要做到：

言谈：表达准确，口齿清晰，言辞有力，要多用敬语和谦语，尽量用委婉的表达方式；说话态度要友好、和善，面带微笑。

站：要身体端正，双目平视，男性两脚分开不超过肩宽，女性脚跟并拢，双手交叠置于前腹或自然垂直。

坐：接待客人时，要从椅子的左侧入座和离座，主方不要先于客方人员落座；女士入座时，需抚平裙摆，通常只坐椅面的2/3，不要仰靠椅背，坐下后身子挺直，目光注视发言者，双手可十指交叉平放在腿上或桌子上。女性尤其要注意，切忌双腿分开过大和抖动不止、玩弄手指或摆弄东西、目光他顾、哈欠连连等。

走：挺胸收腹，步伐适宜，步态稳健，敏捷轻松。

握手：主动、热情、有度、规范，让对方感到友好和尊重。切忌双手抱胸或插在衣袋内，这些都是不尊重他人的姿势。

〈4.2〉 展品的选择

展品是展出者能给参观者留下印象的最重要因素。在参观者的记忆因素中，"展品有吸引力"占到39%的比重。所以，为了取得良好的展出效果，对展览品必须要精心选择，重点考虑。

4.2.1 选择展品的原则

展品摆放在展台，是为了能引起客户的关注，唤起客户潜在的购买欲望，促使客户做出购买行为。它是企业实现参展目标的载体，承载着企业开拓市场、树立形象、提高知名度等愿望，选择合适的展品参展十分重要。参展商在选择展品时应坚持三条基本原则，即针对性、代表性和独特性。

（1）针对性是指展品要针对展览会展出的内容进行选择，并且要符合企业参展的目的以及展会的性质，切合展会的主题。现代展会专业细分程度已越来越高，即使是同一个展览会，每届也会有不同的主题。在瑞士曾有一个医药展览会，国内一家知名的中成药企业贸然前往，而该展会的主题是原料药。结果，那家企业展台前问津者寥寥无几。

（2）代表性包含两个方面的含义：一是指展品要能体现出参展企业的技术水平、生产能力及行业特点；二是指展品要代表本企业生产的同类产品的平均质量水平，展品就是参展商给客户提供参考，并以此成交的样品，在成交后必须能够按样供货。

（3）独特性则是指展品有其自身的独到之处，以便和其他同类产品区分开来，这样的展品在展览会上容易引起观众的注意，可以达到出奇制胜的效果。

4.2.2 选择展品时应考虑的因素

参展商在选择展品时应根据内部条件和外部环境，从产品的供货能力、展出相关规定、市场潜力等方面进行考虑。

（1）产品的供货能力。对于供不应求的产品，参展商可以考虑不参展或少参展，对于供货能力充裕或正在扩张产能的产品，则应大力参展。

（2）展出相关规定。正规的展览会对于参展的展品一般都会制定相关的规定。比如广交会规定：凡涉及商标、专利、版权的展品，参展单位必须取得合法权益证书或使用许可合同（以下统称权利证书）；由供货单位提供的展品，参展单位和供货单位必须在参展前签订书面展品参展协议（协议内容包括：展品类别，展品参展的摊位号，商标、专利、版权条款及时效等，并附相应合法权利证书复印件，口头协议一律无效）。如果是出国展，展品必须符合展出国相关的进口规定。

知识链接4-2

一些展出国对产品的进口限制规定

《华盛顿条约（濒危和野生动植物保护条约）》适用范围的物品，包括濒危和野生动植物及用其原料制作的物品，如皮毛、地毯、皮革、工艺品、标本等，这些物品为禁止进口的商品，或者需要特别出口许可证。

《动物检疫法》适用范围的物品，包括动物、肉、皮革等。除需要出口国政府检疫部门开具的检验证明书外，还需要办理复杂的手续、重新检验并花费较长的时间。

《植物检疫法》适用范围的物品，包括植物、种子、稻草、土等，除需要出口国政府检疫部门开具的检验证明书外，还需要办理复杂的手续、重新检验并花费较长的时间。

> 　　《食品卫生法》适用范围的物品，包括食品、与嘴接触的餐具，除需要出口国政府商检部门或卫生部门开具的卫生证明外，还需要办理检验手续。
>
> 　　《医药法》适用范围的物品，包括医药品、化妆品等。这些最好由专门经营的进出口商办理，手续可能比较复杂。
>
> 　　资料来源　佚名. 展品运输的相关手续［EB/OL］. （2009-08-12）. http://news.southcn. com/dishi/zhuanti/zbh/wsh/zhish/content/2009-08/12/content_5543231.htm.

　　（3）市场潜力。开拓市场是参展的最终目的，在参展前，通过分析展览会所覆盖的市场区域的经济发展水平、消费能力和消费习惯，判断展出的展品在该地区有无市场需求，在展出场地有限的情况下，应该优先选择市场潜力大的产品去展出。

4.2.3　选择展品应处理好的关系

　　企业选择展品要考虑诸多问题，甚至有时会遇到一些矛盾，使得问题变得复杂化。企业在选择展品时应尽量做到有所取舍、全面兼顾，处理好宣传与贸易、质量与数量、新产品与老产品之间的关系。

　　（1）宣传与贸易

　　从长期看，宣传促进贸易，但是从短期看，宣传和贸易有时是矛盾的。生产部门可能会要求展出显示技术水平的产品，而销售部门可能会力争展示销路好的产品。比如，数控机床能反映出一定的水平，对参展企业建立形象有益处，但由于竞争对手多，成交可能不容易。而普通机床可能较容易成交，但是也容易给买主留下档次低的印象，对长期发展不利。因此，企业要根据展出目标协调处理好宣传与贸易之间的关系。

　　（2）质量与数量

　　企业要注重展品的质量，档次低、包装差、款式落后、工艺陈旧的产品不宜作为展品。质量不过关的产品、保密产品、仿造产品（违反《中华人民共和国专利法》）不得展出。展品的数量要适当，数量不宜过多，品种不宜过杂，要有重点、成系列，不要面面俱到。展台不可空空荡荡，也不可杂乱臃肿，避免给参观者留下皮包商或小贩的印象。

　　（3）新产品与老产品

　　老产品可能已打开了销路，成交把握较大，因此，展台人员可能愿意展示老产品。但是，参观者参观展览会的主要目的之一是了解新技术、新产品。另外，只有不断推出新产品才能保住、扩大市场份额，因此，新产品或有新用途的现有产品可以作为产品选择的考虑重点。需要注意的是，新产品必须有良好的性能和很强的实用性。另外，试制品或半成品最好不要展示，这容易使客户去寻找竞争对手要求供货。

〔4.3〕 展品的包装

　　展品包装、标识是保证展品顺利运输的一项重要工作，它对单证制作、办理报关、保险也有重要影响，参展企业应认真细致地做好这项工作。

4.3.1 包装种类

1）销售包装

展品的直接包装是小包装，也称销售包装。展览会结束后，展品或回运、或赠送、或售出，在大多数情况下，展品还要再包装，因此，展品小包装不能是一次性的包装。小包装的功能有两种：一是保护功能，在运输、搬运过程中保护产品；二是艺术功能，放在货柜上能吸引顾客。如果展品是直接展出（裸展），可以不考虑小包装的艺术效果，而着重考虑其保护功能。

2）运输包装

小包装外需要大包装，也称作运输包装。大包装箱多是纸箱和木箱。如果可能，尽量使用纸箱包装，因为有些国家对木材包装要求严格，规定必须使用经过处理的木材。展品包装箱应当坚实、简洁。运输包装箱应结实、耐用以适应长途运输的需要；包装箱的设计应简单些，方便非专业包装人员打包和拆包，可以人工开箱并再封箱而不需借助器械。大包装箱不论是纸箱还是木箱，在封箱后最好再用打捆机打捆，因为纸箱的胶条和木箱的钉子不一定能承受反复装运。

3）集装箱和木套箱

大包装箱还不是真正的运输箱，用于运输的箱子是集装箱或木套箱。展品箱尺寸不一，要紧凑地装入运输箱中需要一定的技术，因此，装运输箱最好由有经验的人指挥。装箱紧凑，一是防止运输途中摇晃，二是为了减小体积。运输费用是按体积计算的。易碎物品箱最好放在运输箱的上部，以免被压坏。动植物检疫物品箱最好放在运输箱靠门一侧，以便于提取。

4）包装衬垫物

衬垫物应使用规范的化学包装材料，比如气泡塑料膜、压塑块、泡沫颗粒等，因为它们的防震抗压性能好。衬垫物要用可以重复使用的包装材料，比如气泡塑料膜就比泡沫颗粒便于重复使用。

典型案例4-1

遗憾的展品包装破损

在中国国际展览中心举办的某次国际木工类机械展览会上，一家瑞士公司首次参展，他们发运了1个40英尺集装箱的海运展品，货物经天津新港转关运输至北京展览中心。展品进馆前，检疫人员对货物进行查验，邀参展商一同去展览中心的监管仓库。当去掉铅封锁、打开集装箱时，发现5件木工加工机械均为裸装展品，也就是没有外包装箱。第一件、第二件完好无损，第三件由于包裹着塑料薄膜的原因，也没有发现异常。但是当海关查验核对机器型号时，检查人员发现了第三件展品右侧外腿有损坏的现象，好像是被重物撞击而产生的凹陷。展商当即表示，出厂安检时，机器外观完好无损，很有可能是发运出境时国外的运输公司在装箱时造成的损坏。虽然进馆调试后，机器运转还算正常，但展商非常遗憾没有对机器进行外包装。由于有破损现象，造成展会期间许多原本有意购买展机的厂家，最后被迫放弃。

资料来源　佚名. 展品运输中的包装问题 [EB/OL]. (2012-09-08). http://www.chinatat.com/new/430_435/2009a8a21.

分析提示：展品的包装和运输关系到货物能否完好无损地在展馆展出，参展商应充分考虑展品的特性，选择合适包装的材料，避免展品在运输途中受损，影响展品展出的效果。

4.3.2　包装注意事项

在进行展品包装时应注意如下事项：

（1）小包装要能够人工搬动而不用器械搬动，因此要注意重量。为了装卸、搬运方便，包装箱不宜过大。大包装也要注意尺寸，要能够出入展场的门和电梯。

（2）禁止使用稻草、废纸等易带病虫害源的物品作为包装衬垫物；如果是出国展，且包装材料是木箱，必须要经过熏蒸处理，以防止病虫害传播到他国（报关有要求）。

（3）易燃、易爆、易腐及有毒展品禁止装箱。

（4）装箱时将展场可能使用的小工具，如绳子、钩子、封口胶条、钉子等一并带上，以方便随时使用。

（5）做好包装标识，并且将每个包装内的展品清点成册，以方便寻找。

（6）制作的装箱单和展品清册必须要与箱内的展品完全相符。

4.3.3　运输包装标志

运输包装标志是在进出口货物的运输、交接、仓储及商检等过程中，为了便于有关方面识别货物、核对单证，而在商品的运输包装上所做的标志。运输包装标志包括运输标志（又称唛头）、指示标志与警告性标志。

（1）唛头（Marks）：不同展览所使用的唛头不同，一般展览会承办单位会指定统一唛头格式，其内容通常包括：

①展览会名称（Exhibition）。

②参展企业名称（Exhibitors）。

③参展企业摊位号（或编号）和箱号：根据组展公司安排给各参展单位的摊位号（或编号），箱号写在公司摊位号（或编号）的后面。例如：某公司的摊位号（或编号）为9A，第一箱为9A-1，第二箱为9A-2，依此类推。此标记一般要求写在展品箱左上角。摊位编号是展团自编号，只作为展品发运和制作单证之用，和实际摊位号无关。

④体积（Meas.）：长×宽×高（以米为单位）。

⑤毛重、净重（G.W./N.W.）：以千克为单位。

典型案例4-2

2016年中国国际贸易投资洽谈会展品包装唛头

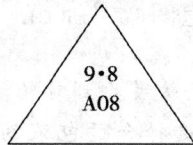

```
      /\
     /  \
    / 9·8 \
   / A08  \
  /_____\
```

参展企业（Exhibitor）：_____

展品（Exhibit）：_____

展位号（Hall/Booth No.）_____

箱号（Carton No.）：_____

重量（Weight）：_____

体积（Measurement）：_____

注："9·8"表示投洽会，"A08"表示展位号。

资料来源　作者根据中国国际投资贸易洽谈会网站资料整理。

分析提示：一般展览会承办单位会指定统一唛头格式，参展单位应严格按照格式要求在外包刷上印制唛头。

（2）指示标志，用来指示运输、装卸、保管人员在作业时需要注意的事项，以保证物资的安全。这种标志主要表示物资的性质，以及物资堆放、开启、吊运等的方法。

（3）运输包装标志的要求具体如下：

①我国对物品包装标志和标志所使用的文字、符号、图形以及使用方法，都有统一的规定。

②标志必须简明清晰、易于辨认。包装标志和标志要文字少，图案清楚，易于制作，一目了然，方便查对。标志的文字、字母及数字号码的大小应和包装件标志的尺寸相称，笔画粗细要适当。

③涂刷、拴挂、粘贴标志的部位要适当。所有的标志，都应位于搬运、装卸作业时容易看到的地方。为防止在物流过程中某些标志被抹掉，或因不清楚而难以辨认，应尽可能在同一包装物的不同位置放置两个相同的标志。

④要选用明显的颜色作标志。制作标志的颜料应具备耐温、耐晒、耐摩擦等性能，以确保不发生褪色、脱落等现象。

典型案例4-3

展品运输中的包装问题

在某次北京国际汽车展上，有一些因为包装物证明、包装材料不符合中国检疫部门的要求的现象，在汽车展开幕之前，运输代理商在协助检疫人员检验开箱时，发现国外展品大部分都使用垫木固定汽车的四个轮子。来自美、日、韩及欧盟国家的展商，虽然事先已经对其发出通知，参展商如果使用原木材料作为垫木，务必提供熏蒸证明原件及官方检疫证书，并建议使用人造板材作为填垫物，但还是有些参展商没有重视运输代理商的通知。一个德国展商发运9个40英尺的展架材料及3个40英尺集装箱的展车，由于该展商在其货物出口前没有在该国境内进行熏蒸消毒，无法提供相应的官方证明原件，而被我国检疫人员在进馆查验时扣留，并要求其退运出境。时间紧迫，眼看着其他展台搭建得初具规模，该展商后悔不已，提出只要能够参展，他们愿意接受中国检验检疫局做出的任何处罚，并保证以此为戒。经展会主办方再三与检疫部门联系协调，最后有关部门同意将其货物在中国境内进行熏蒸消毒，以及常规性消毒检查，并在对其进行经济制裁后方可进馆。

资料来源 佚名. 展品运输中的包装问题［EB/OL］. (2013-04-08) .http: //www.chinatat. com/new/430_435/2009a8a21.

分析提示：为了顺利参展，参展商应严格执行展览会对参展展品的包装、包装材料以及举办国的要求。

（4.4） 展品的运输

展品只有安全、及时到达展会现场才能按原计划布展和展出，展览运输是一项涉及参展商能否按时布展和展出展品的重要工作。展览运输不仅仅只是运输展品，它还可能要运输展架、展具、布展用品和道具、维修工具、宣传资料和招待用品等，这是一项专业性很强的工作，参展商往往因无力亲自办理而指定一些运输代理机构来专门负责展品的运输工作。展品运输大致可以分为三个阶段：运输策划、去程运输和回程运输。每个阶段都有一些专业的要求。

4.4.1 运输筹划

运输工作需要统筹策划。运输筹划涉及运输方式、运输路线、运输日程、运输费用、运输公司和代理机构等因素。

1）运输过程

复杂的运输过程可以包括以下阶段：参展商将展品运至指定的集中地点，集体展出组织者理货后将展品用陆运方式运到港口、机场或车站，然后用海运、空运或陆运（火车、卡车等）方式将展品运至目的地港口、机场或车站，然后用陆运方式将展品运至展台，最后在展览会结束后将展品运回，或者运往下一个展览会所在地。

参展去程运输路线图，如图4-1所示。

2）运输筹划内容

（1）调研。

运输筹划之前首先要掌握各方面的情况，这就需要进行调查研究。调研的范围主要根据工作需要安排，包括运输公司、报关代理，交通航运条件，可能的运输路线和方式，发运地和目的地，车船运输设备，港口设备和效率、安全状况，运输周期和轮船班次、车次、航班时间及费用标准，发运地、展出地对展品和道具的单证手续、要求及规定。

```
┌─────────────────────┐
│   参展商所在地        │
└─────────────────────┘
          ↓
┌─────────────────────┐
│   指定集中地点        │
└─────────────────────┘
          ↓
┌─────────────────────┐
│ 起运地港口、机场或车站 │
└─────────────────────┘
          ↓
┌─────────────────────┐
│ 展览地港口、机场或车站 │
└─────────────────────┘
          ↓
┌─────────────────────┐
│   展览馆现场          │
└─────────────────────┘
```

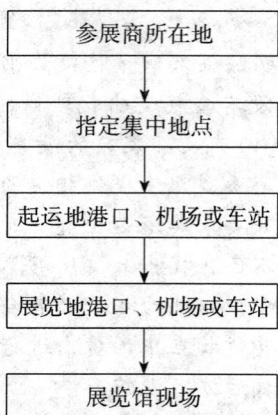

图 4-1 参展去程运输路线图

如果是国际展览，要了解本国和展览会所在国的海关规定、手续、税率、特殊规定以及展览会所在国对展品进口和处理、运输、保险等的规定和要求。了解展出地是否许可办理临时进口手续，以及免费进口宣传品、自用品等。了解参展企业所在国和展览会所在国是否都加入 ATA 公约，以便通过商会索取临时进口表格并办理有关手续，并要了解展览会所在国对道具的处理规定和手续，如出售、赠送、销毁、回运。要了解海关是否对展览会有特别的规定，如给予展览会的配额。

大部分情况可以通过展览会组织者了解，或者通过运输公司或运输代理机构了解。调研内容应尽量详细。

（2）运输方式与运输路线。

运输方式主要有水运（包括海运和内陆水运）、空运、陆运（包括火车运输、汽车运输等）、邮递、快递、自带等。各种运输方式均有着不同的优势和劣势。

水运：时间长，但是费用低。海运是出国展览主要使用的运输方式。

空运：时间短，适用于时间紧、货物少，或运送特殊货物，如生鲜产品等，但是其费用昂贵，一般情况下较少使用。

陆运：介于水运和空运之间。陆运可能是展览运输使用最广泛的、不可缺少的方式。如果是安排漂洋过海的国际展览运输，会需要安排港口两端即港口与参展企业所在地和港口与展览会所在地的陆运；而更多的是国内展览或大陆（比如欧美大陆）内的展览运输，只需要陆运。在欧美大陆，展览运输相当发达，展览运输常常是使用专用的卡车进行门到门运输，卡车在参展企业所在地装货运到展场卸货。

如果是国内展览，展品不多，参展商可以随身携带。出国展览的展品最好还是由展会组织者集中托运。

国内展览的运输路线有两种：一是门到门运输，是将指卡车开到参展企业所在地装货，然后直接开到展场卸货的运输方式；二是将货物交到展会组织者的运输代理处集中托运，由其用汽车、船或火车运到展览地点。

国际运输通常采用海运，运输路线分为三段：第一段，从参展企业所在地将展品陆运到港口；第二段，从港口将展品海运到展览会所在国的港口；第三段，从展览会所在国港口将展品陆运到展览会所在地。

运输路线和方式的选择因素主要有四个方面：一是路程、时间、展品情况和特性（即数量、体积、重量）等；二是特殊要求，如展品是否易腐，是否需要冷藏等；三是费用，包括运费和保险费等，保险费在运输途中按时间增值计算，运输贵重物品时，海运和空运的保险费大不一样；四是安全性。

运输路线和方式的安排有一些原则，尽量将展品安排运到展览现场；尽量使用集装箱或其他安全的运输方式；尽量减少搬运次数，以降低破损率；如果可能，尽量避免转船、转运。

（3）日程。

展品的运输要尽早安排，使展品及其他展览用品能在恰当的时间运抵目的地。如果是请运输代理机构办理运输，要告知其展品最迟的到达日期。展品一般要提前一个星期到达展览地点。

重要运输时间有：展品集中时间（也称作交箱日期）、办妥出运手续（包括商检、报关等）时间、装车（国内展）或装船（出国展）时间、转运时间、抵达目的地（港）时间、运抵展览会指定地点时间，以及回运时间等。

大型国际展览会期间，港口或机场以及展览会现场有时会出现积压现象。如果是大型或重型展品，要通知有关部门在展品发运前将其准备好，提前安排运输并在其他参展企业之前将大型和重型展品运抵展场。展品到达日期不宜过早，以免产生大笔仓储费用；也不宜过晚，以免一旦出现延误赶不上展览会，导致更大的损失。权衡之下，运输时间适当留有余地为宜，多花仓储费比晚运到、耽误布置展出要好。

典型案例4-4

赴俄展品运输延误

2003年6月4日至8日，俄罗斯圣彼得堡举办国际消费品展览会。福建汇源商务会展有限公司获准组织27家企业、30个摊位参展，参展人员为49人。为了做好该展览的筹备工作，该公司曾于2002年10月派人对圣彼得堡展览会进行考察，就摊位申请、样品运输、展期酒店预订等方面与组委会进行了了解。考虑到俄罗斯样品运输的复杂性，他们选定德国德讯公司为参展样品承运商（主要原因是德讯公司在莫斯科、圣彼得堡设有办事处），要求德讯公司保证2003年6月2日上午9点将展品运到展台，并于2003年4月3日与德讯公司签订了如展品未按时到会，德讯公司将承担由此发生的一切后果的运输代理协议。

2003年5月16日，汇源公司得到德讯公司的通知。样品于2003年5月22日到达圣彼得堡，2003年6月3日上午9点样品送达展馆。由于圣彼得堡300周年大庆，从2003年5月27日到6月1日机场关闭，汇源公司先遣工作人员于2003年6月2日到达圣彼得堡。大批参展人员于3日顺利抵达，2003年6月3日上午，先遣人员到达展台，见展品未到，当即与德讯公司驻圣彼得堡办事处联系，德讯公司表示因报关原因，样品4日下午会到。汇源公司工作人员随即安排参展人员4日晚上布展，可是到了晚上，全体人员到达现场，展品仍未到。经与德讯公司紧急协商，德讯公司表示5日一定会解决，5日下午全体参展商再次到展台一直等候到晚上7点，当得知展品不能到位时，引起了全体参展商的强烈不满，表示没有样品拒绝参展，并要求索赔，联名写了索赔书。

2003年6月5日上午，中国驻圣彼得堡总领事馆经济商务领事陈俊岭到展览会摊位参观，发现展品未到，指示展团工作人员为了维护中国形象，表示不管样品何时到达，都应继续参展。直到2003年6月6日晚6点45分，展品才到达展览馆门口，经工作人员做工作，参展企业统一于2003年6月7日布展，坚持参展，汇源公司在后期做了一些补救工作，组织企业带样品到莫斯科拜访客户，一定程度上弥补了因参展延误带来的损失。

回国后，经汇源公司与德讯公司协商并征求参展商同意，决定给予参展企业每个摊位5万元人民币补偿。

资料来源　佚名. 展会策划案例［EB/OL］. (2012-01-30). http://www.tczj.net/jpkc1/hz/jdal/2.doc.

分析提示：出国展的运输涉及进口和出口的报关，手续烦琐，参展企业对此要有充分认识，在制订运输方案时，要综合考虑各种可能出现的意外情况，并制定防范的措施，确保展品安全按时运到展览场地。

（4）运输费用。

运输费用通常分为运费（陆运、海运等）和杂费（装卸、仓储等）两大类，统称运杂费。细分内容有：发运地陆运费及杂费、发运地仓储费、装货港码头费、保险费、海运费、目的港码头费、港口至展馆运费、装卸费、空箱存放费、空箱回运费、运输代理费、报关费等。

运费的计算方法有不同的标准：①按货物数量划分收费标准；②按计费吨收费，按体积或重量较高者收费；③按价值收费。

（5）集体运输和单独运输。

集体展出通常由组织者统一运输。统一运输的优点：一是可以节省参展者的精力、时间和费用；二是可以避免混乱；三是可以更有保证地将展品按时运到展地，并可以使用集装箱方式运输，安全、快捷。

使用集体运输的方式，参展者需要按组织者的要求提前准备展品、道具和资料，在规定的时间内将展品、道具和资料运到指定的集中地点，并按要求办理有关单证，主要是展品清册。然后由组织者安排理货、装箱、发运、接货、办理有关手续、将展品运到展场。此时，参展者开箱、布展。组织者负责安排空箱存放。展览会结束后，参展者负责再包装、装箱，并交给组织者。组织者再安排办理有关手续、回运或调运、接货和分运。

集体运输要求组织者协调安排好各方面的工作，包括将有关运输安排、要求、规定用书面形式通知参展者。这项工作可以在确认参展者时做，也可以在召开筹备会议时做。有关安排、要求和规定的内容包括：运输日程，要特别注意航班之间的间隔；运输费用标准，运输工作由组织者统一安排，费用一般由各参展者负担，如果有补贴，包括全部补贴，也要通知参展者；运输报关所需的单证文件，其中一些需要由参展者办理或提供基本情况，国际运输的单证尤其复杂，要详细说明；保险要求；包装要求，包装材料和包装规格要求，内包装要能反复使用，外包装要能经受住长途运输；运输标志，包括展馆号、展台号、展品集中地点和日期、发运日期、展览会刊、海关对展品和道具等物品的规定。

如果是单独展出，或者集体展出却不统一安排集体运输，那么参展企业就需要自己安排运输事宜。单独安排运输的程序与统一安排运输的程序基本一样。

3）展品运输的注意事项

（1）尽早了解运输时间，如船期；

（2）尽早租订往返舱位；

（3）选用发运地和目的地信誉好、能力强的运输代理机构；

（4）了解发运地和目的地的海关规定、手续、单证要求；

（5）认真制作清册，按箱列明每一物品的品名、规格、价格等细节，制作回运品清册时要准确地列明相应变动情况；

（6）仔细包装以免破损；在箱子的至少两个侧面打印运输标志，可以使用彩色标记，以便在混乱的展场识别，箱子不可太大，以免搬运困难，最好用不需要工具便可打开和封闭的箱子；

（7）避免转运，尽量安排将物品直接运到展场，接货办理人知道装运前的一切有关情况；

（8）安排空箱存放并适时安排空箱回运到展台；

（9）办理运输途中和展出期间的保险。

知识链接4-3

展品运输中常见的问题

展品运输，尤其是国际展览运输是一项需要重视并认真做好的工作。运输不当，可能出现未运到、途中损坏、丢失等情况，可能导致很严重的后果。最常见的问题有：

（1）全部或部分展品、道具未及时运到。在展览会上，有时可以看到如此可怜的情景：展台空无一物，展台人员一脸尴尬、不知所措。原因很可能是展品还在运输途中，或者在运输途中损坏、丢失，或者是展品还在海关仓库里，海关手续尚未办完等等。这些都是运输工作失误所致（人力不可抗拒的情况除外）。

（2）展品破损。展品因包装不好而破损；尺寸、重量不合适，给运输、装卸带来麻烦，并可能导致额外费用的产生，以及延误时间等。

（3）缺少单证。运输过程中缺少产地证、检疫证等，导致额外费用发生，甚至导致扣货、付款等麻烦和损失；未随身将单证携带齐全，导致有关手续延误；运输标记不明确，造成运输延误；拆箱野蛮，造成包装箱破损，回运时再使用困难；包装箱储存不善丢失。

4.4.2 国内参展的运输

参加国内展览，需要选择一家国内运输代理机构来负责展品及相关物资的运输工作。展品在国内运输主要有去程运输和回程运输两种，考虑到成本因素和便捷原因，很多参展商都将这两种运输交给同一个运输代理机构来完成。

1）去程运输

去程运输是指将参展商的展品及相关物资自参展商所在地运至展会现场之间的运输。对于某个参展商或一个集体安排的去程运输来说，其工作环节大致有以下几个：

（1）展品集中与装车。参展商将展品及相关物资，按要求的日期集中到统一指定的地点，由国内运输代理进行理货并安排运输路线和运输方式，在确定了运输路线和运输方式后，将展品及相关物资装上运输工具，运往车站、机场或者码头。

（2）长途运输。根据展品及相关物资的特点，选择最佳运输路线和运输方式，最后具体采用的运输可能是水运、空运、火车运输或汽车运输。如果是汽车运输，最好是安排从运输地到展馆的"门到门"运输以减少装卸次数；如果是空运，就要注意提前一段时间订舱；如果是水运和火车运输，要注意出港和出车站以后的运输衔接。

（3）接运和交接。对于水运、空运和火车运输，一般都存在一个中途接运的环节，如展品从船上卸下后再由汽车运到展馆等，接运要注意安排好接运的时间，尽量减少接运次数。货物运到展览现场后，要将货物交给指定的展台人员。由于交接时货物可能较多，因此，最好将相关工作和货物列成详细清单以便交接。

（4）掏箱和开箱。掏箱是指将展品箱从集装箱或其他运输箱中掏出或卸下，并运到指定的展位的过程；开箱是指打开展品及相关物资箱，取出货物。掏箱工作要准确有序，时间和人员安排要合理；开箱工作一般由参展商自己负责，但要注意清点和核对货物。

经过以上环节，展品及货物安全准时到达展会现场后，参展商就可以按原计划安排展位搭建和布展了。展览结束后，根据参展商的计划，有些货物需要运回参展商所在地，有些需要运给其经销商，这时，展品等货物就存在一个回程运输的问题。在指定运输代理时，该运输代理是否有回程运输能力也是必须考虑的一个重要因素，否则，展品将面临着"有去无回"的尴尬境地。

2）回程运输

回程运输是指在展会结束后，将展品及相关物资自展位运至参展商指定地点的运输工作。回程运输的目的地可能是参展商的所在地，也可能是参展商指定的其他地点，如其经销商和代理商的所在地或另一个展会的所在地等。

回程运输的基本环节与去程运输相似，只是方向正好相反，并且，除了撤离展馆时要抓紧时间以外，其他各运输环节对时间的要求一般都不高。回程运输的筹备和计划工作在展会筹备时就要着手策划，不能等到展会结束时才开始，否则，将引起撤展现场的混乱和无序。

3）需要妥善处理的问题

除了妥善安排去程运输和回程运输外，在指定运输代理时，参展商还要考虑以下几个问题：

（1）有关时间安排。展品及相关物品的运输时间要尽早安排好，需要安排好的运输时间一般包括：交箱日期、办理手续日期、发运日期、抵达目的地日期、到达展馆日期以及回运日期等。上述日期的确定与展会布展和开幕日期密切相关，参展商在指定运输代理时要注意与之协调安排。如安排不妥，展品到达时间过早，将会产生额外的仓储费用；到达过晚，会延误展览展示。

（2）运输线路和运输方式。尽管运输代理对运输线路和运输方式有自主选择权，但为了争取最好的运输服务，参展商有必要督促运输代理为自己安排最佳运输线路和运输方式，如"门到门"的服务、尽量一次发运而不多次转运、尽量使用集装箱或其他安全运输方式等。此外，还要明确水运、空运以及陆路运输的到达目的地等。

（3）包装要求。由于在同一个大型展馆可能会同时举办多个展会，为了在展览现场搬运和装卸方便，参展商应要求运输代理按展会的要求安排好展品等物资的运输包装，如包装标志，注明展会名称、展位号，收货人名称和地址等。

（4）费用问题。参展商有必要让运输代理机构提供合理的运费及杂费的收费标准，防止运输代理机构收取的费用过高。要和运输代理机构谈妥陆运、水运和空运的基本费率，以及迟到附加费、早到存放费、码头或机场费等附加费率、自选服务的费率等。

（5）保险。办展机构一般不承担展出者的展品丢失、损坏等风险，参展商因此要督促运输代理机构在安排运输时投保一些需要投保的险别。

（6）现场服务。展品等到达展会现场后还有搬运等许多后续工作要做，要让运输代理机构明确可以提供哪些展会现场服务及其收费标准，以供参展商进行选择。

需要指出的是，为方便参展商，有些展会为其指定了专门的运输代理机构以供备选。由于选择展会指定的运输代理机构安排运输事宜一般比较方便和实用，因此，很多参展商会选择这项服务。不过，即便如此，上述问题仍然需要参展商妥善处理。

4.4.3 出国参展运输

如果是参加国外举办的展会，应当指定海外运输代理机构（如中国外运公司）来负责展品及相关物品的海外运输工作。这项运输工作是跨国之间的货物运输，尽管它也如国内运输一样有"来程运输"和"回程运输"，也有装车（船）、接运和交接等各环节，但就运输环节和各种手续的办理来说，跨国运输要比国内运输复杂得多。跨国运输的复杂性表现在三个方面：运输方式、有关文件和海关报关。

1）运输方式

跨国运输基本上都是一种国际联运，整个运输过程或者是"陆运—海运—陆运"，或者是"陆运—空运—陆运"，再就是"空运—陆运"，参展的货物要从一个国家运到另一个国家才能完成。因此，参展商指定的海外运输代理，必须要清楚了解展会举办地所在国的海关规定、海关手续和进口税率，了解当地对展品进口的处理办法和规定，了解当地是否有免税（费）进口宣传品和自用品的规定等，以免展品及相关物品报关受阻。

由于跨国运输一般都是几种运输方式的结合，所以，展会的海外运输代理机构必须是一家能力比较全面的公司，它必须要有能力安排和协调陆运、水运和空运以及对它们的联合使用，而不能仅仅只熟悉其中的一种。

2）有关文件

由于跨国运输的货物要从一个国家运到另一个国家才能完成，因此，运输过程中涉及的有关文件要比国内运输多很多，各国、各地对单证具体要求可能不一样，海关和保险手续的具体种类、具体程序也可能不一样，因此需要事先了解，并做好准备。任何差错都可能给展品运输工作带来麻烦。应当重视有关手续和单证工作，并认真、仔细、按时做好。一般来说，跨国运输需要准备的有关文件主要有以下四种。

（1）展览文件。这是有关展品及相关物品的证明和文件，主要有展品及相关物品清单、展品安排指示书、需送海关审查的特殊物品样本和清单、发票等，有些国家可能还要产地证书、商品检验证书等文件。在这些文件中，展品及相关物品清单是最基本也是最重要的文件，其编制一定要完整，数量要准确。

①展品清册。

展品清册是展品工作最重要、最基本的单证，也是关系运输、海关、保险等相关工作的重要单证。编制清册要内容完整、数字准确。

展品清册的内容分封面、目录页、本体三部分。

封面内容包括展览会名称、国别、年度、标题"展品清册"、组织者名称；

目录页内容包括序号、单位、内容（类别）、种数、箱号、箱数、金额、体积、重量、展台号、页码；

本体是展品清册的主要内容所在，包括运输标志、展台号、页号、类别、序号、箱号、展品编号、品名、规格、数量和单位、价值（货币名称、单价和总价）、页总价小计以及箱数和金额数、重量（净重或毛重）、尺寸、标记、制表人、审核人、批准人等。

展品清册内容编制需要注意以下问题：

A.关于编制顺序：清册按包装箱和分类（展品、卖品、宣传品、礼品）顺序编制。

B.页码：集体运输时展品清册可以有分页码和总页码。总分页码是清册的页码，分页码用于展出单位，一个单位只有一个分页码系列。

C.编号：清册内的每件展品都必须有编号。如果是同一类的数件展品，可以用同一编号。

D.品名：展品品名要求准确，按《华盛顿条约》规定要写"学名"，这关系到展品的税收。

E.标价：为了方便通关，所有货物都必须标价、申报。出售品需要标价，其他展品和用品如礼品、宣传品、自用品、招待品、道具等即使是无商业价值，也需标价，一方面是为了避免麻烦和延误，另一方面，很多国家对任何留下的物品都规定要上税，包括散发的展览资料、自用品等。因此，应为展品清册上的所有物品都标上价格。有些参展企业为了少缴关税，在展品清册上做手脚，将货物价格标得很低，这也许会节省部分开支，但是不值得，结果可能是自找苦吃。首先海关人员对报关中的问题很清楚，有许多种办法对付未如实申报者，暗斗起来，吃亏的是申报者。万一遇损，保险公司将按报关清册价赔偿，因此，展出者还是适当地标价为好。

F.重量：重量也要如实标明，不要为了节省费用而将重量写小，这可能会导致危险的后果。在实际操作中，按清册标注重量安排起吊设备和支撑物，承受不了实际重量便会发生事故。

展品清册需要根据展出地海关要求分别编制，包括原始清册、售品清册、赠送品清册、宣传品清册、招待品清册、受损品清册、遗失品清册、回运品清册、点多品清册、点缺品清册、遗弃品清册等。不同的清册用于办理不同的手续，如宣传品清册供散发；招待品清册用于办理进口报关；赠品清册，也称礼品清册用于办理进口报关；售品清册用于办理进口报关；展品清册用于办理保税，展毕回运。展出期间，还需随时记录展品及其他用品处理情况，包括赠送、销售等。

②产地证书。

在优惠关税适用范围内，可以凭产地证享受减免关税的待遇。产地证有三种：

第一种是普惠制原产地证书（Certificate of Origin From - A）简称作 From A。发达国家给予发展中国家的关税优惠待遇、办理关税优惠手续的条件之一是出具原产地证明书。普惠制原产地证书在中国由质检总局出具。

第二种是原产地证书。有些没有实行普惠制的国家也要求原产地证明书，此种原产地证明书在中国由中国国际贸易促进委员会出具。

第三种是领事认证。拉美、阿拉伯国家多使用，在中国由各驻华使馆出具，一般情况下可以用原产地证代替。

③商品检验证书。

商品检验证书也称品质检验证书。世界上大部分国家和地区对各种粮油、食品、饮料、酒、药材、保健品、农产品、畜牧产品等与人体直接有关的产品一般都需要商品检验证书。有些国家和地区对炊具、餐具、茶具等与人体间接有关的产品也要求商品检验证书，如日用瓷的含铅量标准等。还有一些其他检验要求，需要办理证书。商品检验证书由商品检验部门出具。

④动植物检疫证书。

分别为动物检疫证书（Health Certificate）和植物检疫证书（Phytosanitary Certificate）。世界上绝大部分国家和地区对动植物进口都限制很严。限制范围不仅是活体动植物，还包括死的动植物及其制品，比如裘皮、草柳编织品等。动物及动物制品需要办理动物检疫证书，植物及植物制品需要办理植物检疫证书。有些国家和地区可能要求对木制品、草柳编织品等进行熏蒸，并要求出具熏蒸证明。

⑤濒危物种再出口证明书。

《华盛顿条约》限制国家间进行濒危动植物及其制品的贸易。濒危动植物及其制品包括象牙、名贵兽皮等（使用本国原料或进口原料加工制作的稀有动物制成品）。在中国，这些产品需要有国家濒危物种进出口管理办公室（隶属于国家林业局）出具的出口或再出口证明书。

⑥配额单证。

很多国家实行进口产品配额制。受配额限制的产品进口必须有配额，表现形式就是配额证。目前，受配额限制的产品以轻纺产品居多，如服装、鞋帽、箱包等。配额证由商务厅受理。

⑦展品出口许可证。

由商务部（原外经贸部）和各地商务厅办理。

⑧商业形式发票。多由展品清册代替。

（2）运输单证。其是办理货物运输所需要的证明文件。主要有装运委托书、装箱单、集装箱配装明细表、提单、运费结算单等，如货物需要回程运输，那么还需要有委托回运通知书。运输单证是办理运输所带的单据、证明、文件。运输环节越多，尤其是国际运输，单证的要求也就越多。

运输工作每一事项一般都有一份书面单证，主要运输单证有：

①委托装船通知书。这是发货人的单证，是发货人委托运输代理办理装船、报关并分送资料的证书，主要内容有装货港、卸货港、运输标志、展品件数、总体积、总重量、最重件、发货人、收货人、受通知人、提单、委托船长代办事项、保险、附件等。

②货载衡量单。货载衡量单也称作体积衡量单，是发货人办理运输所需的单证。它是所有展品箱或裸装物品的尺寸、重量的统计单证，其内容包括：运输标志；展品箱号，按顺序排列；箱数；箱件尺寸，以公分为单位，以最长、最宽、最高处为准，异形包装箱按正方形计算体积；体积，取小数点后三位数；重量，指毛重，以公斤为单位；每页注明箱数、体积和重量的小计，每个参展单位的衡量单都要有箱数、体积和重量的总计。

③装箱单。其是运输方的单证，用于运输和海关工作，内容主要有集装箱号、集装箱规格、铅封号、船名、船次、收货地点、装货港、卸货港、交货地点、提单号码、发货人、收货人、通知人、标志和号码、件数及包装种类、货名、重量、尺码、装箱日期、装箱地点、装箱人等。装箱单一式数份，分别交发货人、运输代理、海关、装货港、船长、卸货港等。

④集装箱配箱明细表。其是运输公司要求发货人填写的表格，内容主要有集装箱号、空箱重量、货物品名、件数、重量、体积、目的港、装箱地点等。

⑤提单。运输工具不同，提单名称也略有不同，如海运的提单称作海运提单，空运的提单称作空运提单。提单由运输方开具，交发货人用于提货。发货人应当注意争取索要"清洁提单"，避免提单上备注"二次装箱"或"箱件破损"等字样，以免船方遇损时，船方推卸责任。如确属箱件破旧，船方坚持加注，也应将附注限制在最小范围内，即注明某几号箱的状况，而不能笼统包括全部箱件。需转船的货物，要在提单上注明"转运货物"，以免在转运中因海关手续造成延误。海运提单由船长、大副或船长代理出具。远程运输可以寄发，近程运输可托船长随身携带。

（3）海关单证。海关单证是办理货物海关报关时需要的证明文件。

①出口报关。参展企业组织出国展览在展品发运前，必须办理海关申报手续。所需单证主要有报关函、报关单、清册、出口许可等。

报关函，也称发运致海关函，是参展企业发给海关，简单说明事宜，要求办理有关海关手续的函件，一般随报关单、清册等一同递交给海关。报关单，全称为出口货物报关单，是海关单证，由参展企业填写，海关审核。报关单内容包括申报单位编号、海关编号、出口口岸、经营单位、指运港（站）、合同（协议）号、贸易性质（方式）、贸易国别（地区）、消费国别（地区）、收货单位、运输工具名称及号码、装货单或运单号、收结汇方式、起运地点、海关统计商品编号、货名规格及货号、标记、件数及包装种类、数量及单位、重量（毛重、净重）、成交价格（单价、总价）、离岸价格（人民币、外币）、集装箱号、随附单据等。

②再进口报关。展览会结束后展品运回国内，还需要办理再进口报关手续，或称作结关手续。所需单证包括回运致海关函、进口货物报关单、原出口报关清册和回国展品清册、出口货物许可证、出售展品报关通知单、出售展品发票、外汇核销单等。

回运展品清册，是在原清册基础上，去掉出售、赠送、消耗、破损等展品和用品，重新制作的清册。

（4）保险单证。展览所涉及的保险险别比较多，在运输过程中，一般办理投保"一切险"，有的还会投保一些附加险，比较常见的有展品和道具险、第三者责任险、展出人员险等。保险最重要的单证是保险单，如果货物受损，还有受损报告书等。参展商有必要了解展会是否有指定的保险公司，如果有，就尽量按规定办理。

对于以上各种文件，运输代理要明确告诉参展商提供各文件的具体时间和最后期限，以便及时办理有关手续。

3）海关报关

出国参展如果有回程运输，出国展览货物运输的海关报关手续有四次：

（1）出国前在本国海关办理出关报关手续。

（2）在展出地海关办理进关报关手续。

（3）展出回国前，在展出地海关办理出关结关手续，也称再出口报关。

（4）展品运回后在本国海关办理进关结关手续，也称再进口报关。

（1）和（4）项是在本国海关办理手续，（2）和（3）项是在展览会所在地海关办理手续。海关报、结关手续是随展览货物流向办理。海关报关手续可以由参展企业办理，也可以委托给运输报关代理办理。但是，也有些国家和地区海关规定必须由报关代理办理。不同国家和地区的海关有不同的办理程序和单证种类。

比较而言，去程运输时的货物报关特别是展出地的进口报关对参展商来说更为重要。因为如果报关不能及时通关，就会严重影响参展商的参展计划。在实际操作中，对于去程运输时的货物进口报关一般有以下四种办理形式：

（1）保税方式。前提条件是必须在保税展览会场展出，申请保税会场手续各国不一样。如果是单独展出，可以委托使馆办理，手续可能会简单点。即便在保税会场展出仍需办理报关手续，使用临时进口报关单。货物检查一般在会场进行，但是这种检验办法不适用于需要动植物检疫的物品。在保税现场的物品不能携出。

保税方式可以简化报关手续，但是考虑到展后的展品处理经常有不同，比如回运、赠送、出售、遗弃等，仍需要办理不同的报关手续，因此，想利用保税方式真正简化报关手续是比较困难的。

（2）再出口免税方式。提供相当于关税金额的保证金，然后办理进口手续，使展品得以通关展出。但是，该方式是以展品再出口为条件，同时，展品也不能随意处理。由于再出口物品必须与进口物品完全一致，因此，使用这种方式的检验相当严格。展览会结束后办理再出口手续，然后取回保证金，这一过程可能很费时间。虽然再出口免税方式可以免除关税，但是费工费时，操作费用也相当高。如果使用这种方式，在海关同意的前提下，可以请使馆或银行出具担保函。这样可以免交保证金，避免展后索回的麻烦。

（3）进口方式。办理一般进口手续，交纳关税后展品作为当地货物，可以自由处理。这种方式需要交税，但是办理完报关税手续后，处理相当自由。交了税而未出售的展品理论上可以办理退税，但是手续复杂，时间往往拖得很长。

（4）ATA方式。ATA方式也就是货物暂准进口方式。这是一种免税准许临时进口的海关制度，手续简便，不上关税。但是，前提条件是参展企业所在国和展览会所在国都必须是ATA公约成员，另外，参展企业必须严格遵守制度，在展会结束后，将所有展品再出口。

4）保险

（1）保险种类。

组织展览需要办理保险。展览会组织者一般不对展出品丢失、损坏，人员的伤亡事故，以及在展台内发生的第三者伤亡事故负责。因此，参展企业需要自行安排保险。保险涉及投保险别、投保金额、投保期限等问题。保险不仅涉及展品和运输，还涉及展台人员、参观者等。

展览涉及的险别比一般人想象的多，包括展览会取消险、展会推迟险、政治险、雇工责任险、运输险、战争险、火险、盗窃险、破损险、人身伤害险、公众责任险、人身事故险、个人财产丢失险、医疗保险等。展览会的保险名目繁多，比较冷僻的险别有展览会附属研讨会主要发言人未出场险等。

但是，参展企业没有必要投保所有险别，而要根据规定和需要选择险别投保。展览会组织者、运输公司、施工管理部门等会规定一些强制性的保险要求，这些规定应予以执行。此外参展企业可以根据自己的实际需要投保其他险别。

（2）办理投保需要注意的事项。

展品和道具保险期要包括运输和展览全过程。投保险别有展品的盗窃险、道具的火险等。

运输险是展品在运输和展览过程中的保险。在展品发运并取得提单后，按清册价办理保险手续。

一般办理"一切险"，并取得保险单。保险期从货物在国内仓库发运起至运回国内仓库止。分保业务可交由承保行办理。

其他险别可根据强制性的保险要求以及实际需要视具体情况决定，比如战争险等。在运输途中货物发生破损丢失，应设法向事故责任方取得理赔单证。若无法取得理赔单证，则要求责任方写证明书。受损方填写受损报告书，连同索赔清单交承保公司办理索赔手续。索赔期一般为一年。

第三者责任险，为防止施工期间施工人员的事故、防止参观期间参观者的意外伤害（如展架倒塌压伤参观者）应在展览施工和展出期间投保第三者责任险。

展出人员险，包括医疗保险、人身事故险、个人财产丢失险等。比如，飞机目前未能达到百分之百的安全，因此，有些参展企业为其展台人员办理乘坐飞机的人身险。这是在飞机票价内的保险之外加办的保险，万一出现事故，事故受损方将获航空公司和保险公司两笔赔偿。

保险应当是展览业人士所掌握的业务知识，大部分展览保险是参展企业根据运输、施工等规定条款听取保险公司建议后安排的。

参展企业一般可以使用有长期关系的保险公司。如果展览会所在地有规定必须使用指定保险公司，在了解清楚后按规定办。展览会组织者通常会推荐可靠的保险公司。有些专业的展览保险公司可以提供一揽子展览保险。

如果参展企业办有长年保险，可以不再专门为展品办理保险，只需将展览保险纳入长年保险范围之内即可，保险公司可能不会增加保险金。如果是集体展出组织者投保，且有长期业务关系，保险公司可能会提供优惠服务。

集体展出组织者一般不会承担保险费用，但是往往会统一办理保险。集体办理保险可以节省参展者精力，费用均摊标准也会低一些。

保险最重要的单证是保险单。其他可能使用的单证包括受损报告书等。

展品和运输工作是一项比较烦琐、复杂的工作，可以将运输工作中的大部分具体业务委托给代理办理。但是，展品和运输负责人必须掌握全面情况，指挥、协调、监督、配合有关方面保质保量地做好展品和运输工作，以保证展览工作的顺利进行。展品和运输工作结束时，还需要安排必要的评估和总结。

《知识掌握》

4.1　参展人员配备要考虑哪些因素？

4.2　参展人员应具备哪些素质？

4.3　选择展品的原则是什么？

4.4　简述展品包装应注意的事项。

4.5　出国展览应准备哪四类文件？

《知识应用》

▶ **案例分析**

高交会上"机器人伤人"事件系工作人员操作不当

2016年11月17日13时50分左右，第十八届高交会1号馆1D32展位深圳展景世纪科技有限公司展台发生意外事件。由于该展商工作人员操作不当，误将"前进键"当成"后退键"，导致用于辅助展示投影技术的一台机器人（又名"小胖"，北京进化者机器人科技有限公司生产）撞向展台玻璃，玻璃落地摔碎并划伤一名现场观众，致其脚踝被划破流血。意外发生后，高交会驻场医务人员立即赶到现场进行紧急处理和包扎，并随即用救护车将该伤者送往北京大学深圳医院。经医院详细检查，该伤者脚踝缝两针后自行回家。"小胖"机器人原为4～12岁儿童研发，主要用于教育目的，不过目前看来这款机器人有着极大的缺陷，家长们也不会放心将自己的"心肝"交给它。

资料来源　作者根据腾讯新闻报道内容整理。

问题：阅读以上案例，分析展会上北京进化者机器人科技有限公司在参展人员和展品的选择上存在什么问题，以及参展企业在参展前应做好哪些准备工作。

（分析提示：展会现场展示是宣传企业产品的一种最为有效的方法之一，而现场展示发生意外则会自毁城池，与采用这种方法的初衷适得其反。因此，在使用这种手法宣传自己的产品前，一定要对参展人员严格培训，对展品的可靠性进行检测，保证现场展示的成功和现场的展示效果。）

▶ **实践训练**

参展商务礼仪演示。要求演示人员进行简单的客户接待模拟，考察模拟人员的仪表、仪容和言谈举止是否规范。

第 5 章

展位选择与布展

学习目标

在学习完本章以后，你应该能够：

正确地进行展位的选择；

学会选择参展道具和使用参展道具；

懂得展台设计的基本要求；

了解展台施工的基础知识；

掌握布展技巧。

【引例】

化展位死角为神奇

美国实业界巨子华诺密克参加一年一度在芝加哥举行的美国商品展览会。一次，他的运气仿佛不佳，根据抽签的结果，他的展位被分配到了一个极为偏僻的角落。这个地方是很少有人光顾的，被称为"死角"。替他设计展位的装饰工程师萨蒙逊劝他放弃这个展览，别花那些冤枉钱了，等待明年再来参展。

但华诺密克却不以为然，反而对萨蒙逊说："任何机会都不会从天而降！现在，摆在我们面前的难题，将是促使我们创造机会的动力。萨蒙逊先生，多谢你这样关心我，但我希望你将关心我的热情用到设计工作上去，为我设计出一个美观而富有东方色彩的展位。"

萨蒙逊先生开始冥思苦想，终于不孚众望，设计出一个古阿拉伯宫殿式的展位，展位前面的大路变成了一个人工做成的大沙漠，当人们从这儿经过时，仿佛置身于阿拉伯世界一样。

华诺密克满意极了，他吩咐后勤主管让新雇来的那些男女职员一律穿上阿拉伯国家的服饰，特别要求女职员都要用黑面纱把面孔下部遮住，只露出两只眼睛，并且立即派人从阿拉伯地区买来6只双峰骆驼以作运输货物之用。同时，他还派人做了一大批气球，准备在展览会上使用。

华诺密克的阿拉伯式展位一经做成，就引起了人们的种种猜想，不少人在互相询问"那个家伙想干什么"。更想不到的是，一些记者把这种独特造型拍了照并进行了报道，这更引起了人们的兴趣。

开展后，展览会上空飞起了无数色彩斑斓的气球。气球升空不久后，便自动爆破，变成一片片胶片撒落下来。有人好奇地捡起一看，只见上面写着："当你捡到这枚小小的胶片时，你的好运就开始了，我们衷心祝贺你！请你拿上这枚胶片到华诺密克的阿拉伯式展位前，换取一份阿拉伯的纪念品，谢谢你！"这下，华诺密克的展位前人头攒动，人们纷纷跑过去争相领取纪念品，反而冷落了处于黄金位置的展位。45天后，展览会结束了，华诺密克公司共做成了2 000多宗买卖，其中有500多宗的买卖超过了100万美元，大大出乎华诺密克最初的预料。

资料来源　佚名. 化展位死角为神奇［EB/OL］. (2012-10-04). http://www.cnena.com/news/bencandy-htm-fid-38-id-33555.html.

分析提示：展台位置的好坏和布展的效果对企业参展的成功与否很关键，参展企业应根据展位所在的位置因地制宜进行设计，并通过一些相应的宣传手法让自己的展位变成观展者愿意竞相前往的展位，提高展出效果。

〈5.1〉 展览场地的选择

展览场地是展览会的基本条件。展览场地条件差别极大，可能是旧仓库，也可能是现代专用展场。展览场地的发展趋势是正规化、专业化和现代化。质量好、设施全的场地费用高，但展出效率高、效果好。展览场地也是参展企业进行展览设计的基础和最重要因素。参展企业选择、使用展览场地需要考虑的直接影响因素有面积、位置和形状，间接影响因素有形式、区域和人流。

5.1.1　面积的选择

决定展出面积受多方面因素影响。最重要的因素是需要和条件。需要是指展出目标的需要，条件主要是指预算。如果参展企业准备大张旗鼓、大造声势，并且有足够的预算，就应该租用大面积的场地；如果参展企业只是想探测一下市场情况，没有太多预算，就只需租用小面积场地。

其他因素包括：

1）展出性质

以宣传为主的展出需要较大面积的场地，大面积容易吸引参观者的注意，另外面积大可以给设计人员提供设计的发挥余地，创造特殊的展示效果，容易给人留下更深的印象；以贸易为主或以维持现有客户关系为主的展出可以使用面积小一些的场地。

2）产品

决定展台面积要考虑展品情况，根据展品的种类和数量计算出大约需要的面积。不同的展品需要使用不同的面积。一些展品可以挂在墙上，占用面积最小；一些展品可以放在展架里；一些展品只能放在地面上，比如机械、设备、家具等，占用的面积就要大一些。

3）展示方式

使用图文占用的面积小一些；展示实物、模型，尤其是要在四周留出面积给观众观看展品，占用面积要大一些；道具本身要占用一定面积，需要考虑。

4）展示活动

比如操作示范、时装表演、咨询、观众记录等也要安排场地，需要占用面积。

5）展台设施

如果根据展出需要设计安排接待室、储藏室、酒吧、备餐间、声像设备等，需要留出场地。

6）展台人员

展台人员必须有适当的活动空间才能有效地在展台工作。比较流行的标准是为每个展台人员配备4平方米的展出面积（即不含展品陈列面积）。在集体展出时，一个展台最小的合理面积是9平方米，15平方米是展台正常的面积。

7）参观者

预计的参观者的性质和数量也要考虑到。如果是消费品展览会，对大批普通观众开放，展台面积就需要大一些，留出充足的观看、走动的面积，以保证人流的畅通；如果是贸易展览会，只对商人开放，展台面积可以相对小些，可以少留一些观看、走动面积，但是要留出洽谈的场地。

8）竞争环境

很明显，展台面积与声势以及能造成的影响有内在的联系。面积大，声势就大。因此，还要考虑竞争对手的展台面积。如有可能，先了解竞争对手或周围展台的面积，然后再决定自己的面积。

参展企业有时不能一厢情愿地决定面积，还要受到外部条件的约束。如受场地供求关系的约束，好的展览会场地供不应求，参展企业选择余地小；差的展览会场地供大于求，参展企业选择余地大。

5.1.2　位置的选择

展台位置对展出效果有重要作用，是展览设计最需要强调的因素之一。决定面积之后，就应该考虑选择好的位置。在一般情况下，展台位置由展览会组织者根据参展企业的性质、参展内容和面积以及场地申请的先后顺序统一划分安排。但是，参展企业可以接受也可以要求更换。参展企业如果有选择的余地，可以也应当争取更好的位置。挑选展台位置需要考虑的因素有以下几个：

1）区域因素

很多展览会按行业或展品类别划分展馆或展区，有些国际展览会可能设立国际馆（国家馆）。即使是专业展览会也往往会被更细地划分为不同展馆或展区。在展览会规模日益增大、专业划分日益变细的情况下按行业划分区域的做法越来越普遍。专业划分的展馆可以最大限度地吸引目标观众，吸引对这一行业或这一类展品最感兴趣的观众。展览会按专业划分能提高展出效益，这对参展企业是非常重要的。

2）目标因素

参展企业需要根据自己的目标选择位置。如果参展企业的展出目标主要是宣传、树立形象，追求尽可能大的曝光率，让尽可能多的参观者看到自己，那么，就需要选择展馆主入口的正面或展馆正中央等人流最多的地方。偏重接待老客户的参展企业可能希望选择安静、固定的位置。安静的位置便于洽谈、少干扰，固定的位置便于老客户寻找。

3）观众因素

观众因素是指参观者的流向和流量。展览馆的各种因素会导致产生参观者的自然流向和流量。一些位置的展台拥挤不堪，一些位置的展台门可罗雀。规模大的参展企业或重要的参展企业往往会被给予很好的位置，即便不在好位置它们也会吸引很多的参观者，但是小展台或不出名的参展企业就需要选择参观者多的位置。

4）环境因素

如果可能，应向展览会组织者索取标明主要参展企业位置的场地平面图，了解参展企业分布情况，这将既有助于位置的选择，又有助于加强设计的针对性。如果能够选择位置，作为小的参展企业可以考虑借助大参展企业，包括大的竞争对手吸引来的人流；作为大的参展企业可以考虑选择在小参展企业之中，显得鹤立鸡群。在考虑位置选择时，也要考虑避免某些位置，比如空调、供暖、通风等设施周围会有较大的噪音或较高的温度，展台人员不舒服，参观者也不愿久留等。

5）技术因素

展览场馆可能会有这样或那样的限制，要事先了解，选择或避免某个位置。如果有超高展品，更要注意有合适高度空间的展馆。如果有超重展品，要注意选择有合适负荷地面的展馆。参展企业对水、电方面的要求也是展馆选择的需要考虑的因素。展馆有窗户，窗下的位置不好，因为光线可能不易控制。同一展场的不同展馆可能有不同的技术标准和设施。

6）费用因素

位置有好坏，根据市场供求原理，有些展览就制定了不同的收费标准。好位置收费高，差的位置收费低。如经费有限制，参展企业可能就要将收费标准列入考虑范围。

综合而言，比较公认的好位置有：展场的主馆；展馆的入口和出口；入口处的右侧；展馆的主道，即参观者流量最大的通道；几条走道汇聚点；展台为双向开面，尤其是双开面的外角；这些地方易被更多的人经过、看见。有人认为转角展台及面对展馆入口的展台位置是最好的。

比较不利的位置有：附属展区；与主馆和主厅分离的展区；远离入口处；主活动区的背区；边通道；死胡同的最里面位置；展馆后部的角落以及大柱或楼梯之后。

5.1.3 形状的选择

展览场地形状的因素在提供标准展台的展览会上意义更为重要。场地的形状与展台开面（朝公众开放的展台面）有直接的关系。

规则的场地形状和开面有6种基本形式：道边形、内角形、外角形、半岛形、岛形和通道形。展览场地不同形状有不同的特性，适合参展企业不同的要求。参展企业可以根据需要和条件选择使用。

1）道边形

这是最常见的场地或展台形状，在通道两侧，为单开面。其优势是三面墙提供了最充分的产品和图表、文字的展示面积，而且价格可能比较低廉。其不足是视角最少，开面最窄，只能从正面进入展台，展台内人流不易畅通，分散精力，整体形象略差。因此，集体展出如果选择通道两旁道边展台，在平面看分属两块展地，但是在局部看，整体效果更强。设计人员可以装饰通道，形成独特的环境，建立整体的形象。

2）内角形

内角形展台（如图5-1所示）为两开面。其优势是在面对的两个通道里都可以看到此展台，容易吸引观众，并容易给观众留下印象。其弱势是展台人流不易畅通，另外必须占3个标准展台的位置才可以有此效果。

图5-1 内角形展台

3）外角形

外角形展台（如图5-2所示）也是两开面。其优势是位于岔道口，人流量比较大，参观者最先达到，参观者容易进入展台，展台视野宽。其弱势是用于展示的墙面少，可能需要更多地使用独立的展具。外角形位置比较适合布置展示焦点，或用于设立咨询台。

图5-2 外角形展台

4）半岛形

半岛形为三开面。这种形状有非常好的展示面，视野开阔，参观者进出方便，人流畅通，设计人员在设计安排上可以有很大的灵活性。但是这种形状不易使用标准展架，可供布置的墙面更少，需要使用其他展示、布置手段。最好用净场地，定制展架。

5）岛形

岛形展台（如图5-3所示）为四开面。展示面最广、人流最为畅通。岛形位置也不适于标准展架，没有可供布置的墙面。如果面积大，使用墙板隔开，就不是岛形展台了；如果使用展柜太高，挡住视线，也失去了岛形展台的开阔优势。岛形展台适于设计人员进行开放型的设计，适合使用低矮的展柜。

图5-3 岛形展台

6）通道形

通道形展台为两端开面。一些专家认为通道形位置的性价比比较高。这类展台有良好的展示面，有比较多的展示墙面，人流比较畅通。但是需要注意参观者流向，大多数参观者愿意从进入的口出去。

有些展览会组织者已划好展场、展台形状，这时参展企业要根据需要和条件选择。有些展览会可以由参展企业要求场地面积，自己安排、设计展台形状。不论是选择形状或设计形状，设计人员都要了解不同形状的优缺点，利用形状的优势来更好地为展场目标服务。

5.1.4 展览场地类型的选择

展览场地的形式有多种分类方法，从建筑角度看，有室内场地和室外场地之分；从展台角度看，有净场地和标准展台、单独展台和集体展台之分。

1）室内场地和室外场地

一般将展览馆内的场地称为室内场地，将露天的场地称为室外场地。展览会主要是在室内场地举行，而且大部分产品也需要在室内展示。当提及场地、设施、服务时，一般来说是指室内场地、设施和服务。但是，室外展出也并不鲜见，天然材料产品，以及其他超大、超高、超重的产品也常放在室外展出。很多工业展览会同时在室内和室外展出，有些展览会大部分甚至全部在室外展出，比如航空展、工程机械展等。在室外展示更能显示特性的产品，或者展馆因为大门尺寸、净空高度、地面负荷等限制不能在室内展示的产品可以考虑在室外展出。室外场地费用标准通常要比室内标准低很多。

2）净场地和标准展台

按展览场地租用形式划分，展览场地分为提供标准台的场地和没有任何展架的净场地两类。

净场地（Space Only Site 或 Free Building Space）是展场内划出的一块地，没有任何展览架和展具，参展企业要自建展台。租用净场地的优点是参展企业有更大的控制余地。参展企业可以按自己的意图，自由发挥创造力和想象力设计、搭建展台，使展台有个性、有特点。独特的、优美的展台有利于营造气氛、提升展台形象，同时其也应满足参展企业的工作需要；其缺点是费神又费时，需安排设计、租用道具、组织施工等。自己设计展台往往费用会高许多。但是如果是反复使用的展览架和展具，费用可以节省一些。净场地适合于公司和集体参展企业。

标准展台是场地统一设计的、使用标准展架搭建的、配备基本展览道具的展台。标准展台的面积一般为 $9m^2$、$12m^2$、$15m^2$、$20m^2$ 以及这些数字的倍数，最小的是 $4m^2$。可以租数个标准展台拼成一个展台，一些展览会还可租用半个展台。标准展台的优势是简便、经济，节省精力、节省时间、节省费用。其比较适合中小公司，尤其是初次展出的中小公司。

最基本的标准展台包括三面墙板、公司标志板（展台正面上方横条板，用以标明参展企业名称、展台号等）和常规照明，这是最低档次、最低费用标准的标准展台。高一个档次的标准展台还包括地毯、谈判桌、椅、常规照明、电源等。使用标准展台的参展企业通常还需要另外自行安排或租用展具，比如展览架、展柜、电话、图文等。有些展览会可以根据不同的需要和预算提供几种标准展台供参展企业选择、使用；有些展览会提供的标准展台包括所有展台用品及一揽子服务，除上述展览架、道具、桌椅外，还有展览架隔板、衣架、废纸篓、烟灰缸、灭火器等。

3）单独展台和集体展台

公司单独占一块场地展出，称为单独展台。大公司的单独展台一般比较大，设计布局不会有太多困难。小公司的单独展台一般比较小，设计布局就有困难。最常见问题是展台内过于拥挤，堆满了道具、展品，参观者甚至展出人员本身都很难移动。这类展台不容易吸引参观者走进展台，而走进去的参观者会有被骗的感觉。小公司的单独展台需要通过设计解决场地布局使用问题。

　　两家以上公司共同占据一块场地展出称为集体展台，规模大的集体展台也称作展馆。集体展台在如何设计、使用场地上最费脑筋，也最具挑战性。集体展台需要协调好整体和个体的关系。集体展台的场地安排形式有多种，有分散型、结合型、集中型，不论使用哪一种形式，都必须统一制作公司标志板，对展台的色调、道具、布置、公司说明、文字以及照片等制作统一的规定或进行统一安排。

知识链接 5-1

集体展台的类型

1.分散型

　　参观者有较大的自主权。整个展馆以个体参展者为主，每一展台面积相同，每个参展企业有自己的展示区、洽谈区和储存区。这一类展馆务实，设计比较简单，但是效果也差些，缺乏整体形象。另外每个展台会由于需要安排展示、洽谈等区域而显得拥挤。使用这种场地安排形式，要向参展公司提出设计、布置要求和标准，争取达到较好的整体平均效果。这种设计比较普遍，但它不是值得推荐的形式。

2.结合型

　　参展者安排展示，组织者统一安排洽谈、储存区域。这一类展馆容易建立明显的集体形象，有利于宣传。由于统一安排了洽谈和储存区域，因此，虽然每个展示区小了，但却不显得拥挤。

　　结合型展台分开放结合型和封闭结合型两种。开放结合型的基本特征是展示区向外，洽谈区和储存区在内，洽谈人员通过展台进入洽谈区，因此洽谈区域比较容易控制管理。封闭结合型的基本特征是整个展馆形成一个独立的岛，四周是墙，以绘画或者用于张贴、悬挂图表、照片等，有多个出入口，入展馆后方可看到展台。展示区仍由参展者自己安排，洽谈区和储存区由组织者统一安排。这一类展馆更易于建立整体形象。

3.集中型

　　展示、宣传、洽谈、接待、办公、储存等区域全部由组织者统一设计布局。集中型展台也可以设计成开放式或封闭式。集中型的展馆内不设展台小间，展品根据重要性、尺寸、数量分配面积。展馆周围可以不设走道，参观者可以多方向自由走动。这种场地的优势是参观者会很想走进去，因为里面显得有很多产品，也很容易走进去，一旦进去，就可以自由走动，几乎可以看到所有产品。这种场地的设计有可能将参观者流量提高一倍，可以提高场地使用效率，也可以提高展出工作效率，同时可以建立强有力的个体形象。这种场地的设计形式是集中的，但是效果却是开放的。

　　资料来源 李清. 纪念馆展览设计 [EB/OL]. (2012-08-07). http://news.southcn.com/dishi/zhuanti/zbh/wsh/zhish.

5.1.5　人流

人流指展览会场地内流动的参观者。人流由流向、流量和流速三个因素组成。人流是场地因素之一，场地人群流动对参展商实现参展目标关系重大，人流少的场地企业成交机会就少，企业也很难在观众中树立形象，因此，参展商应选择人流多的场地。人流是有一定的规律的，以下是人流的一些规律：

1）自然环境形成人流

就展览会和展览馆而言，在入口、出口处人流的流向（如图5-4所示）比较明确，在主道、服务区域等处人流流量比较适中。就展台而言，富丽堂皇的大展台、有操作表演的展台、散发纪念品的展台人流比较多。

图5-4　从大门进去直行形成人流

2）自然习惯形成人流

在随意走动的人群中会有一种现象，就是人随人。人群由有目的的和无目的的个体组成，有目的的人走某个方向，往往会带动一大帮人。有一种习惯是几个人围观往往会招来一大堆人。还有一种习惯是人们往往避开空旷的地方而选择边道走，尤其是人流量少的时候更是如此。民族之间有差异，比如在公共场合，意大利人可以看别人，也让别人看自己，走路选中间，选宽敞之处；英国人则通常避免直视别人，走路靠边，选僻静之处。

3）自然心理形成人流

有一种潜意识现象称为心理适应，观众进入展览会后往往先走上一段路，感到适应环境后再开始细细看展。观察更细的时候大约出现在第一个走道一半的地方，也就是第五个展台之后，这时观众开始选择仔细观看展台。但是也有研究与此相反，认为观众通常对靠近入口的展台花费时间最多。

4）自然本能形成人流

据有人观察，在北半球，人们进入一个大厅后，大多数人会自然地向左转，然后顺时针方向走，据称这是地球顺时针方向绕太阳旋转等自然倾向使然。

5.2 参展道具的选择

道具是指展架、展具和用具。随着信息流通量的激增和更替频率的加速，各类商业展览活动的时效周期趋向越来越短，临时、短期、暂设、巡回流动性展览日益增多。符合高速度、高效率、自动化大生产规律的标准化、组合化道具应运而生。一些档次较高的大型展览、博览会大都已采用组合框架结构和组合版面展台等，使空间分割灵活方便，施工周期大大缩短。

5.2.1 选择道具的原则

选择道具的原则可概括为：标准化、规范化、可任意拆装，即将标准化组合部件的规格、数量降低到最小值，以变化丰富、便捷、互换性强、多功能、易保存、易运输、优美等因素为出发点，组合突出牢固、耐久、可反复使用、一物多用、装拆便捷等优点，施工简便易行，又便于储藏运输。

5.2.2 道具的种类和使用方法

1）展架

展架是用以吊挂、承托展板，或与其他部件共同组成展台、展柜及其他展列形式的支撑骨架器械，也可以被作为直接构成隔断、顶棚及其他复杂的立体造型的器械，是现代展示活动中用途最广的道具之一。展览架有很多种形式，大致可以分为定制展览架和组合展览架。

（1）定制展架（Purpose-built Stand）是专门设计制作的览架。其没有统一的规格标准，有一次性的，也有可以数次使用的。定制展架有比较多的管理工作，包括设计、制作、包装、运输、装卸、搭建、维护、拆除、储存等。定制展架有个性，能根据参展企业的要求设计，可以满足参展企业的不同要求，容易给人留下更深刻的印象。由于定制展架可能只使用一次，而组合展架可反复使用，因此成本均摊后定制展览架的成本高。

（2）组合展架（Modular Stand System）。组合展架是按一定规格标准大批量制作的展架，成系列，因此也称作标准展架系列，用于搭建标准展台。组合展架有木结构、钢结构和铝合金结构展览架之分。木结构和钢结构展架是传统型结构，铝合金结构是现代型结构，主流组合展架结构最早使用的材料是木材。木结构组合展架没有国家标准，但是制作商各自有比较齐全的标准，可以比较方便地满足各种展台需要。展架组件在工厂事先按标准制作好。在展览现场，先建展台（这是真正意义的展台，是高出展馆的地面的展览平台），展板嵌入放在展台的槽内，四角用木柱或铁柱支撑，展板顶部用木条来钉牢，展台墙面刷漆、贴墙纸或使用其他覆盖材料。木制展架的材料成本并不高，但是所需人工费却相当高昂。此外，搭建、拆除的效率不是很高，更增加了人工费，因此，木结构展架在欧美国家几乎已被其他展架取代。

钢结构展架也是传统型展架结构。钢结构展架实际上是一种展柜，使用钢管或铁管作框架，用玻璃放置四周，上下是木制顶板和底板，四周配以裙板。这种展架中国曾大量使用。这种展架更适于纯展示性的展览会（如博物馆、科技馆、教育展览会等），而不适于需要进行人际交流的贸易展览会。钢结构展架在贸易展会上也基本消失。

现代型铝合金结构展架是在高效率、低成本、低消耗的要求下发展起来的展架，铝合金结构特点主要是标准化的铝合金框架和各种部件，可以组合成很多种形状，满足各种设计要求。现代型展架成本较高，但由于施工效率极高，材料更加耐用，因此总费用比传统结构的费用低。使用最广泛的现代型铝合金结构组合展架是德国的奥克坦姆系列和瑞士的西马系列，在全世界各个主要展场几乎都能见到这两个展架系列。铝合金组合展架是统称，展架主要由铝合金框架和轻型化纤展板组成。现代型的铝合金展架已不再是单纯的展架，已包含展出工作需要的大部分用具。

系列的铝合金展架可以大致分为搭建展台的展台系统或结构系统（Structural System）、用于连接展板的展板系统（Panel System）以及用于组装成为展示道具的展示系统（Display System）。结构系统主要用于搭建展台；展板系统可以用于建造展台，但主要用于展示图文；展具系统包括各种展示用桌、柜、台、架、阁、墩等道具。目前展览会使用得最多的是标准展台，而标准展台基本都是由铝合金结构展架建成。

铝合金结构展架具有很多优势：

①结构优势。结实耐用，即使某一部件损坏，替换容易，组装多样灵活，可以组合成多种类型的展台。

②效率优势。设计简单，容易搭建、容易拆除特殊技术及设备，简化工作、节省时间。容易包装，由于都是标准件，可以使用专用包装箱，包装紧凑、稳固、也易于运输。

③费用优势。由于材料可以反复使用，因此平均成本降低。设计、施工程序简单，节省人工、缩短时间，因此费用降低。有人计算使用铝合金组合展架比使用定制展架的费用通常少一半以上。

但是铝合金结构展架不大容易组装成超大结构或者特别结构。如果其他参展企业用同样的系列展架，就容易雷同，不易突出个性。另外铝合金结构展架一次性投资大，因此，如果只使用一次或几次，不宜购买而宜租。

组合展架没有定制展架的展示效果好，缺乏个性。设计人员可以采取两种措施补救：一是使用装饰、布置手段，使用不同的展板、道具、照明、色彩、花草等可以造出不同的效果和个性特色；二是结合使用组合展架和定制展架，使用组合展架作为基本展架，使用定制展架突出个性，营造气氛，吸引观众。

常用的几种展架如图5-5至图5-7所示。

45° 90° 135° 180° 225° 270° 315°

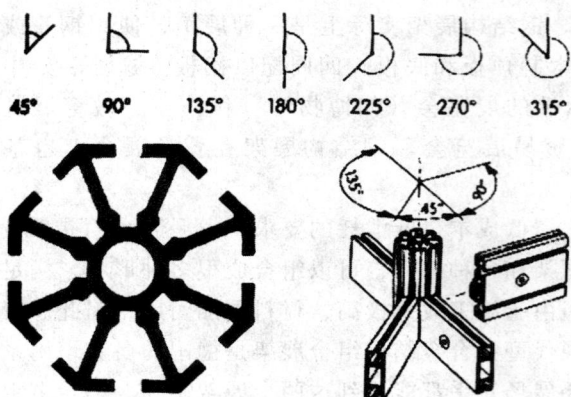

图5-5 八棱柱展架

图5-6 球形节点展架

2）展具和展台用品

展具是展示所用的道具，是展台的组成部分，与展台和展示密切相关。展台用品是展台工作所需的用品，与参展企业和参观者密切相关。展具可以分为以下类别：

（1）产品展示用具，包括展柜、阁墩、模特儿、衣架、万宝格等，其中使用最多的是各种规格的展柜。

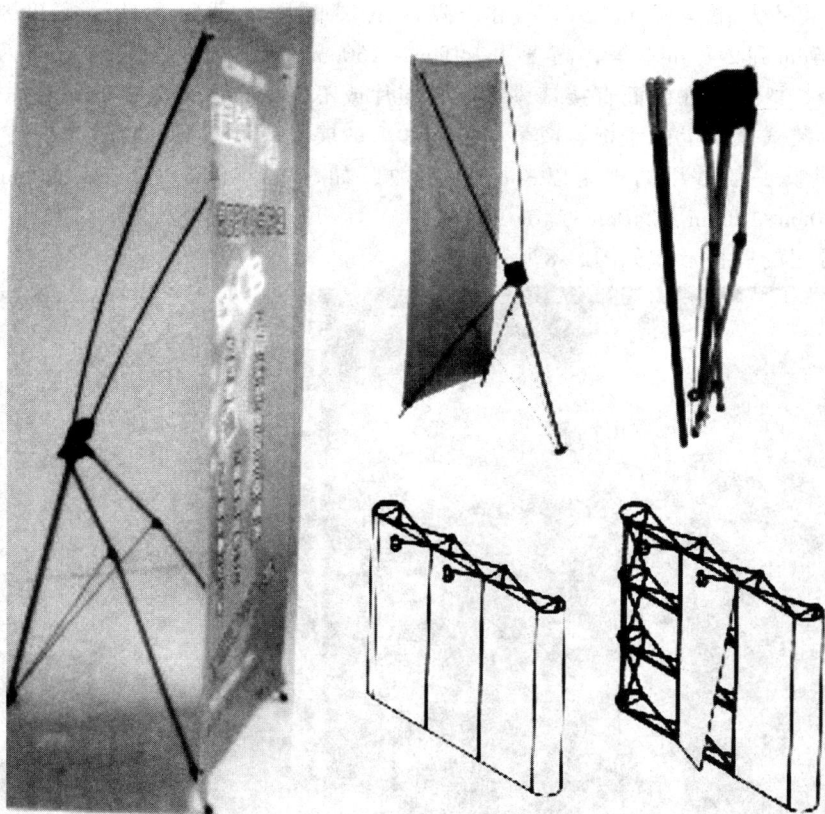

图 5-7 整体伸缩式展架

展柜是保护和突出重要展品的道具。展柜可以按照展示的方式分，通常有单面展柜、多面展柜、橱窗景箱、灯片灯箱等，也可以按照展柜的高低来区分。一般常用的装配式展柜，多用铝合金或不锈钢型材制成，垂直与水平构件上有槽沟，可插玻璃，也有的用弹簧钢卡夹装玻璃。展柜如果是放置在展厅中央，则四周都需要装玻璃，成为多面展柜；如果放置在墙边，则需要一边装背板。高展柜的顶部还可装置照明设施，而低展柜也可在底部安装照明设施。除了标准的装配式展柜外，常常还根据不同展品的展示需要设计定制一些特殊的展柜。除了在造型上的特殊需要外，这些展柜往往还有一些特殊的功能，如展示珍贵物品的展柜还带有防盗报警设施，有些还带有恒温恒湿装置，有些则为了减少照明对展品的影响，设置了感应式的照明开关，只有当参观者走近，才会开启照明灯。

（2）图文展示用具，包括展板、图框、图架、资料等。

展板是主要用来张贴平面展品（照片、图表、文字、图纸和绘画作品）和分隔室内空间的平面道具，根据需要可以钉挂立体展品。

展示版面内容所用的展板，大多是与标准化的系列展架道具相配合的，也有些是按展示空间的具体尺寸而专门设计制作的。展板的设计和制作也应该遵循标准化、规格化的原则。大小的变化要按照一定的模数关系，既兼顾材料和纸张的尺寸，以降低成本，方便布展，又方便运输和贮存。用作隔墙的展板尺寸可以大些，宽度从160cm、180cm、200cm到240cm不等，高度从240cm、260cm、300cm至360cm不等；这些当作隔墙的展板，既可以在上面直接裱糊纸张、照片或不干胶，亦可以在上面悬挂轻质的展板。用于拆装式展架上的镶板，或吊挂在墙体上的展板，尺寸都不宜过大，且大多按一定模数递进。一般常用的规格以30cm为模数，如60cm×90cm、60cm×180cm、90cm×180cm、120cm×120cm、240cm×240cm等多种。

几种常用的展板形式如图5-8所示。

图5-8 常用的几种展板形式

（3）装饰用品，包括墙面覆盖物、悬挂材料、幕帘、花草等。现代展具大都与展架配套，规格、风格与其一致。

（4）展台用品比较繁杂，包括以下类别：

①问讯用品，包括问询台、资料柜、椅等；

②接待用品，包括桌、椅、沙发、酒吧台、茶几、烟灰缸等；

③办公用品，包括书桌、办公椅、灯、电话、电脑、打字机、录音机、计算器、文件柜、文件夹、记事本、传言条、纸张、信封、邮票、笔、橡皮、修正液、胶水、透明胶带、剪刀、尺、订书机、成交合同、废纸篓等；

④清洁用品，包括吸尘器、拖把、扫帚、抹布、刷子、清洁剂、香皂、垃圾桶、垃圾袋、擦鞋用具以及更衣柜、存放箱、急救箱等后勤用品。

配备展具和展台用品既要考虑其实用性，满足展示需要和展台需要，也要考虑效果，其规格、式样、档次，要符合展出目标。

3) 照明

合理地使用照明可以将参观者的注意力吸引到展台上来，而且照明不仅可以使展品显示出最佳状态，还可以创造环境气氛。

（1）照明方式。

灯光照射方式，主要有两种，即泛光照明（flood lighting）和聚光照明（spot lighting）。泛光照明是一种散射的光线照明，用于大面积均匀的照明。聚光照明是一种狭窄的集中的光线照明，用于小面积或者集中的照明。

（2）照明设备种类。

钨丝灯也称作白炽灯，既可以制成泛光灯，也可以制成聚光灯。钨丝灯产生温暖的黄光。钨丝聚光灯能产生明显的黑影。钨丝泛光灯能产生半硬的光线，有些阴影。钨丝灯特别适合照射食品、木质品和陶器。钨丝灯能降低被照物的蓝色调。钨丝灯的弱点是产生热量，可能引起不适，另外不能太靠近易燃物品。

日光灯为直的或曲的管状灯，因此只能制成泛光灯，不能制成聚光灯。普通日光灯生产"冷"光，一种带有蓝调的光，与日光的质量相距甚远。日光灯不适宜照射皮肤、红地毯、咖啡、番茄酱以及很多其他物品，因为日光灯使这些物体看起来不舒服。日光灯只会产生非常柔和的阴影，同时会减弱物品的立体感。日光灯一般只用作普遍背景灯。若在展台上使用，一般需要有其他光源配合。日光灯的优点之一是产生的热量少。

石英卤灯也可以制成泛光灯和聚光灯。石英卤灯的光线很强，会产生硬光，非常适合照射需要高光的物品，以突出显示表面质地，也非常适合照射立体的聚氯乙烯字体。石英卤灯产生非常浅淡的黄光，基本上只产生中性的色彩效果。石英卤灯的缺点：一是会产生非常高的温度，因此需要通风，不能靠近易燃的和表面脆弱的材料；二是石英卤灯的价格相当贵，不易大规模使用。

霓虹灯是典型的装饰用光源，可以变色、变形且色彩鲜艳、动态感强，有相当强的吸引力。但是霓虹灯也有不利因素：一是电压太大时，危险也增大；二是展场一般照明很强，霓虹灯强光效果会减弱；三是很多展览会限制使用霓虹灯。

激光，可以在大范围内创造出科幻般的效果，容易吸引观众注意。激光还在发展中，前景看好。使用激光时，应注意是否与主题有关。

使用玻璃或塑料纤维传导的光，可以在小范围内制造出梦幻般的效果，适合作背景。纤导光比较弱，从严格意义上讲是装饰，而不是照明。

黑光（black lighting），是一种直接用人类肉眼看不见的光线。有一些物品如漆、塑料等对黑光敏感，在黑光照射下，可以看到类似霓虹灯的反射效果。但是亮度不高，因此要在特定的环境中使用。

（3）照明安排。

照明安排的原则是：用光要充足；要隐蔽，以免造成阴影及反光；要经济，不仅是费用上的经济，而且是效用上也要经济，每一处灯光都要尽最大效用。

在安排照明时要协调考虑好两方面的照明：整体照明（overall lighting）和个体照明（individual lighting）。整体照明也可以称作展台照明，个体照明也可以称作展示照明，这两个方面的照明相互关联。

整体照明对于参展企业而言，是场地照明或者展台照明。场地照明或者展台照明要注意灵活性，商业性展览活动性比较强、周期短，为了适应这种要求，最好采用灵活的光导轨和点射灯与一般照明形式配合。如果是有天然采光的展室，要有手动或自动控制的遮阳装置，以备在光照变化时，可随时调节光通量。同时要注意安全，注意光源的散热，用电量不得超出供电负荷，以确保展览如期顺利、安全地进行。要保证用光充足，首先要保证展台照明。明亮的展台能引起注意并能使展示显得好看些。展台仅仅靠展馆照明和标准展台的标准照明往往会显得灰暗，使人提不起精神。照明多、灯光亮是一个相对的概念，是与展馆周围展台相比而言。石英灯和一组钨丝散光灯可以将展台照的通亮。钨丝散光灯的灯影比较柔和，特别适合高顶或无顶的展台以及低处的场地。但是对于需要安静的环境，注意力需要集中在个别特殊展品上，那就要将整体照明降低，而光亮聚集在重点展品上。个体照明可以吸引或分散人的注意力，任何物体，只要有形状、质地，就可以在精心安排的灯光下显得更好、更有趣。展示中，钨丝聚光灯使用很广泛。钨丝聚光灯能形成明显的黑影，因而能够突出展品的立体感，但要注意避免将阴影照在其他展品或图文上。对于放在桌上和墙上的展品，使用钨丝聚光灯效果比较好；对于放在展柜和展架里的展品，使用安装在展柜和展架里的日光灯效果比较好。

要注意灯具安装在隐蔽处。对于玻璃器皿和液体展品，使用背投光效果较好。背投灯光更多地使用在灯箱上，用灯箱显示图文效果很好。摄影师非常重视灯光效果，展览设计人员也应如此。照明可以营造气氛。选择照明方式时，要考虑环境因素，北方寒冷地带喜欢白炽灯，因为白炽灯的光是暖光，接近阳光，而不喜欢白色的日光灯，因为日光灯的光是冷色调的。这与南方温暖地带正好相反。

安装照明必须注意不论是散光灯还是聚光灯都要避免光线直射人眼或光线反射人眼。光线遇物体会反射，物体表面越光滑，反射力越强，光线按射向的角度反射出去。对珍贵的文物绘画，用光要慎重。光有损坏作用，要与专家讨论后设计用光。

展台照明必须事先有计划，要在设计平面布局和展架结构时考虑。比如无顶结构的展台光源安排会受到限制。电源点、电压电流限制等也必须注意，要事先安排。到展台建完后再考虑照明，一般不会有很好的效果。

典型案例 5-1

"小"展位 "大"灯光

在一次中国国际服装博览会上，一家男装展位最大限度地使用灯光，使本来不大的展位立刻"耀眼"起来，并且在国展中心天花板聚光灯下展位空间得到扩展，简约、大方的服装在这些灯光的衬托下显得更加大气，吸引了很多观众的目光同时也吸引了很多商家前来咨询业务。

资料来源 佚名. 小展位如何引人注目 [EB/OL]. (2007-03-23). http://finance.sina.com.cn/roll/20070323/22041285290.shtml.

分析提示：灯光在展品展示上的使用极为普遍，选择合适的灯光可以突出主题、强调个性、吸引观众的注意，极大地提升展示的效果。

4）色彩

色彩和灯光配合使用可以营造一个良好的氛围，把优点充分显示出来，把参展企业的意图表达出来。

（1）用色规律。

①色彩种类宜少不宜多；

②色彩使用要服务于展台的整体效果；

③色彩使用要服务于展品的整体效果；

④尊重民族和地方对色彩的禁忌和习惯，考虑参观者对色彩的反应，不要使用可能引起抵触情绪的色彩。

（2）色彩选择。

颜色搭配、使用要谨慎，要与灯光照明、展品展具的质地以及参展企业意图统一考虑。要从展台的整体设计效果出发选择色彩。色彩使用得当，可以大大加强展台整体效果，给人留下更深的印象。不论目的或意图如何，用色不要太多，这是一条普遍的规律，否则容易破坏展台的统一性，影响整体色调，应该只有一种或两种主导颜色，其他颜色作为配色与主导色相配，至少应当是互补的。

（3）色彩与区域。

可以用不同的色彩连接与区分展品的类别或区域，同时要充分使用色彩将自己的展台与周围的展台区分开。

（4）色彩与展品。

要结合展品考虑如何选择、使用色彩。使用的手法有：

①搭配。人们往往会潜意识地将特定的产品与特定的色彩联系起来。如果是使用相联系的色彩表现展品，就会使人有对应的感觉。比如电冰箱和洗衣机传统上使用白色或浅色，放电冰箱的厨房和放洗衣机的卫生间（或洗衣房）也通常使用白色或浅色。虽然有人将厨房、卫生间以及电冰箱、洗衣机改用其他色彩，但人们仍然将它们视为"白色"产品，而在展览会上，这些产品首先的色彩应是白色或亮色。再比如，黄金首饰一般与品蓝和红色相配，除了颜色对比效果好之外，品蓝和红色本身就给人以高贵、豪华之感。产品类别与色彩有相应的关系，产品个体与色彩有时也有相应的关系，比如苹果产品与白色、宝洁产品与蓝色。在这方面，色彩已被用于识别参展企业。

②衬托。衬托也可以称为互补。如果电视机厂商想强调电视机的技术性，可以使用冷色并将电视机放在镀铬展架上；如果电视机厂商想强调电视机的耐用性，可以使用暖色并将电视机放在传统家具上，用色彩配合环境可以表达出参展企业所想说的意思。设计人员常使用冰蓝色来衬托海产品，用草绿衬托乳制品，用厚实的色彩衬托工具，用温暖的色彩衬托食品、陶器、木制品和毛制品等。

③对比。为了突出展品，一些设计人员使用对比色。但是要注意避免使用相冲突的色彩。

在实际运用中要注意，色彩并不能独立地营造出良好的展台环境，也不能单独地展示出产品的最佳效果。色彩要与照明配合使用，而两者必须与展架和图文配合使用才能产生想要的效果。

5）图文

展览会上使用的图文是泛指文字说明、表格、图解、绘画、照片、标志等。图文是展示的组成部分，它的作用是吸引目标观众，将参展企业和展品的有关情况传达给目标观众，并给目标观众留下印象。图文往往与展品同样重要。要使图文产生良好效果，必须协调安排其他设计因素，包括色调、照明甚至布局。图文安排得好，能使各方面因素相得益彰。

（1）分类。图文按内容和作用大致可以分为以下四类：

①展台图文。在展览会上，一个展台很容易被其他展台淹没，每个展台都想方设法使用各种手段吸引观众。对于一个展台，突出和易于识别非常重要。图文在这方面可以起重要作用。

如果是公司展台，使用公司商号；如果是国家馆，使用国家名称。注意色彩和灯光的配合使用。聚光灯、背投灯、灯箱在这里使用相当广泛。注意展台展馆的位置和可能的参观者流向。确定图文的尺寸和朝向，以便参观者在可能的方向和距离见到图文。如果图文标志足够高，会吸引远处的参观者来展台。除了用大尺寸的图文标志吸引远处参观者外，还可以安排内容相同但尺寸小的图文标志，以使近处参观者和无意走进展台的参观者知道这是谁的展台。参观者常常会抬眼，却很少抬头去看标志。集体展馆里，可反复使用主题标志，在每个展台上使用，可以用统一的招牌、旗帜。

②区域图文。对于面积比较大而且划分不同产品区域的展台，这类图文十分有用。这是第二层次的标志，以帮助走近或走进展台的参观者发现感兴趣的展品。集体展台的设计人需要协调安排好由组织者统一制作的区域图文和参展者个别制作的区域图文，以免造成混乱。

③展品图文。特大的和特小的展品多用照片、图片来反映。这类照片要强调拍摄和印制质量，要最好的。

④介绍参展企业和展品情况的图文。如果是国家馆，应配备说明国家社会、经济、生活、风景等情况的图文。如果是公司展台，可以配备说明公司整体情况的图文。此外，展品也需要有说明（包括品名、型号、序号等），这是一般常识。文字要简洁、准确，图片应明快、突出，以使参观者花较短时间和在较远距离就能看明白。参观者一般不愿意长时间或挤靠在一起阅览图文。

（2）工作程序。

图文的有关工作程序是：确定图文内容、设计图文形式、安排图文制作、现场布置图文。图文与展品和宣传有密切关系，图文内容可能要由展品负责人和宣传负责人确定，但是，设计人员应当介入图文内容的确定工作。图文内容确定之后，设计人员负责图文的整体和个别安排。内容确定后，设计人员应与图文制作者（统一制作图文）或参展者（分别制作图文）紧密合作，配合安排图文制作。

（3）有关问题。

使用图文要考虑有关问题：①参展企业的标志、体裁、风格等要明确、协调；②要考虑每一项图文的功能与重要性，最重要的图文要放在最重要的位置；③注意图文的阅览距离，图文本身的尺寸以及文字和画面的大小应便于参观者在一定距离内都能看清楚。

（4）文字。

图文中要强调的是文字。文字是展览的基本组成部分，也是容易被忽略的部分。进行展览设计时，要与展品同时考虑文字。文字要与展品及展示内容协调，融为一体。设计时应注意如下事项：

①文字要精炼、易懂、客观。展览会是阅读较少的地方。在贸易展览会上，参观者时间紧张、行走匆忙，他们的兴趣在产品和生意上，很少会驻足仔细读文字，面对大块文字可能干脆不看，而对简短的文字可能边走边看。据统计，如果超过15个字（或英文单词），大部分参观者就不会走读，还有一项统计表明，参观者阅读不会超过2分钟。在国际展览会上，译文必不可少，但是并不一定要译成每一种文字，一般使用主办国的文字以及英文。

②文字可以分层次。大标题、小标题及说明要根据目标观众的水平安排深浅。大标题用以吸引观众，观众按自己的兴趣和需要读小标题和说明。大标题与展品一样重要。通常占的空间与展品也一样；小标题在许多情况下可以免去。若是一定需要的，则要精心选词，使人看到之后便会明白；说明要稍详细为好，供少数感兴趣但不是很了解的人阅读。更详细的说明可以编制成资料，提供给感兴趣的观众带回去慢慢看，而不要印制在展台上。

③要在文字表现手法上下功夫，要能吸引观众。根据整体设计风格选定字体、字型、色彩、尺寸、材料，整个展台最好选用一种字体。文字可以尽量大一些，一方面是为了能吸引远处的参观者，另一方面也是为了照顾众多近视的参观者。说明文字要与展品、图片在同等的视觉范围内，参观者不必近看说明远看图。文字可以使用变形体，但是要注意不论怎么变，都要保证易读。

6）声像设备

展览会上使用幻灯、电影、录像、电脑等设备的情况很普遍。恰当地使用声像设备可以吸引观众，加强展品、图文的展示效果。声像设备的适用要通盘考虑安排，以便设备发挥最佳效果，加强整体展台的展示效果，同时不影响周边展台。

（1）要考虑声像设备的用途。

不同的声像设备和不同的使用方法可以完成不同的展出要求。它们可以用来吸引观众，也可以是展品的组成部分；它们可以是短暂的，也可以是长时间的；可以是反复播放的，也可以是定时播放的。要根据展出需要安排不同设备和不同的使用方式。

（2）要考虑设备位置。

如果是为了吸引参观者，设备最好在走道旁或面向走道；如果是为少数参观者播放或播放时间比较长，播放地最好在展台里。

（3）要考虑观众数及观众位置。

设计时应考虑预计的观众数，以及他们站在哪里或坐在哪里，必须为观众提供充足、舒适的空间。

（4）要注意控制人流。

好的声像节目可能会吸引参观者驻足围聚，这容易堵塞展台入口，妨碍通道人流。要预先考虑环境特点，相应安排声像设备，控制好人流。

（5）要注意控制音量。

幻灯、电影和录像大都配有声音甚至音乐，这将加强播放效果，引起注意。但是声音过大，可能影响周围展台，引发矛盾和麻烦，最严重的是招致展览会组织者干预，封闭制造噪音的展台。同时声音过大也会影响自己，尤其是需要进行贸易洽谈的展台，高音量会使洽谈双方疲乏、急躁，对成交不利。因此要合理地放置喇叭，合理地控制音量。

（6）专业制作声像节目。

声像制品从内容到制作尽可能地安排专业人员，以确保质量。好的声像节目可以给参观者留下好的和深刻的印象。为节省费用而牺牲档次和质量，可能给参观者留下负面印象，得不偿失。

5.2.3 道具的租用与制作

道具来源一般是租用或者制作。租用道具的优点是方便，缺点是可能没有特色，开支也可能较高；制作道具的优点是有特色，如果道具反复使用率高，平均成本可能较低，缺点是麻烦。无论租用或制作道具都要注意展架、道具成系列。

1）道具的租用

展览会组织者一般都提供道具，或者将道具出租商的名单甚至报价单提供给参展企业。现场租用的道具可能只有一个或少数几个系列，样式重复，不容易产生特别的或明显的效果。设计人员需要使用图文、幕帘等装饰手段创造出与众不同的效果。如果可能可以考虑从别处租用与众不同的道具。

租用道具的手续相当简单，按需要事先填好道具租用表格，交展览会组织者或道具出租商，在规定或商定好的时间内，道具出租商就会将道具送到展台。展览会结束，道具出租商会自行搬走道具。

2）道具的制作

如果展出需要，可以考虑制作道具。制作道具可以理解为购买道具和定制道具。如果制作道具，要考虑材料、式样、制作地点、包装等问题。

（1）材料。

展架、道具用料的传统要求是"轻型"、"耐用"以及"再生"。轻型是为了运输、搬运方便；耐用是为了延长使用，以降低成本；再生是指道具使用后可以重新制成新材料。尽量多地使用再用、再生材料，少使用丢弃材料，要符合"生态"和"经济"这两项标准。还需要注意的是，几乎所有国家和地区尤其是发达地区对展架材料的安全性有严格的规定，要求坚固和防火。

（2）式样。

展架、道具的发展趋势是形成统一系列，也就是道具与展架的规格、样式相匹配。制作道具要与展架一并考虑。另需考虑的是，道具要易拆装、可折叠、多用途，适于快捷地安装而不要使用复杂的施工技术。

（3）制作地点。

在参展企业所在地制作，要注意运输费用；在展览会所在地制作，要注意加强交流沟通，如果没有充分交流，制作复杂的道具可能会出现问题。

（4）包装。

使用专用包装箱，可以节省包装材料、包装空间，减轻包装重量。包装箱要结实耐用；尺寸参考为最好用最小的空间放置最多的展台材料；要适宜储存和运输，尺寸合适、重量合适的话会便于储存、运输和搬运。包装箱在展出期间可以作为合适的储存箱，部件、展品小箱等都可以安全地放在这些包装箱内。如果必须使用包装材料，可以使用一次性包装，但是，包装材料丢弃造成浪费，也污染环境，应尽量使用多次性包装，虽然需要较高的前期投资，但是，总体看更经济，污染小。

5.3 展台设计

展台就是公司的名片，展台的规模、设计和外观与公司形象要一致。展台要富有吸引力，令人赏心悦目，引起参观者的兴趣，给人以愉悦的感觉，使人留下深刻的印象，传达参展企业的意图。展台设计应做到：有冲击力，而非索然无味；谦恭，但不掉价、低俗；引人注目，但不招摇；实事求是，但不伤害别人；场面宏大，但不刻意夸饰。

5.3.1 展台设计的"AIDA"法则

展台设计的"AIDA"法则指的是对参观者的引导过程。规模宏大的会场中参展展位需要能够首先引起参观者的"注意（Attention）"，并引发参观者的"兴趣（Interest）"，进而激发其接近展位的"欲望（Desire）"，最后引导其采取"行动（Action）"进入展位参观。

1）Attention（注意）

人的视觉很容易被过大、过小、特别明亮、特别暗淡、运动、闪亮、异形、响声等要素吸引，因此展位的设计上必须要注意突出参展主题，同时将上述要素做巧妙地运用。例如，对灯光效果的使用就可以有多种形式，光彩夺目的灯光效果固然可以吸引观众，但是单纯通过"耀眼"效果的形式吸引参观者已经逐渐被众多企业所认识并运用，因此可以在光线的形状、色彩、动感等角度多考虑一些，并不一定只在亮度上下功夫。在东京的某服装博览会，一家参展企业并没有在展位使用太多的灯光，而是通过激光束的形式把企业的标识、产品的形状、展位编号等信息直接打到展馆顶棚并控制移动，从而吸引顾客的视线。

2）Interest（兴趣）

引起参观者注意的同时还需要进一步激发参观者的兴趣，这个时候就需要根据企业的参展目的做出陈列设计划分。如果是为了展示企业的形象而参展，需要注意对展板的充分使用，这样可以突出企业的标识、企业的文化、企业取得的成就。图文的结构需要注意大小和密集度，并特别注意图片与背板的色彩差异，最好两者能形成强烈色彩对比；中性色的使用一定要注意使用跳跃色彩才能引起视觉冲击的效果；在做好色彩的同时，还要注意做好形式设计，比如背板的异形化、图片排列的艺术化，这样才可以在色彩和形式上让参观者觉得有趣，才能刺激顾客产生看的兴趣。如果企业是为了市场的开拓、商品的推销，那就需要注意实物陈列技术手段的应用。可以做商品搭配组合的陈列展示，若展位面积比较小，可以采用商品、道具同比例缩小的橱窗模式，或者，为突出商品的特性而采取"虚拟环境演示"等多种展示方式。

3）Desire（欲望）

陈列设计的技巧手法需要在这一层次得到充分展现。这里主要是针对展示的商品、道具、灯光等做有效的搭配组合，通过艺术美的形式激发参观者细致观摩的欲望。例如，服饰展中大展位可以使用超大音响，让模特做服装秀。中型服装服饰展位可以考虑敞开式艺术陈列空间的设定：符合季节主题、凸显品牌优势的服装模特的搭配组合，"黄金三角"的陈列设计手法运用，配合以灯光和装饰品，技巧上可以采用吊、叠、挂、摆等多种陈列形式。小型展位的陈列设计则需要"精巧"，突出企业优点的陈列设计是最佳选择：首先要知道自己公司的卖点在哪里，然后再在有限的空间里利用道具将其突出。

典型案例5-2

被巧妙陈列的"水"鞋

在欧洲的一个展览会上，有一家做鞋子的展位，在有限的空间里做了4个不同的50cm×40cm的墙壁小橱窗，设计了登山、沙漠、公路、涉水等四个场景以突出产品的多性能，其中涉水场景最能刺激参观者的参观欲望：玻璃橱窗面是流动的水，一只浸泡在水中的鞋子，鞋面没有任何浸透的痕迹。理论上讲，再怎么防水的鞋子也不可能在长时间的浸泡下而不显痕迹，所以很多人的猎奇欲望就被撩拨起来，围观品论的人一直络绎不绝。实际上，鞋子并没有被直接浸泡水中，而是被巧妙地隐藏在了玻璃与水的夹层里面。企业需要根据自己的卖点多考虑技巧的运用。

资料来源　佚名.围绕主题搞设计　好陈列点亮小展位［EB/OL］.（2012-12-04）.http://www.sewworld.com/news/43559_2.html.

分析提示：在进行展台设计时，通过抓住观众的猎奇心理，突出展台与其他展台的不同个性，激起观众的参观欲望，以达到吸引观众进入展台的目的。

4）Action（行动）

当外围的视觉设计抓住参观者的时候，参观者就会进入展区，而展区内就需要更多的实物、图片、文字的专业介绍，来加深顾客的视觉影响力，从而引导参观者确信展位以及企业的商品与众不同，给参观者留下更深的印象。作为陈列设计手段，需要将实物+图片+文字的排列呈现有序状态，要根据展区客流线方向顺序地排列文字、图片等介绍，并注意视线的高度。当参观者进入展区时，企业可根据参观者的身份，通过发送更详细资料的形式使得专业参观者的停留行为在展区内得到时间上的延长，而且此做法可以聚拢人气。

5.3.2 展台设计的基本步骤

展台设计应当重视"形式服务于精神"，更应当重视"形式服务于功能"。展台设计应当是一个深思熟虑、按部就班的过程。展台设计的基本步骤包括：

1）收集信息

设计工作的效率和效果与掌握的信息量有关，设计人员在动手设计之前，应当掌握全部有关信息，包括有关情况和要求。因此，要尽可能早、尽可能多地收集有关信息。项目经理在交代设计要求时可能已提供了大部分情况和要求，如果不完备、不充分，设计人员还需要收集一些其他资料。一般来说，所需资料主要有三个方面：

（1）有关展览会的资料。

其包括展览会性质、规模、日期，参观者情况，参展企业数量，场地，设施设备（包括支柱、大门、地面、供水、供电、供气、供暖、空调、电压、消防设施、照明、通风等），技术数据，图纸，规章制度，以及标准展架或者定制展架、展具等供应和限制等。

（2）有关参展企业的资料。

其包括经营规模和内容，市场活动和位置，展出面积，展区位置，展台人员数量，展出目标，展出内容，展出活动，展出重点，形象要求，展台区域分配要求，道具要求，装修要求，设施要求，设备要求，图表、照片、标志、色彩，预期的观众量，服务要求，设计日程安排，设计预算安排等。

（3）有关产品或展品的资料。

其包括产品或展品的性质、内容、种类、数量、形状、重量、尺寸、外观、特点、重要性，以及有无操作演示、有无技术要求等。设计人员必须事先了解展品，若有挑选工作，最好让设计师参与。

2）了解规定和限制

其包括展览会或当地政府对展台材料的规定、限制，对宽、高、重、尺寸、通道、紧急出口、防火、安全等方面的规定和限制，展览会指定施工公司、道具公司、花草公司等单位的名称、地址。

3）理解展览目的，进行创造性地构思

参展企业必须将展览目的向设计人员解释清楚，向设计师提供有关数据。设计人员必须能够回答下列问题：为什么展出？在何地展出？在何时展出？展出什么？希望吸引什么样的参观者？希望给观众留下什么样的印象？希望获得什么样的定性或定量结果？在领会和消化了参展企业的要求和想法以及熟悉了解市场环境和条件的基础上再进行构思、设想。

4）决定主题和整体形象

主题应当反映展出目的。在此基础上设计具体形象。参展企业应当向设计人员说明所希望表达的主题和所希望树立的形象。但是在实际工作中，大部分参展企业自己可能都未思考清楚。因此，设计人员需要了解并弄清参展企业的内在意图。

5）了解展位场地条件

展台设计要根据展位场地的条件进行设计，设计应考虑的展位场地的因素包括：展台的面积、展位的位置和形状、展位的类型、展位区域分布、展台工作人员数量以及观众流量和流向。

6）设计

在理解参展企业的目标和确定展场条件后就可进行具体设计。设计时要合理地分配功能区域，配备合适的展架、展具，用恰当的照明、色彩，配合适当的声像设备、图文等。设计概念要简明，手法要简洁。要能提供良好的展台环境，观众能方便地观看展示，同时使他们想提问题。展台人员能方便地接待观众，与客户洽谈合作。

5.3.3 展台设计的要求

1）要和谐，不要杂乱无章

许多人认为，在所有规律中和谐是展台设计最重要的一条规律。展台由很多因素组成，包括布局、照明、色彩、图表、展品、展架、展具等。好的设计是将这些因素组合成一体，帮助参展企业达到展出目的。

2）要简洁不要复杂

展台越复杂就越容易使参观者迷失，就越不容易留下清晰、强烈的印象。一般人在瞬间只能接受有限的信息。观众行走匆忙，若不能在瞬间获得明确的信息，就不会产生兴趣。另外，展台复杂也容易降低展台人员的工作效率。展品要选择有代表性的摆设，次要产品可以不加展示（但是这些产品要放在易于取出的地方）。展出公司往往以为数量能显示价值，因此大量堆放展品，在有限的空间堆砌过多展品，效果其实是最差的。

选择布置展品有些像出门准备行李，难以舍弃。但是必须有选择，必须有所舍弃。不要使用所有设计和布置手段。大家都在绞尽脑汁，尽其所能地进行竞争，结果展馆五光十色、花里胡哨。大家都在叫，却没有人听得到。必须与众不同，简洁、明快是吸引观众的最好办法。照片、图表、文字说明应当明确、简洁。与展出目标和展出内容无关的设计装饰应减少到最低程度。不要在展台墙板上贴零碎的东西，比如展览手册、小照片等。不要让无关的东西分散观众的注意力。

3）要有焦点

展示应有中心、有焦点。展台的焦点能够吸引参观者注意。焦点选择应服务于展出目的，一般会是特别的产品、新产品、最重要的产品或者被看重的产品。通过位置、布置、灯光等手段突出重点展品。咨询台也可以是焦点。声像设备也可以将参观者吸引到展台。为产生最大展示效果，应当设计布置焦点，但是焦点不可多，通常只设一个。焦点过分容易分散参观者的注意，造成迷惑，减弱整体印象。反面的情况是不少展台一个焦点也没有，这是设计错误。可以通过单独陈列利用射灯等手段突出、强调重点物品形成焦点，但是要注意不过分强调衬托用具，以免喧宾夺主。

4）要明确表达主题，明确传达信息

主题是参展企业希望传达给参观者的基本信息和印象，通常是参展企业本身或其产品。明确的主题从一方面看就是焦点，从另一方面看就是使用合适的色彩、图表和布置，用协调一致的方式营造统一的印象。预算充足的参展企业往往会建造豪华的展台，为参观的各方人士留下深刻的印象，但是可能并没有传达明确的主题和信息。设计人员往往注意吸引力、震撼力，而忽略表达明确的商业意图，或者忽略宣传产品。使用设计、布置手段和用品要服务于展出目标，要与展出内容一致。不要贴挂与展出目标无关的照片、图画。不要播放与展出内容无关的背景音乐。

5）要有醒目标志

与众不同的标志能吸引更多参观者，使参观者更容易识别寻找，也会给走进展台的参观者留下深刻印象，并在会后被触及回忆。标志设计要独特，但是不要脱离展出目标和商业形象。

6）要从目标观众的角度做设计

传统的设计，特别是庙宇、宫殿、银行等，强调永恒、权威和壮观。但是在竞争的展览会上，展出成功与否在很大程度上靠观众的兴趣和反应。因此，展览设计要考虑人，主要是目标观众的目的、情绪、兴趣、观点、反应等因素。从目标观众的角度进行设计，容易引起目标观众的注意、共鸣，并为目标观众留下比较深的印象。

7）要考虑空间

设计人员还要考虑展台工作人员的数量和参观者的数量。拥挤的展台效率不高，还会使一些目标观众失去兴趣。反之，空荡的展台也难以取得好的效果。虽然展台面积是主要因素，但是设计人员对展台面积没有多少决定权，主要靠在设计安排上下功夫，比如布局、展台展架使用量以及布置方法。

8）要考虑人流安排

参展企业也许希望在展台内有大量的能自由走动的观众；也许希望吸引大量的观众，但是只让经筛选的观众走进展台；也许希望记录每一观众的数据，也许希望只记录经筛选的少数观众；或者甚至不考虑此工作。展台安排对人流控制管理是关键因素。因此，设计人员在开始就要了解参展企业倾向何种人流。

知识链接 5-2

控制人流的方法

设计人员应当了解人流规律，并进行适当的控制，以便达到特定的设计目标，使参观者按参展企业的意图参观展览和展台。

1. 控制的原则

关于流向，对展览会设计人员而言，要争取让观众看遍展览；对展台设计人员而言，要争取让观众看到每一件展品。关于流量和流速，主要是畅通、避免堵塞。对观众开放的消费品展览会拥有大量的观众，要考虑大流量和比较快的流速；针对零售商的展览会的观众流量相对小一些，流速也会慢些，因为观众即客户可能要进行简短的生意洽谈；针对批发商、进口商的展览会，观众流量相对最小，流速相对最慢，因为观众（就是客户）可能要进行比较长时间的贸易洽谈。

2. 控制的方法

设计人员根据展出目的，结合展品特征、展览背景及展馆条件，通过巧妙的设计、周到的布局、明确的标志，直接或间接引导人流。

（1）通过展示内容控制人流

展示内容安排有序，同一内容的展台按顺序排在一起，并在同一边，以便使人流比较有序；展示点的安排均匀，吸引人的展品不要太集中，以便使人流比较稳定；在岔路口或在希望的人流方向安排能吸引人注意的展品、装饰，以引导人流方向；在出入口不要设置有趣的展台，以免人流堵塞。

（2）通过场地布局控制人流

利用封闭式或开放式设计、展台的自然布局，以及开敞面、入口、出口引导人流。

利用问询台、登记台以及其他展具的位置引导人流。

（3）通过指示标志控制人流

指示标志有场地示意图、路标、彩道、绳索等。

控制人流需要注意强制性的导向不要超过100米。中间要有非导向区，以免观众忍受不了逐渐增强的约束感。使用不同的布置手法，营造不同的气氛是必要的。另外要考虑休息场所，如设休息椅等。

理想的人流控制能让观众自然轻松地流动，无约束感；保持参观兴趣，无乏味感；有意无意地知道置身何处，无失落感，并少有疲劳感；同时专心、全面地参观展览。设计人员要了解人流，并进行适当的控制。但是不必过于强调（除非展出目的需要如此）。有些观众是有备而来，到了展览会会直奔目标展台而不理会任何导向；很多观众想观看全部展台，即便没有导向也会自己左绕右拐走遍展场；还有一些观众会反复观看。这样的观众所占比例不少，他们一般不大理会、也不太可能使用设计人员费心设计的人流控制手段。

资料来源　佚名. 展览设计因素［EB/OL］.［2009-08-12］. http://www.csmef.com.cn/web/Article/200904/2875_5.htm.

9）展台要易建易拆

展台结构应当简单，在规定时间内能够装拆。建拆施工时间通常由展览会组织者决定。设计人员在开始设计前应当了解施工时间。

10）设计要慎重，不轻易更改

设计时，要考虑周到、全面，设计方案一经讨论通过就不要轻易更改，尤其不要在后期更改，更改可能导致拖延施工、增加费用，甚至影响开幕等后果。预算常常是矛盾之源。预算和设计之间可能有很大差距。作为设计人员，必须现实地接受预算，在预算内尽力做好设计工作。如果预算不清楚，并不意味没有限度，这很可能造成很多麻烦。如果设计施工开支过多，设计人员应承担责任。因此，要坚持弄清楚预算标准，控制开支，事先安排所有项目及标准，在预算内做好设计施工工作。

知识链接 5-3

展台设计理念

展台的设计是展览会的亮点，如何更新传统布展手段，丰富展示设计语言，已成为参展企业共同关注的问题。以下几点展台设计理念可供参考：

1.企业理念的感性表达

将抽象的企业理念具象化，运用艺术设计语言将这种理念注入到展示搭建工作中的每一个细节。其适用于理念完备、文化先进的企业。

2.企业标志形式感的延伸

作为企业形象视觉推广系统的核心，企业标识是展位设计形式因素的来源和统领。它的形状和色彩，不仅可成为展位设计中画龙点睛的装饰，其凝练的构成元素也足以表现整个展示形象。其适用于以宣传品牌为主要展示目标的企业。

3．企业展品个性的宣扬

展品是展示活动的主角，突出展品特色是直奔主题的设计手段，能快速概括展品的特性，准确表达展示的主题。其不但适用于以推出新产品为参展目的的企业，也能满足产品专业性较强企业的需求。

4．企业历史渊源的戏剧性烘托

在展示设计中，对企业历史因素的巧妙运用可带给企业可观的市场商业价值。这种展示策划理念适用于老字号企业或体现自己风格的时尚品牌。

5．企业对展示方案功能性的注重

优秀的展示设计方案都有一个共同点：注重展位的功能性设计。其中包括展位的平面划分、针对不同展品展出方案的研究、展示装置的人体工程学考量、照明计划以及水电安置的科学性论证等多个因素。

资料来源　王晴. 参展全攻略［J］. 中国眼镜科技杂志，2005（8）.

5.3.4　展台区域功能的划分

展台不仅是展示产品的场所，也是展台人员工作的场所。展示产品、接待观众、洽谈贸易都是为了达到展出目的，都很重要。因此，展台不仅要有展示区域，也应该有接待区域、洽谈区域、办公区域、储存区域等功能区域。展台的功能区域应当统一设计安排。展台的主要功能区域有以下几类：

1）展示区域

展示区域的重要性和作用是设计人员最关心的因素之一。展示区域就是展品、模型和说明占用的区域，包括场地、展馆、墙面。如果是大展台，要注意均匀设计分布，不要一部分非常有趣，另一部分十分无味。如果有机械操作，要注意安全。

2）公关区域

参观者看展品，展台人员介绍展品、解说问题需要一定的空间，这种空间称作公关区域。公关区域必须易于进出，易于走动，因此空间不能太小。设计人员要了解参展企业的要求，并了解是希望开放式还是封闭式的区域，了解计划要接待的人数，了解是长谈、深谈还是简单询问，并相应做出安排。如果是接待很多观众，只做简单的介绍询问，那就可以不安排专门的接待洽谈区；如果是接待少数客户进行深入谈判，就要安排洽谈区。

3）登记与咨询区域

登记参观者情况、解答参观者询问是展台的基本和主要功能之一。尤其是登记功能，参观者记录是后续工作的主要依据。展台如何设计对这方面的功能有很大影响。在动手设计前，设计人员必须了解参展企业对这两项功能的要求。如果参展企业希望记录所有参观者的情况，设计人员就要只设一个入口，并安排登记台。如果参展企业希望只记录目标观众的情况，设计人员就可以考虑设计比较开放的入口和比较邻近的登记台和接待间，由展台人员辨别、接触、确认目标观众后进行登记。如果参展企业希望尽可能多地散发资料，设计人员可考虑将资料台或者资料架放在展台前部，参观者可以方便拿取。如果参展企业希望将资料只提供给目标观众，设计人员就可以考虑一个对外不开放但是参展企业可以方便拿取的资料库。登记和询问区最简单的要求是一个架子，以便站着记录，或者是一张登记咨询台，以便坐着记录，这是最常见的形式。最复杂的是安排一间办公室。

4）招待和洽谈区域

在贸易展览会上，参展企业需要考虑安排舒适的接待洽谈区，因此多设计成封闭式或半封闭式洽谈室或接待室，并设计配备可以提供冷热饮和点心的设备（包括冰箱、电烤炉、供水设备等）。为贸易洽谈提供的区域面积要充足，洽谈区域完全敞开容易受干扰，但是完全封闭也容易使人感到压抑。可以考虑使用下半截墙板、上半截有机玻璃的隔离形式，这样既可以使坐在里面的人不大感到空间狭小，也可以给外面的人留下认真、专业的印象。

5）办公区域

大公司和集体展出一般需要考虑安排办公区域，包括办公室和会议室等，并配备相应的办公设备。办公区域也可能是参展企业接待展览会组织人员、新闻记者采访的场所，在注重实用的同时，也要注重档次。

6）储存区域

设计人员还需要考虑安排适当的储存空间，放置资料、招待品、展品、工具，挂衣物，放置公文包及其他个人用品。空箱、个人用品等放在展台上会破坏展台效果。如果是大展台，可以安排一个储存间；如果是小展台，可以安排一个矮柜，里面用于储存物品，上面用于放置展品。

7）休息区域

如果有条件，可以考虑设计安排展台人员休息、饮食的区域，多为封闭式的房间。展台人员在展台上休息会造成相当不好的影响，一般认为是公司企业文化档次不够，容易被认为是小摊贩，这易对生意易造成负面影响，应尽力避免。对观众开放的消费品展览会往往将展示功能放在第一位，因此，展示区域占整个展台的比例很大。贸易性质的展览会，应当考虑把参观者和展台人员放在第一位。设计人员在精心设计展台、展示区域的同时，要考虑安排登记和咨询区域、招待与洽谈区域、办公区域等功能区域。要考虑如何最好地接待潜在客户，方便其观看，方便其谈判。无论如何，不能忽略展台人员和展台工作的空间和设施要求。

5.3.5 展览会有关展台设计的规定与限制

各国、各地的展览会对展览设计、施工都会有各种各样的管理规定和限制。展览会的严格管理是必要的。很多规定和限制都是与维护公共安全和公共秩序有关。设计人员必须予以了解，并遵照执行，以免工作被动、失误。以下是常见的规定和限制：

1）有关展台的规定

高度限制：展览会对展台及展品都有限制，尤其对双层展台、楼梯、展台顶部向外延伸的结构限制更严，限高往往不是禁止超高，如果办理有关手续并达到技术标准，有可能获准超高建展台及布置展品。

开面限制：很多展会禁止全封闭展台。如果展台封闭，展览会就失去展示作用，参观者就会有抱怨，但是参展企业需要封闭的办公室、谈判室、仓库等。因此，协调的办法一般是规定一定比例的面积朝外敞开，这个比例通常是70%，允许30%以下的面积封闭。

2）有关展览用具的规定

展架、展具材料的限制：在很多国家，展览会规定必须使用经防火处理的材料，限制使用塑料，限制使用危险化学品。

电器的规定：绝大部分国家的展览会对电器都有严格的规定，所用电器的技术指标必须符合当地规定和要求。

3）有关人流的规定

走道限制：主要是对走道宽度的规定和限制，为保证人流的畅通，展览会会规定走道宽度，禁止展出的展台、道具、展品占用走道；显示屏、零售摊前往往造成堵塞，因而也有相应的要求，比如显示屏不得面向走道、柜台必须离走道有一定的距离等。

4）有关消防的规定

消防环境的规定：如果是大面积棚台，必须按展馆面积和预计的观众人数按比例设紧急通道或出口并设标志。

消防器材的规定：必须配备消防器材。一些展览会要求展台指定消防负责人，要求全体展台人员了解相关规定并知道紧急出口所在的位置等。

5）有关展品的规定和限制

这主要是对异常展品包括超高超重展品的规定。只要采取适当措施一般都可以解决。比如展品超过限制高度，只要展馆高度足够，就可以与展馆协商解决，超重展品可以分批运送，分散单位负荷。比较常见的难解决的问题是展馆卸货大门的尺寸，这是自然限制。超高超重展品一般需要先于其他参展企业的展品进馆。如果遇有任何难以解决的问题，要尽早与展览会组织者或展馆所有者商量。这类展品对展览会通常有宣传价值，因此组织者会愿意积极协助。有些展览会考虑安全，会限制操作机器。对于武器，一般都有专门的规定，且手续都很麻烦。

6）音乐和色彩限制

音乐限制：背景音乐由展览会组织安排，参展企业的声像设备的音量必须控制在不影响周围参展企业的范围内。

色彩限制：若展览会组织者想要协调整体效果，往往会提出色彩要求，要求参展企业使用某种基本色调或标题色调。展览会还可能会提出标题字体、大小方面的要求，这方面的规定大多比较宽松。

7）有关劳工的规定

很多国家（尤其是发达国家）规定，展场劳工必须是工会注册工人。不允许参展企业自己动手。比如在美国纽约，如果参展企业拿起锤子钉钉子，当地工人就会夺下锤子阻止你干活。美国人剥夺你的"劳动权"，听起来很荒唐，但是却是事实，还必须遵守。

8）有关手续的规定

展览会大多要求参展企业将设计送审，并要求参展企业在施工前办理手续。

(5.4) 展台施工

展台施工可以由参展企业承担，但是大多由专业施工者承担，参展企业的设计施工负责人或设计人员负责指导、监督。布置工作大多在设计人员的指导下由展台人员完成。展台施工是展览筹备工作的最后阶段，对展台效果和展示效果有着直接的影响。

5.4.1 施工人员

1）施工人员选择

展览施工者是指搭建、拆除展台的人员或单位，简称施工者。如果是租用标准展台，参展企业与施工者将没有直接联系，因为施工由展览会组织者统一安排。如果是使用自己的展架，展台施工可以由参展企业自己承担，如果这样，参展企业便同时也是施工者，也可以委托专门的施工单位。由谁承担施工任务需要根据工作量以及有关规定安排。

从发展趋势看，参展企业自己施工的现象将越来越少。展览会组织者会指定或推荐施工者。指定或推荐的施工者一般都是经验丰富、技术全面、收费合理的公司。这些公司熟悉展场和设施，并与展览会组织者和分包商关系比较好。指定或推荐施工者可能存在的缺点是承接工作超负荷，无法满足特别的或额外的设计、施工要求。另外，因为垄断，有些指定施工者可能会提高施工收费标准。

参展企业也可以另外寻找、委托施工者，尤其是当参展企业有特殊展台或要求特殊效果时，可以使用展览会组织者指定之外的施工者。如果使用其他施工者，应当通过招标方式从数家公司中挑选一家。价格虽重要，但不是最重要的条件，对超低价要特别慎重。还要看服务项目，最重要的是服务质量，要看其信誉、能力、经验和效率。

2）展览施工内容

展览施工内容包括展台施工、电气施工、水暖施工、装饰、布置等不同性质的任务，可以由不同的施工者承担，但是最好由一家可以提供综合服务、能独立完成工程的施工者承担。将工程分给不同施工单位会增加不确定性。在一些国家和地区，组织者可能不限制参展企业选择使用展台施工单位，但是却规定必须使用展览会指定的电气施工单位，以保证展场电气安全。这可能会给展台施工带来一些麻烦，参展企业还须多付费用。因此可以据实际情况灵活解决。

公司实力与工作量成正比，不要将重大任务交给小公司来完成，而大公司也很少愿意接受小的任务。实力与工作量相符时，效率最高。熟悉展览会所在地的环境、展具、规则和有关人员也很重要。熟悉环境和展具，施工效率高。

选择施工者的工作要提前做，一般在开展前两个月邀请施工者报价，需要向其提供以下资料：展台效果图或模型，全套的、详细的施工图，若其需要，还要提供部分细节的大比例剖面图，对施工材料和施工方式的标准要求，展台搭建、展具安装、开幕闭幕、展览拆除的工程安排，转包商和供应商名单，相关责任、联系地址等。如果由施工者选择指定转包商和供应商，则由施工者向参展企业提供名单，展览会组织者有关场地、施工等方面规章制度的复印件，展览会组织者的参展企业手册复印件，若有特殊展品，还要提供这些展品的情况和施工要求，展台使用的设备和要求以及施工者的责任。在做出选择之前，最好到施工公司实地考察一下。施工者的报价合同（通常在报价背面）要仔细研究，任何不清楚或省略的地方都要弄明白。

3）展览施工合同

有些参展企业和施工者之间使用"君子协定"，用口头协定安排施工。使用这种方式如果出现问题便可能是严重问题。因此，应该签订正式的书面合同。合同条款必须包括：

（1）施工责任。合同要明确双方责任范围，包括正常工作的分工和产生问题时的责任划分。要规定施工者必须遵守所有有关规章制度，要规定施工者不得更改设计或更改规格，若更改必须经书面认可。合同还必须注明由此产生的费用的负担方式。

（2）施工内容。施工者负责的所有施工事项，即制作道具、搭建展台、提供展具和装饰用品、安装电气和照明设备，展台拆除和废物处理等。

（3）施工时间。施工时间很短促，一般只有1至3天，因此要以时、分作为计时单位，明确搭建、拆除、搬运、清场等各项工作的开始和完成时间，而不能含糊地规定"在开幕前"。

（4）施工费用。合同要详细规定费用标准和支付方式。施工者常常要求预付款。要尊重展览当地的习惯做法。但是参展企业应坚持在所有工作都做完后支付最后1/3的费用。同时规定，若施工未达到标准应返工，否则不付或部分不付费。施工者制作的道具、文图，在合同未注明的情况下，施工者有权在展出结束后拆毁或者取走这些道具、文图。参展企业如果希望保留这些物品，应当事先谈好并在合同中注明。如果展架道具为参展企业所拥有，而参展企业展后不希望保留，可以与施工者商量在拆除之后由其折价收购。

合同最好注明施工者负责展出期间的展架和道具的保养、维修。合同还可以附上运输公司等有关单位的联系人和地址以便协调道具进馆等各方面的工作。

参展企业可以与施工者建立长期的合作关系，以提高工作效率，并尽可能地降低费用。但是关系不可太近，也不要放弃招标的方式，以便使施工单位保持清醒的头脑，保持其价格、质量和效率优势。

5.4.2 现场施工

参展企业的施工负责人应当是总监督，对施工质量负有最终责任。因此，必须熟悉了解施工工作、程序规律。受时间和费用限制，现场施工时间越短越好。现场施工时间很紧、费用很高，因此设计人员做各项工作都要力求准确、避免差错、避免修改、避免返工。如果责任是施工者的，责任及费用由其承担，但是仍要注意时间。施工者可以承担施工责任，但是施工失误造成展示效果很差甚至造成展示失败则会给参展企业酿成苦果。

现场施工程序一般是：检查位置；测量面积；核对图纸，图纸上没有的柱、管，在实际场地上也应该没有，如果有，设计人员与施工者要立即调整设计，同时查明责任；明确电源、水源，电话等设施的接点；划出关键点、线，以便施工有方位基准；将施工材料有计划地堆放在场地，尽量避免在施工过程中移动施工材料，以提高施工效率；铺电线电缆和管道，铺地毯，并在地毯上覆盖塑料膜，若是双层展台，由五金工施工，木工搭展架，电工拉线，水暖工接水，漆工油漆；悬挂招牌、文图，放置展具；布置展品，布置问询台、办公室、接待室，布置花草，揭掉塑料膜，清扫展台。

施工时大家都在赶进度，工作常常交叉进行，因此指挥、协调工作非常重要。施工时还需要注意一些问题：搭建期间，展馆极为忙乱，早晨早一点赶到并迅速记住施工人员的名字。注意、尊重施工人员，他们的效率会更高些。给他们明确的指示及清楚的图纸，并予以监督，适时提供饮料，并在做完一项工作时给予表扬。要协调安排好展架、道具，按时送到展场，计划并监督拆包、放置。现场要有清洁工，随时清扫。由于现场很乱，容易出工伤事故，因此要尽量保持现场整齐，在施工现场即使不动手，最好也穿工作服。展具打包发运前，随箱装一些清洁用品用具，如扫帚、抹布、吸尘器等，并准备一个工具箱，装一些锯、锤子、螺丝刀、拔钉器、钢尺、电筒、电线、绳、线、粉笔、钉子、螺丝、胶条等，以备不时之需。工具箱要结实，可以反复搬运，不用另外包装。工具可漆成鲜艳的颜色，一是便于寻找，二是被借用后归还的可能性大一些。

施工期间，不要安排展台人员到现场。否则无经验的展台人员会觉得惊慌，并且会乱提要求，扰乱施工正常秩序。

5.4.3 监督检查

为了确保施工达到设计要求，设计施工负责人和设计人员应在现场检查、监督，及时发现问题和解决问题，保证施工质量达到标准，并按时完工。同时，施工费用要控制在预算之内。设计施工负责人和设计人员应与施工人员的现场经理建立并保持良好的关系。施工监督最重要的两点是确保施工质量和施工进度，尤其是施工进度，开幕前的施工没有任何拖延的余地，到时必须完工。开幕后还在施工的展台是最糟糕的宣传。施工检查监督可以分为施工监督和施工验收两部分。施工是否达到要求应由设计施工负责人和设计人员评定，但是施工质量和效果最终应看参展企业是否接受、是否满意。

施工的第一天就应该开始予以监督。首先要对照展览会组织者的合同和参展企业的设计图检查场地划线的准确度。要指导、要求施工人员按顺序施工，避免前面的工作妨碍后面的工作，甚至做不必要的返工。检查施工标准，设计人员应随身携带全套图纸和联系地址，确保各项工作服务准时、到位。如果发现施工有误，要提醒施工人员及时改正。如果未改正，可以向施工公司代表提出。如果设计人员监督面很广，最好商定与各方面的联系方法。现场提供的展具等物品一般要求收货人签字，这是设计施工负责人和设计人员的责任，应该在认真检查验收后签字。如果参展者在现场提出额外要求，应让其填写订单，再交由施工者或供应商安排。要注意现场租用物品价格往往会高出很多，而且还可能没有供应。对施工人员的到达和离开时间也要作监督、记录。

施工工作结束后要验收。内容包括：展台所有承重、承压部分足够牢固；所有水平面完全到位，无滑水现象；设备状态正常；电线全部隐藏好；可能要用的部件备放在仓库；展台清洁；展台、展柜的锁能否正常使用，地毯铺设平展，合缝，干净。验收应当由设计施工负责人和设计人员负责，但是也可以请他人参加，因为当事人已熟悉环境，对细小的差误往往看不到，而旁观者则容易看得清。

〈5.5〉 展台布置

　　展台布置是将道具、展品、说明等放置在展台合适的位置。为了使展品突出，吸引目标观众，将展品的特点和优势传达给目标观众，在展台布置上要注意技巧。图5-9为某品牌的展台布置，别致新颖。

图5-9　造型新颖的展台布置

5.5.1　分类整齐摆放，统一布局

　　展出展品种类多，可进行分类布置摆放。如家电类企业，有空调、电视、小家电，即可按种类进行统一布局，并注意展位布局的协调、均衡、对称，给人以和谐感。集体展出尤其应当考虑按产品类别统一设计、布局、布置，建立整体形象。同时因为不同的产品有不同的客户，产品分类也有助于产品推销和贸易洽谈。如果是既对公众开放又对商人开放的展览会，在有条件的情况下，应分别安排公众展示区和商业展示区。

5.5.2　从吸引目标观众角度进行安排布置

　　展品展出是为了吸引目标观众与参展商进行交易。布展时，应从观展者的角度考虑，让目标观众在众多的展位中将目光停留在本展位的某个或某些展品上。比如将服装放在包装盒里陈列在展台上的同时，在展位显眼的地方挂上一张引人注目的穿着此类服装的模特儿照片。前者是参展商给观展者准备的实物，后者是从吸引买主的角度进行布置，提高展品的受关注程度。这要求参展商了解目标观众的心理，了解参展的产品哪些方面能引起观众的兴趣，并对能引起观众兴趣的特点进行适当放大，使其对目标观众产生强烈的心理刺激，激发他们进一步深入了解展品的欲望，以达到参展的目的，促使目标观众与展商进行交易磋商。

5.5.3　突出重点展品

在一个展台里可以展示很多展品，但是有些展品对于展出者而言更重要一些，这些产品一般是企业的拳头产品和新产品，企业参展往往是希望能在展览会上销售更多的拳头产品并打开新产品的销路，使企业能获得持续、长远的发展。在布展时，参展商为达到重点推荐的目的，应把这些产品放在突出的位置，或者占用更多的面积、空间，并采用声、光、色等现代化先进手段进行渲染，以显示这些展品的突出位置，引起观众足够的注意和给观众留下深刻的印象。如果需要，为配合企业的营销战略安排，在有些情况下，甚至可以让整个展台布局围绕一件突出的展品进行布置。

5.5.4　显示展品特性

找出可以吸引目标观众的展品特性，不同的展品特性需要用不同的布置手法方能显示出最佳效果。就展品而言，有些产品需要挂在展板上，有些需要放在地面上，有些需要陈列在玻璃柜。就整个展台而言，有些从一面看效果好，有些从四周看效果好；有些需要近处看，有些需要远处看。使用何种布置手法在设计时就应予以考虑。比如珠宝首饰，漂亮、贵重、稀少，因此，要控制数量，分散布置，使每一件都显得珍贵。非珍宝首饰，成批生产，价格低廉，因此可以大量堆砌，以显得五彩缤纷。豪华轿车和珠宝一样，需要突出，以彰显尊贵。高档服装要用模特儿撑起来，用地毯、聚光灯衬托。低档服装可以成串挂起、成堆摆放。

5.5.5　将展品处于工作状态或自然状态

在观众观看展览期间，参展商将展品处于工作状态，将产品的价值展示给其目标观众，这样可以活跃气氛，能更容易地吸引参观者的注意，能使参观者更快地了解产品的特性，并使参观者留下更深刻的印象。比如，一串项链挂在模型脖子上比放在盒子里更能吸引注意，更能反映其特性和价值；家用纺织品布置在居室环境里比挂在架子上更能体现其特征，更容易留下印象；机械产品可以演示操作，显示其性能和作用。

5.5.6　留有空间，立体布置

将很多展品放得很近会大大降低影响力，降低吸引目标观众注意的可能性，降低目标观众对这些产品的记忆深度。解决办法可以是选择少数有代表性的样品进行布置，留出充足的空间，而其他产品可以通过资料介绍给观众。

在展台墙上垂直布置或在台面上平面布置展品是比较笨拙的方法。可以使用不同高度的箱子或墩子错落有致地布置展品，或者使用悬挂、支撑等方法造成立体布置效果。

5.5.7　借用各种手法制造需要的效果

1）使用色彩、照明、形状等手法创造特殊视觉效果

通过色彩的搭配，可以增强观展商对产品的视觉记忆，协调配置可以勾起人们的购买欲望。色彩调节可以弥补空间、材料、陈设等方面的不足，亦可锦上添花，制造一种统一和谐的效果。

一些产品，比如农产品、五金工具等不易布置出效果。这时可以考虑使用一些特殊方法营造出效果。比如大量堆放苹果，或者制作一个巨大的苹果模型。

灯光照明是提升展出效果的重要手段。LOGO、展品、装饰物等都需要用灯光的效果进行烘托，不同的展示和工作区域也需要靠灯光来加以区分。灯光不仅能够让整个设

计都更加具有层次感，还能提高展示设计的档次（如图5-10所示）。

图5-10 灯光照明设计

2）借助其他方式将产品的优势反映出来

视觉交流是产品参展的基本技术之一。有些产品靠外观就能吸引注意，就能使人了解产品，比如首饰。但是有些产品不易通过外观反映优势，需要借助其他手法。比如儿童食品，如果能配以因吃这种食品而长得健康的儿童的照片，产品的优势就会被直观地反映出来。如果是清洁剂，通过对比使用和未使用清洁剂的器具照片甚至实物，就可以直观地反映出产品的特点和优势。

3）综合使用各种手法，全面反映展品情况

展台布置以展品为主，但是要充分利用图片、说明、模型、声像设备等加强效果，全面展示展品特征、特性及有关情况。比如展示饮料，可以考虑安排现场实物品尝，并准备小包装饮料免费散发，供参观者拿回去品尝；用地图和照片反映产地；用大彩照、幻灯、大屏幕电视反映加工过程；用图表表示不同的品种、等级的产量及市场；用样品和照片反映各种最终产品和包装等。通过这些布置手法，观众就可以全面了解饮料的情况。比如，展示服装，可以考虑用商店橱窗布置的方式布置展品；安排模特儿穿着展品表演；用剪样本显示所有使用的布料；用幻灯、录像、照片反映加工过程，如果是手工制作，可以安排现场表演；用图表反映产量及市场；用样品和照片反映包装。

标准展台的布置随意性大一些，定制展台的布置一般需要设计人员的指挥、指导。集体展出时，一些参展者希望自己布置展台，组织者最好提供统一的道具，并提出统一的布置标准要求。

知识链接 5-4

展台特色装饰

在展览会上，经常可以看到参展公司使用以下方法进行展台装饰：

1.比例模型

大多数的比例模型制作者都是以制作建筑模型和构造模型为主，但有许多技术高超的制作者也能制作景观模型、产品模型甚至剖面模型。大多数的模型制作都出自具有一定规模的公司。这些公司拥有能使用塑料、金属和木质材料进行模型制作的专家。

2.微缩立体景观和玻璃绘图的装饰设计

微缩立体景观和玻璃绘图的装饰设计在展览中更具剧场效果，缺点是人们只能从一个侧面对其进行欣赏，而且制作时必须像剧场嵌套那样搭建一个拱弧。

3.彩旗和织物

在展厅内外，不同形状、不同颜色的旗帜组成不同的图案，为展览增添了几分喜庆的气氛。印有各参展商标志或图案的旗帜挂在展厅外的广场上，五彩缤纷，具有很好的广告效应，让参观者在进入展厅前就能感受到展览的规模和档次。一般来说，织物装饰是覆盖大面积展台的最廉价的方式之一，作为展览组织者，在展馆入口搞庆祝活动时较多采用这种方式。

4.水池喷泉装饰

任何一种形式的水池装饰，尤其是具有水流循环功能的水池，通常能够营造出一种宁静宜人的环境，但这种设计方案只有与展出的产品有某种联系时才有必要考虑，若是与产品无关，采用塑料喷泉或在角落搭建水帘洞等装饰就没有多大意义。

5.巨幅照片和全息影像

选择适当的图像、巨幅照片，既简明，又能充分起到吸引人们视线的作用。彩照制作成本较高，可以采用黑白照片，起到的效果同样非常明显。

由激光投影实现的立体三维全息图像是一种现代科技，在一些商业展览上已经被采用，并显示出巨大的市场前景。它严格要求控制光线且制作成本比较高昂。另外，安全问题也限制了激光的使用。

6.展品演示

展品演示往往能招徕大批观众，如演示如何操作产品等。展品演示是一个极富特色且行之有效的方法，因为人们普遍喜欢观看参展商的演示。参展公司在必要时可以搭建一个演示室，但演示室不能妨碍通道的畅通，否则展馆内的消防安全人员有权干涉演示活动。另外，演示也不能影响邻边展位，否则展览组织者也会出面干涉。

7.观众参与

邀请观众一起参与活动，其受欢迎的程度仅次于产品演示。这种形式能为参展商提供了与参观者沟通的机会。不过，有两点需要注意：一是活动节目不宜过长或者过于复杂，以免影响参观者的其他活动；二是要计划好如何使参展商有机会自我介绍，并能与感兴趣的客户进入真正的业务洽谈。

8.动画造型

动画造型的种类、复杂程度、价格大不相同，最为重要的一点就是这些造型都必须由专家设计制作。它们可能是只能做一两个动作的简单的动画卡通形象，也可能是可以在展位上转来转去的复杂的机器人。最近有一种非常有效的方法，是将一张人像投影到一尊塑像的面部上，这张人像可以是著名的演员、运动员或历史人物，从而给人们带来一种视觉幻觉，好像这位名人一直站在展位上一样。不过，这样的设计要注意版权问题。

9.花卉等植物装饰

展厅是最不利于普通植物生长的地方。因为展厅内闷热、干燥、灰尘大，更糟糕的是缺乏自然光，因此对植物的生长条件要进行认真的设计和控制，并且需要专业人员对其作定期的精心护理。展览植物花卉的服务一般由专门的公司提供。参展商可以对植物供应商提出具体的要求，也可以直接到苗圃去选择。

资料来源　唐少清. 现代会展操作实务 [M]. 北京：清华大学出版社，北京交通大学出版社，2008.

【情景模拟5-1】

场景：现有一标准展台，利用展台布置的技巧突出展示某个展品，以达到重点推荐的效果。

操作：

1.组织方式：以小组为单位，每组各设小组长一名担任展台经理，负责组织项目组成员开展工作。

2.成果要求：根据本章所学展台布置技巧，按要求营造出展台效果。

3.各小组分别派一名代表对自己的布置方案进行陈述，并接受老师和同学们的提问。

4.教师点评：教师对各项目组的展台布置效果进行点评。

知识掌握

5.1　展位选择应考虑的因素有哪些？

5.2　在展台设计时如何控制人流，以利于参展商的展台得到更多的观展商的光顾？

5.3　参展的道具有哪些种类？选择道具的原则是什么？

5.4 展台可以分为哪几类功能区域?

5.5 企业在什么情况下可以租用净场地进行展位特装?

5.6 简述展位布置的技巧。

《知识应用》

▶ 案例分析

妙用展览设计方法让小展位有大作为

一个展会的所有展位分配中,某些参展企业会分摊到较小的展位,加上采光或照明等不足,给展位的设计增加了很大难度。这就需要展位设计公司的设计师想方设法改变不利条件和因素,否则将导致整个展示活动的失败。如何利用有限的展位条件而取得较好的展示效果呢?

在这里,我们首先来借鉴一下双威广州展位设计搭建公司的理念,双威认为设计师要像建筑师一样,具有空间的设计、组织与驾驭的技能,使小展台变"大"。具体可采用以下几种办法:

1.展位环境可采用整体照片和局部照片相结合的方式。

如果展馆展厅较矮,在展位搭建时可在展位位置相应的顶棚上安装成组的格栅灯,排成行或方格网。或使用槽灯照明方式照亮顶棚。还可使用直管型荧光灯做成大面积的发光顶棚。更可运用先进的"场致发光"照明技术,使整个场地的天棚、墙面和地面都亮起来。此外在设计展位方案的时候,在靠墙展柜的背部和底部,在展台的下部,也加装直管型荧光灯或霓虹灯。这样,展位里展台会令人感觉比较宽阔、高大,改变原来的压抑、沉闷感。

2.为使展位"亮"起来,可采用灯箱式结构。

可参考采用K8系统(八棱柱展架)或三通插接式框架结构,镶装白色有机玻璃,内部安装直管型荧光灯,可使展位通体透明,令人感到轻巧明快,且展位形象突出,可吸引观众注意力。

3.在展位造型设计上采用小尺度。

展位较小时,绝不可将展位形体和展示道具设计得过大,而应与展示空间的尺度相协调。在尺度选定上应以身体尺度的依据,要让观众感到亲切而舒畅。

4.空间界面和展示通道宜选白色或浅靓色。

展位的设计方案中白色和浅靓色用于墙棚表面或道具以及隔断的外表,会增大空间的宽阔感,而用深重色彩,会令人感到空间狭小、心情憋闷忧郁。

5.减少展示道具的数量。

展位小,展品陈列密度一定要小、少,而通道则要宽大,以保证观众的人身安全并使展厅显得宽阔。

6.产品摆放造型要简洁、整体性强。

不论是展位形象,还是展品等道具的外形,要尽量的"整"和"简",绝对避免繁杂和琐碎的造型,一定要鲜明、简洁、大方,让人看后心情舒畅。这一点尤为重要。

7.采用少而精和重点突出的手法。

小展位空间里的展示，一定要精选展品，选最典型、最具代表性的；而且对这些展品也应区别对待、主次分明，在展示方式、衬色选择、照明质量和艺术手法上，也应有所区别，而不能是千篇一律。

8.不用或少用装饰纹样。

展位小，不宜使用许多大尺度和色彩浓重、强烈的图案纹饰，因为这些纹样的衬托会让人感觉展厅"变"得更小，并会喧宾夺主。可用一点儿单独纹样（如标志、题花、尾花等），如果非用大面积图案不可，则一定要选用小碎花图案，而且颜色要浅。

资料来源 佚名. 妙用展览设计方法让小展位有大作为 [EB/OL]. [2016-08-26]. http://www.sohu.com/a/112193690_358633.

问题：仔细阅读以上案例，分析参展商在布展时可采用哪些技巧。

（分析提示：参展商申请到的展位形状各异，特别是小展位要达到展出的效果更不容易，需要参展商在展位的设计、展品的摆放上下功夫，突出自己产品的特点，让客户看一眼就能留下深刻印象。）

▶ **实践训练**

组织一次观摩活动，注意观察、体会知名企业的展台设计，分析影响展台环境的因素（音乐、灯光、展材、位置等）。

第6章

展期现场工作

在学习完本章以后，你应该能够：

熟知展台9大项主要工作；

懂得展台环境工作事宜；

了解展后工作的内容。

【引例】

展馆铺起"小农田" 现场展示插秧

在南京开幕的第八届江苏国际农业机械展览会上，现场展示的插秧机、收割机、农用小飞机等新型农机设备（如图6-1所示），吸引了不少市民。此次展览有20多个国家和地区近300家国内外知名企业参展。展馆现场铺起了一块长约3米，宽约0.5米的"迷你小农田"，一种新型的全自动蔬菜移栽机现场展示插秧。

图6-1 新型农机设备展会现场展示图

资料来源 程起芸，薄云峰. 展馆铺起"小农田"现场展示插秧 [EB/OL]. (2015-04-17). http://news.hexun.com/2015-04-17/175044715.html.

分析提示：在展览会期间，参展商通过利用现场演示这一最为简便直观的手段吸引观众，不但可以让客户很快地了解到企业产品性能、品质，同时还可以通过现场的讲解传递企业的经营理念，迅速拉近与客户的距离。

展览的价值和展出目标主要在展台工作阶段得以实现。展台现场工作主要指展览会举行期间的展台接待、展台推销、贸易洽谈、情况记录、市场调研等。展台工作效率和效果依赖于展台管理和展台人员的知识、技巧和工作态度。展出工作的特点是时间短、空间小、人多事多，因此，展台工作管理非常重要。

展台工作是整个展览工作最重要、最关键的阶段，所有展览筹备工作都是为了这个阶段。展览的价值主要在这一阶段得以实现。如果筹备顺利、充分，展台工作将决定展出是否成功。筹备工作相当于"搭台"，展台工作相当于"唱戏"，台搭好了，演出还不算成功，戏唱好了，演出才算成功。

〈6.1〉　展期展台业务工作

展览会开幕以后，展出的主要责任就由组织者转向参展企业和展台人员，由展台人员开展接待观众、洽谈贸易等工作。展出期间的负责人是展台经理。展台经理要使展台工作正常运转，也就是要使所有展台人员有效地工作，互相配合，解决展台出现的问题，完成展台工作目标。展台业务工作的主要内容包括接待客户、洽谈工作、记录、联络及公关工作、调研工作、操作示范、资料发放、活动、现场销售9大项。

6.1.1　接待客户

接待客户是展台的关键性工作之一。接待工作的主要内容是发现新客户并与之建立联系，以及保持、巩固与老客户的联系。接待安排可以是随意的，也可以是预约的。最好将预约接待安排在观众少的时间，以避免会谈时受到打扰，同时也避免错过接待其他客户的机会。

接待对象可以分为重要客户、现有客户、潜在客户、普通观众等。重要客户，不论是现有的还是潜在的，都可以列出名单，预先告知展台人员。如果发现重要客户前来参观，要予以特别的接待。要接待好现有客户，维持好关系，但是如果不是在洽谈业务，不要因为他们而耽误接触新客户，可以约他们在闭馆后吃饭、喝酒。接待潜在客户是展览会的最大优势、最大价值所在，也应为展台最重要工作之一。普通观众一般没有贸易价值，与展出目标没有直接的关系，因此，不要耗费过多时间和精力接待普通观众，但是注意不能没有礼貌，可以巧妙一点，客气地与他们打招呼，简略地答问题，尽快结束交谈。

知识链接6-1

展览会接待客户要谨防探子

展会上经常会碰到同行中的探子，他们扮作客户来套你的价格和技术甚至客户资料，所以对他们要保持警惕。识别探子的方法之一是到同行展位去转转，初步认识一下参展的人员，这样他们来你们展位刺探信息时你就会有点印象了。另外，从谈话中可以感觉出对方是否为探子，探子一般只询问一些敏感性的问题，而非其他。

资料来源　佚名. 参加展会要"会展"［EB/OL］.（2007-08-16）. http://www.cce365.com/kcnews_detail.asp? id=14104.

6.1.2 洽谈工作

与客户洽谈是展台关键性工作之一，与接待工作紧密相联。洽谈工作的重要内容之一是推销，推销公司的产品、服务和公司形象。有效的推销会使潜在客户对参展公司产生信任，对展出的商品、服务产生兴趣，使现有客户对新产品产生兴趣和购买意愿，达到这一步，就开始进入洽谈阶段。要积极地争取与现有客户签订新的贸易合同，但是，对新客户的大宗买卖以及投资项目要谨慎，不要当场签约。任何决定必须在彻底调查之后做出，报价、条件再好，也要保持慎重态度，尤其是对展览会临结束前提出的大宗买卖和投资项目要警惕，"趁热打铁"的观念不可使用在展览会上。展览会的关键功能是建立新的关系，展览会之后还需要做调研工作，知根知底后再签订大笔买卖和大项目投资。推销工作的成果体现为签订贸易合同。

6.1.3 记录

现场记录是展台正式工作之一。记录对展览评估和展览后续工作都很重要。展台记录的范围可以很广，但是记录是接待和洽谈工作不可缺少的环节。不少参展企业无法判断展出效果，或无法取得理想的展出效果，往往是因为没有完善的接待、洽谈记录，因而无法做合理的评估或无法有效地开展后续工作。因此，对展台工作要做完整的记录。

记录方式有多种，常见的有纸媒记录和电子记录等。

1）纸媒记录

收集名片是最简便的记录方式，缺点是内容有限，只有参观者的姓名、地址。观众登记簿是另一种简单的记录方式，在20世纪90年代初期和中期比较常见，许多国内参展企业都在使用。登记簿一般只记录参观者的姓名、公司名称、地址等情况，有些还有"要求"一栏。登记簿或留名片是比较传统的方式，比较简单，没有接待交流情况、展台人员的评语以及后续工作的建议，因此，不是理想的记录方式。

记录表格是一种常用的记录方式，有多种形式。使用最多的一种是展台人员在接待参观者时填写的表格；另一种是让有兴趣但是来不及或不愿意等候接待的参观者填写，这种表格除了有参观者的基本情况之外，还有参观者公司情况、参观兴趣、参观要求等栏。通常可以附印在有参展企业地址、邮资已付的信封上，供参观者带走，填好后寄回。记录表格的内容设计要科学合理，除了有参观者的姓名、地址之外，还可以有参观者的背景、兴趣、要求，展台人员自评语以及后续工作的建议等。因此，记录表格对展览评估、展览后续工作有很大的价值。记录内容根据需要选定，不要忽略任何重要信息，也不要记录没有价值的内容。格式设计要考虑使用方便和效率。展览会开幕前，展台人员要熟悉记录表格。记录表格最好是复写式，一式多份，一份留给当地机构，一份尽快发回总部，一份留在展台，用于存档和后续工作。每份复写式表格要注明去向和用途。如果是单页式表格，应在一天结束时或指定时间将表格内有关情况发回总部处理。

2）电子记录

电子记录是一种先进的记录方式，记录效率比常规的方式高。发达国家和地区的展览会普遍使用电子记录，通常，展览会组织者向目标参观者邮寄展览请柬时附一份入场卡（磁卡）申请表（内容包括参观者名称、地址、公司行业、规模、参观兴趣等），参观者填好表格后，展览会组织者再寄一张入场卡给参观者。参观者也可以在入场前填写表格换取入场卡。参观者在展览会入口刷卡入场。在这种展览会上，参展企业可以免费或交费使用安装的磁卡记录器，参观者在参观展台时，只要在仪器上刷卡就会留下基本情况记录。记录器使用计算机储存数据，记录内容、格式应在展览会前准备好。

　　展台人员在做记录时，要争取尽可能准确，尤其是潜在客户的准确记录有助于后续工作的针对性和效率。展台接待和记录要适时统计。每天可以简单统计，内容包括观众数、观众来源、询问内容、数量和金额等。统计结果是每天展后会议的内容之一，对于需要急办的事要交给相应部门、人员尽快办理，以便在展览会后可以做一些复杂的统计、分析工作。

6.1.4　联络及公关工作

　　联络及公关工作包括客户邀请、接待室工作、礼品管理工作。

　　1）客户邀请

　　客户邀请工作在展前已大规模做过，在展览期间，还要继续做客户邀请工作。展览期间的客户邀请工作主要限于现有客户和潜在客户。

　　2）接待室工作

　　接待室工作是展台工作的一部分。接待室应用于有价值的客户和贵宾，要提前向展台人员说明谁可以使用、什么时候使用。接待室是接待、谈判的地方，气氛要轻松一些，但是要避免造成娱乐、消遣的气氛，以免接待室成为观众和展台人员休息的场所，因此，要保证接待室的工作气氛。接待室的招待品可以分等级提供，比如，软饮料、饮料、快餐、正餐等。招待标准要按预算决定，要注重效果。接待工作做得好，也是展出成功的条件之一。

典型案例 6-1

展会合影经验谈

　　一位经常参加展览会的工作人员在总结其展台工作经验时说："凡来展位的客户，我都和他们合个影，并在对方的名片上标注一下。合影便于记住客户的模样，届时再将相片加工一下，写上某年某月某日与某某在某某会展合影留念，会展后将相片以邮件形式发给客户，会起到比较理想的效果。"

　　资料来源　佚名. 参加展会的好处 [EB/OL]. (2007-04-02). HTTP: //BBS.FOBSHANGHAI.COM/THREAD-485224-1-1.HTML.

　　分析提示：细节决定成败，于细微处见功夫。在接待客户过程中，为了与客户建立牢固的关系，想别人没有想到的，做别人没有做到的，为客户提供周到的服务，让客户深刻体会到你的良苦用心，客户将用订单给予你回报。

　　3）礼品管理工作

　　展出工作一般都会配备礼品，根据赠送档次，一般分贵客礼品和工作用礼品。在正常情况下，重要人物第一天最多，最后一天最少，每天使用多少礼品要有准备，不要早早用完。礼品可以事先包装好，免得临时送礼来不及包装。送礼后要马上登记，一方面为了便于管理，另一方面是为了以后再送礼时方便安排。

6.1.5 调研工作

调研是展览会的重要功能之一。贸易展览会不仅是买卖场所，也是理想的调研场所。展览会本身就是一个市场，是一个人员众多、气氛轻松的市场。在展览会上做调研既节省费用，又节省时间。在展览会上进行信息采访，询问市场、产品甚至竞争者的情况都要比在其他环境中容易。在展览会上，参展企业和参观者都不介意回答一些问题，有些甚至很乐意提供意见和建议。而在其他场合，同样的问题就不太容易获得答复。据称，有关市场的任何问题都可以通过展览会调研得到答案。

在展览会上的调研范围主要包括市场、趋势、产品、竞争、需求等方面。参展企业的调研范围和内容可根据展出需要和条件来安排，可以委托专业公司做，也可以由展台人员自己做。专业调研公司的工作质量高，但是它们对产品专业知识可能不是太精通，加上经费、人员等方面原因，大部分参展企业选择自己做调研工作。

展览会现场调研的途径和方式可以是多种多样的。首先，参展企业可以以展台为阵地，主要针对参观者做调研，了解参观者对产品和服务的意见及建议，询问参观者对产品和服务的需求、要求，以及对市场和发展趋势的看法等。其次，可以抽空参观其他展台，尤其是竞争对手的展台，主要针对竞争对手做调研，收集资料，询问情况，了解竞争对手的展示手段、销售方式、宣传方式、新产品、新技术、产品质量、价格、包装、性能等方面的情况。再次，可以参加展览会期间召开的研讨会，主要是针对市场做调研。参加展览会的研讨会是一个了解市场、行业发展趋势的好机会。一方面发言人会做出推论、预测，另一方面参加者所表现出的兴趣（比如出席人的人数、出席人所提的问题等）也可以作为预测的标准之一。此外，在研讨会上还可以寻找并发现重要的潜在客户。最后，可以阅读报纸、刊物、官方报告等，了解综合性质和宏观性质的情况。在展览会期间做调研工作，方式方法可以巧妙一些，但应当在法律允许的范围内进行。

典型案例6-2

来自同行的资源

张先生是某汽车零配件供应商，他在参展空闲之余，经常到同行的展位去看看，向他们推荐自己的产品，将样本留给他们几份，也向他们索取样本，与同行交换客户资源。他所指的同行，并非指同一种产品的企业，而是指同一类产品的企业。汽车配件类展会，参展商所经营的品种有很大的区别，有展览车用音响的，有展览车用灯具的，有展览车用座椅的。此类的参展商既是供应方，又是需求方，他说主动拜访一下这些同行，常常会收到一些资源共享与互补的效果。

资料来源 佚名. 中韩汽车零部件、汽车用品及维修检测展览会——聪慧参展 [EB/OL]. (2006-03-20). http://www.pcauto.com.cn/qcyp/rmlm/mtx/0708/487692.html.

分析提示：展览会上市场调查的方式灵活多样，作为参展人员应想方设法拓展调研渠道，以充分了解企业所需要的市场信息。

6.1.6　操作示范

操作表演的展品更能吸引观众注意，可以让客户更加了解产品从而更快地做出购买决定。因此，在有条件的情况下，参展企业应考虑安排操作示范。若有规定，要事先征得展览会组织方的同意。如果安排了操作示范，就要事先检查产品，确保能够表演。任何事故都将给参展企业带来难堪，损坏公司形象，甚至会影响生意。参展企业要视操作表演情况安排保卫人员，办理保险，以防意外。另外，要警惕竞争对手做手脚。操作表演的次数要适当，多了效果并不一定好。如果有音像设备，要注意控制音量、调整屏幕角度，不要影响周围展台。

6.1.7　资料发放

展台资料包括公司介绍、产品目录、服务说明、展出介绍、价格单、展台人员名片等。对展台资料要做好管理工作，资料管理使用得当，可以有效地发挥宣传、推销作用；管理使用不当，便会造成丢弃、浪费的现象。在发放资料时，要控制散发数量和散发对象，撤下残损的资料，添加新的补充资料等。

1）资料要有针对性地散发

可以分层次地向目标观众寄发。资料可以分为两类：一类是可以散发给每一个参观者的成本低的材料，包括单页和折页资料；另一类是提供给专业参观者的成套的、成本高的资料，这一类资料一般不宜当场提供，最好是寄给客户。

2）资料的放置与控制

供散发的展台资料要放在参观者可以方便拿取的地方，不要摆放太整齐或摆放成几何图案，以免参观者误以为是展示而不拿取，建议使用资料架（但是要注意摆放位置，不影响展台工作，也不要影响观众行走）。资料不宜大量堆放，而要均匀散发，可以由展台人员直接散发或少量地放置在展台上然后不断地添加，以免滥发造成浪费。散发的资料要有数量控制，以便在整个展览期间都有正常的供应。不要在展览结束时，还剩余很多专门印刷、无法用于其他场合的资料，或者展览还没有结束已无资料可以散发。

向客户提供的贸易资料编印成本一般很高，对它的控制可以严格一些。资料可以放在接待室内或资料柜内，不要让参观者自由拿取，而由展台人员有选择地提供给有价值的、真正要资料的客户。据调查，许多真正的客户往往不愿意携带很多资料，而且基本不翻阅展览会上收集到的资料。因此，在展台上可以不直接提供贸易资料，只配备少量资料用于谈判参考。这样可以使展台人员和参观者集中交谈，在进行贸易细节洽谈时，可以使用有直接关系的、能够辅助洽谈的资料。若客户需要资料，可填写索取表，参展企业当天或展后安排邮寄。

据美国的统计显示，50%没有目的或者目的不明的人到处收集资料，最终将所收集的资料留在餐馆饭桌上、汽车座椅上或废纸篓里。即便拿到了办公室也是放在资料堆里，等"有时间再看"，实际上是不会有时间去看的。英国称这类人为"资料收集者"，这些人没有明确目的却到处索取资料，最终可能一扔了之。因此，要管理好资料，不能将贵重资料提供给这类人。

【小思考6-1】

客户通常不会带走什么样的宣传资料？

A. 杂志、会刊

B. 光盘资料

C. 实用性样品

D. 自取资料

参考答案：D

资料来源　佚名. 成功搭建展台需要注意哪些问题 [EB/OL]. (2013-06-25). http: //www. comwangad.com/news/351.html.

分析提示：大部分发出去的资料可能会成为垃圾，对企业而言无疑是巨大的浪费。在资料散发时，不求量大，但求精致；忌自取，宜登记发放；光盘优于纸质，便于携带；名片尽量多发，资料邮寄；杂志、会刊更不易被丢弃。

6.1.8　活动

展览会可能会安排一些活动，包括开幕式、新闻发布会、馆日、招待会、研讨会、贵宾访问、采购团等。这些活动与展出都有关系，参展企业应予以足够的注意，并视需要积极参与，充分利用。

展览会开幕式是展览会最重要的活动之一，既有新闻价值，又有商业价值。对于一般的参展企业来说，重要的是利用其商业价值。邀请参加开幕式的人员都是政府官员、工商界名流和新闻记者，在开幕式当天，参观展览会的人有很多也是有价值的商人。参展企业要充分利用这一点。

（1）参展企业一定要在开幕前完成全部施工、布置工作。

开幕式开始后的几小时是关键的时刻，对参展企业最为重要。这时，重要人物已到场，重要客户通常在展览会开始时就参观。他们巡视展览，如果展台切实安排妥当、准备就绪，随时可以接待客人进行业务洽谈，那么这些重要客户在巡视之后，就会把这样的展台列为接触对象。还在施工布置的展台则是在作反面宣传，会失去这些最重要的客户。

（2）了解开幕程序和活动，包括开幕后贵宾的参观路线。

参展企业可以做展览会组织者的工作，争取将自己的展台包括在贵宾的参观路线内，这将有利于新闻宣传。

（3）确保展台人员全部到位，确保展台人员着装整洁、精神饱满。如果需要，做好摄影和摄像准备。

6.1.9　现场销售

消费性质的展览基本上展出的都是消费品，面向消费者开放。参展公司一般是生产、经营消费品的企业，参展的主要目的是直接向现场的观众销售带来的产品，但需要办理相应的手续并严格遵守相应的管理规定。在贸易性质的展会上，主要面向中间商进行交易，直接零售是违反效率和效益原则的，因此贸易展览会通常禁止现场零售。贸易展览会是做贸易（进出口、多层次批发）的场所，参展企业应集中精力捕捉潜在客户和贸易机会。只是在展会的最后一两天，有些参展企业为了减少展品回运的工作量将部分或全部展品现场销售。

而有些参展企业将贸易类的展览会也作为直接销售的场所，采用小面积的标准展台，在里面堆满产品，在展台前的过道上摆放，直接向参观者销售。参展企业这样做不仅会扰乱展览会的现场秩序，自身也很难通过零售获得足够利润。如果参展企业认为有充分理由零售，可以事先与展览会组织者商量，获得同意后，安排一个合适的位置零售。如果参展企业违反规定强行零售，展览会组织者可能会采取强行措施，关闭展台。

(6.2) 展台环境工作

展台环境有双重功能：一是对参观者而言，展台环境是形象；二是对展出者的敬重，展台是工作场所。展台环境主要指展台清洁、展台安全和展台保卫。

6.2.1 展台清洁

展台体现参展企业的形象，应当维持展台整齐、干净的状态。要保持展台清洁，在进行展台设计时就有必要设计充足的储存空间。

展品以及模型、图文、声像设备等要放在合适的位置。如被挪动或碰脏，要及时挪回原位，并擦干净。展出期间，参观者喜欢摸展品，要随时擦去展品、展架上的脏手印。如果有操作，须及时清除废料。若有空箱必须及时搬走。展台上下可能有乱放的资料，要及时检查资料、样本放置，供观众拿取的资料要摆放整齐。

展台地面要保持干净，随时捡走地上的纸片、空杯或其他物品，展台墙面也要保持干净，随时擦去墙上的脏手印或其他痕迹，展台内不要随便放东西，尤其是可能绊倒人的物品或障碍，参展企业可以雇用专业清扫工或指定展台人员负责展台清扫工作。

6.2.2 展台安全

展台安全包括遵守政府、行业和展览会制定的各种安全规定。展览会人多，有安全隐患，而且是人越多隐患越大，因此，参展企业应予以注意并做出相应安排。展览会上的安全隐患包括火灾以及一些人身伤害等，参展企业必须认真阅读相关规定，按规定办事。各地展览会比较一致的规定有：展架展板必须经防火处理，照明设备和材料必须符合当地标准，电源必须由展览会指定的公司人员连接。另外，各地展览会对双层式展架的要求也很严格。

参展企业保证安全要注意：

（1）选择使用符合规定的展架道具。

（2）在施工搭建时，不仅要赶速度，也要注意质量，保证展架道具安装牢固。

（3）在展出期间，要有人负责检查展架、设备状况，维护修理展架、设备，尤其是观众多的时候。指定人员在每天闭馆时检查展台，关闭电源。

（4）按规定配备灭火器。

（5）根据条件和需要为展台人员和参观者投保。

注意展台安全不仅仅是为了防止事故的发生，也是为了保持展台和展台设备的正常工作状态。

6.2.3 展台保卫

展览会上失窃现象比较普遍，有"大偷"（指工业间谍），也有小偷。因此保卫工作也应当列为展台工作内容之一。展台保卫主要有两方面：

1）防止展品被盗

使用封闭式展台是对付小偷的办法之一。如果有贵重但体积不大的展品，可以使用保险箱或在闭馆后随身携走。展览会多设有晚间保险设备,参展企业可以联系使用。太重的展品可能需要雇用专业保卫,同时要投买保险。

2)防止展台记录及其他秘密资料或情报被非法地窃取或合法地套取

展览会是合法收集情报的地方。竞争对手或工业间谍(往往以用户或信息咨询机构的名义出现)可能采取合法或不合法的手段收集信息尤其是公司秘密。对此,展台人员应有必要的警惕性。不能只有热情而不用头脑,为吸引更多的潜在客户而泄露公司秘密。竞争对手直接参观展台并不违法,但是也要十分小心。

由于许多情报是在交谈中被"套"出来的,因此,参展企业要明确限制展台人员透露公司的一些情报,比如正在研制的产品、拓展市场的战略等,无论如何不得向外透露。展台人员要掌握一些必要的技巧,比如掌握交谈思路、了解对手意图、知晓解决问题方法等,除了合法地通过交谈"套"情报外,情报收集者还会用"偷"的办法收集情报。所以,产品、秘密资料、成交合同、接待记录等的管理不善很容易让情报收集者得手。此外,一些媒体也到处寻找故事和花边新闻,展台经理及全体展台人员对此也要有所警觉,不要向竞争对手和记者透露秘密。要对每一个上展台的人存有一份戒心,但是不要草木皆兵。

典型案例6-3

专吃"会展饭"的盗窃团伙落网合肥中博会

日前,记者从合肥市公安局了解到,该局通过多警种合成作战、跨地域警务联动,经过21个小时的连续奋战,将一个流窜全国各地、专门在高级别展会上实施盗窃的犯罪团伙一网打尽,连带破获了发生在中博会期间的4起盗窃案件,及时为参展客商挽回损失。

5月17日12时许,第十届中博会首日会展,正当10余万国内外客商宾朋忙于观展、洽淡合作时,负责展会安保工作的合肥警方却接到某参会单位报警,称一名工作人员的品牌相机被盗。通过对现场监控视频的调取查看,1男2女共3名犯罪嫌疑人进入了警方视线。这是一个专门以大型展会为目标,组织严密的流窜犯罪团伙。根据前期已经掌握的线索,专案民警将犯罪嫌疑人王某(女,42岁,湖南祁阳人)、陈某(女,40岁,湖南祁阳人)、赵某(男,43岁,湖南祁阳人)在北京朝阳区某宾馆内一举抓获。该案侦办中,还连带破获另一起盗窃参展客商手机的案件,抓获犯罪嫌疑人1人。

资料来源 佚名. 专吃"会展饭"的盗窃团伙落网合肥中博会 [EB/OL]. [2017-05-27]. http://www.cnena.com/news/bencandy-htm-fid-62-id-77523.html.

分析提示:展期现场工作对于参展商至关重要。在整个展期,既要保证成交,同时也要保证展品安全,对展台工作人员来说,这是一项充满挑战的艰苦工作,不能有半点马虎。

(6.3) 展览会结束阶段的工作

展览会闭幕标志着展览会结束,但是,并不意味着展出结束。在展览会闭幕至展台人员离开展出地，参展企业必须进行展品和展具的拆除、运输、统计、总结、结账等展出工作。

6.3.1 撤展

撤展工作主要包括展品处理、展架拆除、道具退还、回运安排等。撤展工作必须在展览会闭幕后开始，但是撤展准备工作要在展览会期间甚至展览会开幕前就考虑和着手。撤展工作需要考虑并安排的内容包括：展品处理、展架展具拆除、花草装饰拆除、展品和道具的回运手续、回运公司包装箱运到展台时间、集装箱运到展场时间、场地清扫用品交还手续等。这些工作通常由展台经理或指定人员办理。

撤展首先要注意的问题是按时，既不要提前也不要推迟。撤展的主要工作之一是展品处理。展品处理的方式一般为出售、赠送、销毁、回运。出售是指将展品出售给观众。在零售的展览会上，展品往往也是卖品，直接销售给参观者，参观者付款后可以立即取走。在贸易性质的展览会上，展品售出后，买主往往不能立即取走展品，一般需要等到展览会闭幕后再取走；赠送是指参展企业将展品赠送给客户或重要人物；销毁通常适用于一些价值不太大，参展企业不想出售也不想回运的展品。销毁通常需要证人在场；回运是指参展企业将展品回运参展企业所在地。如果在同一行政区域和同一税区，展品处理涉及费用的情况比较简单，甚至可能不产生费用。但是如果不在同一征税区域展出，展品处理的不同方式会使参展企业缴纳不同的税额，因此，参展企业要明确展品处理方式。

典型案例6-4

第120届中国进出口商品交易会第三期撤展工作方案

第120届中国进出口商品交易会（以下简称广交会）第三期定于2016年11月4日18：00闭幕，为确保各项工作顺利进行，现将第三期撤展方案公布如下：

一、撤展时间

A、B、C三区撤展时间如下：

标准展位：11月4日18：00—5日15：00；

特装展位：11月4日18：00—5日17：30。

二、加班及特装展位清理时限

（一）11月5日，需要申请加班的企业，可于当天9：30—17：00在本展区客户服务中心现场服务点柜台办理加班手续。

（二）11月5日10：00后，无论是否已交费确认均由大会实行统一清运，请特装资质施工单位将全部特装展位放倒。11月5日11：00后，大会将组织人员对无人值守展位特装板材统一进行清理。

（三）11月5日17：30前，特装资质施工单位请将特装材料清理完毕并及时联系各展厅管理员查看，展厅管理员现场查验后在清场确认单上签名，签名将作为退还安全保证金的依据。（A区北广场展厅管理员台设在8.0展厅东北角）

（四）11月5日10：00未放倒特装展位和无人值守特装展位，17：30后未清理完特装板材的，大会将按每个标准展位2 000元的标准扣减安全保证金。

（五）请各有关单位在11月5日11：00前将简装展位清理干净，逾时将不退还清场押金。

三、特装废弃板材及垃圾临时堆放点设置

展馆A、B区外围不设特装板材临时堆放点，所有特装弃置板材请在展厅内装车运走或委托广交会统一清运，严禁使用人力手拉车将板材运出展厅，严禁随意在展馆范围内及市政马路丢弃特装板材。

展馆C区一层设1个临时堆放点（即14.1展厅南面广场），二层（含二层）以上不设临时堆放点。

四、撤展证件办理

（一）办理时间：

撤展证：11月1日—3日，每天9：00—17：00；11月4日9：00—16：30；

撤展车证：11月2日—3日，每天9：00—17：00；11月4日9：00—16：00。

（二）办理地点：

A区：地铁8号线新港东站A出入口旁办证点；

C区：C区16.1展厅内宾及进口展区办证处。

五、撤展交通管理

（一）交通管理要求：

1.为确保交通顺畅，各交易团、商/协会、参展商请勿在展馆一层卡车通道及二、三层车道集货或堆放货物。撤展车辆请服从现场交通管理人员的调度，不得停放在展馆各出入口以及非指定的货车停放区域装货，司机请勿离车。

2.车辆限高：A区4.2米；B区一层3.3米，二、三层4.3米。

3.限长及限重：长度超过10米或重量超过8吨的车辆不得驶入二、三层展馆车道，须到停车场过车。

4.限时：车辆进入停放区域后，请于2小时内（进入展馆C区以及展馆二、三层展区的货车限1小时内）驶离展馆。

5.限停：撤展车辆不得在A区中央通道（Y通道）停放，更不得将车停在卡车通道装货，撤展展品不得在卡车通道堆放。

6.11月4日中午12：00前，请各交易团将停放在A区西北角及B区东北角停车场的班车驶离该区域，停放到会展东路至会展西路之间的阅江路靠北面一侧路段。

（二）撤展车辆进馆时间：

展样品车辆：11月4日15：00—21：00。

特装板材车辆：11月4日21：00—5日17：30。

（三）撤展车辆行驶路线：

A区：（略）

B区：（略）

C区：（略）

六、展品集货区安排

在不影响撤展交通疏导的情况下，大会临时在展馆A区南停车场、B区南停车场、展场南路和C区南（北）路靠展厅一侧空地设置展品集货区。各物流公司悬挂统一制作的集货单位标识，并请提前告知参展商集货区域所在具体位置，严格按照划定的车位停车装货。

集货申报咨询电话：020-8913××××；

集货办证咨询电话：020-8913××××；

集货车辆轮候咨询电话：020-8913××××、8913××××。

七、展品搬运服务

大会对搬运服务收费进行统一限价，参展商自行选择大会搬运公司，搬运费用由搬运公司按照大会统一限价标准向参展商直接收取。详细操作办法见《参展手册》服务指南第四章展品运输、仓储、搬运服务部分。搬运过程中参展商请随货同行，以避免遗失和错搬。

（一）包装物预售服务点：各现场服务点；预售时间：11月4日。

（二）包装物寄存和发放：筹展时，参展商可到现场搬运服务点预约→搬运公司安排工作人员到参展商展位→测量→填写《包装物寄存协议书》（协议书可在服务点现场领取）→收款→打包、贴上搬运公司标识→搬运→寄存。

撤展时，搬运公司按大会规定时间提前发放包装物至参展商展位→收回《包装物寄存协议书》。

（三）展样品搬运服务点：

广交会在各区均设有现场服务点，参展商可在参展易捷通、广交会官网、现场服务点扫描搬运公司二维码进行服务预约。

参展商如需提前预约展样品搬运、回运服务的，可于11月1日—4日联系所在交易团的物流公司，由物流公司将服务名单统一交储运科转搬运公司办理。原则上预约时间须在广交会规定搬运截止时间（撤展当天21时）前2小时以上。

各现场服务点位置详情请点击广交会官网"参展商—展会服务指引"栏目"展品仓储和搬运"信息。搬运人员的工衣背面印有"展品搬运、监督电话4000-888-999"，工人所持证件正面印有"搬运"字样。

对超过大会规定的搬运截止时间而尚未搬出展馆的展品，将由大会指定搬运公司统一进行搬运，搬运费用按照大会限价标准计算。对于该项费用，如果参展商已按大会规定完成预约且预约生效，由其所预约的搬运公司承担；其他情况由参展商自行承担。

八、清退押金流程

（一）参展商退还租用物品时，请及时将相关单据交有关工作人员确认签名。

1. 退电箱手续

撤展当晚，特装资质施工单位和参展商预装电箱或租用电箱的，应派人留守展位，待大会配电施工人员回收电箱时，要求该工作人员在"特装预装电箱确认单"或"特装租用设备确认单"（黄色顾客联）或"标准展位安装电箱押金单"上粘贴电箱已回收特殊标记，同时要求该电工签名确认。电箱拆除服务电话：A 区：89139631，89139731；B 区：89139732，89139730；C 区：89139739。

未交还电箱的，将按照每个电箱 1 000 元的标准扣减安全保证金或押金。

2. 衣架押金

参展商致电 020-89139730（B 区），89139739（C 区）联系办理退衣架事宜，退还衣架后，工作人员在押金单上签名确认。

3. 无线网卡及集线器押金

参展商到客服中心现场服务点"宽带接入申请"窗口办理退网卡事宜。宽带服务负责人对退还的网卡进行检测并在押金单上签名确认后方可办理退押金手续。咨询电话：89139090。

4. 电脑防盗锁押金

参展商持大会提供的电脑防盗锁、押金收据到各展馆咨询服务台办理退款。服务时间：11 月 4 日 9：00—24：00。

（二）退押金的时间和地点：

退押金时间：11 月 4 日 18：00—5 日 17：30

退押金地点：A 区：珠江散步道 2 号馆 4 号柜台；B 区：珠江散步道 10 号馆 2 号柜台；C 区：16.2 号馆北边柜台。

九、其他要求

（一）各交易团、商/协会、保卫办要加强对撤展工作的巡视和监督。各交易团、商/协会、进口展区招展代理等单位要留人值班至撤展完毕，随时协调撤展中发生的问题。

（二）租用的灯具、插座等用电器具，请留在展位上，不得擅自拆除、夹带搬走。大会电工将进行查验回收。

（三）展位上配置的电话机不得带走，大会工作人员将于 11 月 4 日 15：00 开始回收。

（四）撤展期间各单位请留人看管好自己的物品。展样品及各种参展器材运出展馆大门，需凭放行条经门卫验核放行。

（五）进口展区展样品离馆，参展商须凭大会审核（加盖公章）的参展展品清单，经门卫查验无误后放行；出口展区的展样品放行条由各交易团开具。

（六）请爱护展馆内一切设施。馆内各类设施不得私拆、夹带搬走，不得损坏，并严禁运出展馆。请勿在展馆现场变卖附带有铁架的特装废弃物。

（七）参展商自带的展览道具、样品及特装材料（已办理大会统一清运的除外）应全部按时自行清理撤出展馆并运离展馆区域，请勿遗留在展馆区域及周边道路。

（八）请遵守《展馆防火规定》，撤展时全馆禁止吸烟。

各交易团、商/协会、进口展区招展代理、大会特装资质施工单位请速将上述方案传达到所属全体参展企业、参展人员和施工人员，严格遵照执行。

大会秘书处
二○一六年十一月二日

资料来源　作者根据中国进出口商品交易会网站资料整理。

分析提示：展览会的撤展工作是一项比较烦琐的工作，要求在较短的时间内完成，容易出现混乱，参展人员一定要按照展会组委会的要求有序进行，同时要注意撤展期间的防火、防盗、防漏等安全工作，妥善处理好相关事宜。

6.3.2　展品处理

展品处理的有关准备工作尤其要提前做。一般规律是价值越大，使用范围越窄，就越要提前处理；反之，展品价值越小，使用范围越广，参展企业就越少操心，就可以迟一些甚至到展览会闭幕时处理。有些展品比如大型机械设备需要在讨论展出决定时就考虑处理。大型机械设备一般在已确定买主的情况下才会运到展览会上展出，展后由买主运走。否则，如果未出售，就涉及运输问题，大型设备包装往返运输费用很高，而且筹备展出期间，设备运输费用占用的资金，一般公司承受不了。

展品的实际处理工作常常是撤展的第一项工作。体积小、重量轻的展品比如轻工品、纺织品等一般由展台人员自己负责拆卸、再包装，体积大、重量重的展品比如机械设备等可能需要安排专业工人拆卸、再包装。包装材料要提前安排好，从仓库运送到展台。展品从展柜、展台上撤下再包装时要注意清点数目，不要漏装部件、配件、说明书等，并注意包装。展品包装好后交买主、接受人或运输公司安排回运。销毁的展品不能一扔了之，要按规定办理。展品从展架、展柜上取下后，就可以开始拆除展台，撤走展具。如果参展企业使用的是租用的标准展台或委托施工的展台，可以不用考虑展台拆除问题，由展览会或施工公司考虑。如果是参展企业使用自己的材料自己动手搭建的展台，就要考虑由自己拆除，并事先计划安排好拆除人员和工作。如果展台、展柜是要重复使用的材料，在拆除时要细心，不要损坏材料，按要求包装好，避免财物损失。如果展架道具都属于参展企业，参展企业就要在拆除展台的同时，考虑拆除展柜、展具。

6.3.3　回运

回运的展品和展架道具拆完包装好后，就可以交给运输公司，注意手续完备。如果是国际展览，就有结关问题。一方面要与海关建立良好关系，另一方面要按规定办理手续。有时参展企业在结关工作结束前就会离开展出地，将有关工作留给运输报关代理办理。这就需要将有关单证办理得准确无误。在选择回运公司时一定要慎重，尽量选择信用好、办事能力强的运输代理，以保证回运货物的安全。

撤展期间，展台经理或指定负责人要确认所租借的物品（包括办公用品、道具、花草、电气设备等）全部归还原主，避免产生额外费用，并及时索回押金。如果由参展企业自己拆除展架，不要留下乱七八糟的垃圾，这会给人留下不好的印象，有损于参展企业的名声，同时会给展览会组织者留下额外工作，可能因此产生额外的清扫费用。将场地清扫干净交还展览会，这也有助于参展企业和组织者建立良好的关系，为将来合作打下基础。直到将场地交还展览会，参展企业在展览会场的工作才算完成。

典型案例6-5

令人恼火的"展品回运"运输代理

某出口公司去香港参加香港家居用品展，4月20日结束。展览结束后展品委托中山市某快递有限公司深圳分公司回运。本公司与该公司有过几次业务联系，对方承诺会提供及时周到的服务。看在他们公司报价还比较实惠的份上，出口公司确定该公司作为香港展会全程运输代理。没有想到的是，4月20日就委托给他们回运到东莞的8箱货，5月9日才收到4箱货，这4箱货还是出口公司每天打去几次电话催回来的，还有4箱竟然还在香港。不知道这个运输公司是怎么操作的，从香港进口货物到东莞竟然大半个月还没有动静。这箱货物中有出口公司在展览会上认识的客户急需的东西，这个客户有可能会给我们下大单，他们等着我们的样品参加美国的展会，但是运输公司给的答案永远是还要等几天，真是太令人气愤了。

资料来源　佚名. 香港国际家庭用品展览会［EB/OL］.（2012-04-20）. http://www.fob88.cn/article/17/2008/2008102549645.html.

分析提示：展览会参展工作安排需要万无一失，任何一个环节的差错都有可能导致无法预料的后果和损失。此案例展品回运的失误在于选择运输代理不够慎重，对于重要的样品应要保证回运的时间，切不要为了贪图便宜选择信誉没有保证的公司而影响回运时间，酿成大的损失。

6.3.4　总结

展览作为一项工作，结束后需要总结工作的好坏、成果的大小，评估已做的工作，并改善将来的工作。展览作为参展企业的一个营销环境，也需要总结，理顺头绪，分清轻重缓急，以便开始下一环节的工作。展览总结工作最好在展台人员未离开展出场地时完成，一方面是因为展台人员对展台工作仍记忆犹新，集中展台人员比较容易，便于收集整理资料；另一方面是因为展台人员一旦回到办公室，就会投入已堆积起来的日常工作之中，可能很难再有机会做总结。总结的主要内容之一是收集情况和资料。有一种观点认为展览工作的真正价值和最重要的成果体现在资料上。

展览资料包括成交合同、新客户名单、参观者接待记录、市场和行业调研结果。此外，一些其他资料也很重要，包括运输单证、发票收据、展出有关单位、公司的联系地址、服务报价表等。在收集、整理、分析展出资料的基础上，参展企业需要写出总结、报告等材料。每个展台人员根据各自工作的性质、内容写出自己需要的总结。展台经理或指定人员根据整体情况写出展出整体总结、报告等。展出总结、报告的种类和内容要根据实际需要决定，一般包括市场潜力、竞争、前景分析报告、财务报告、展台工作和展览效果、后续工作建议或计划等。总结、报告等材料写好后，应尽快提供给领导和有关部门。

6.3.5 后勤扫尾工作

1）结账

财务人员要督促各方面工作的负责人尽快计算、支付所有应付费用包括住宿、膳食、交通、场地、道具、电话、水电、花草、人员补贴等，并且要留出款项以应对支付不了或者暂时结不了账的情况。支付应付款是一项必做的工作，应当尽快完成。各项费用支付后，才可以计算展出总账，并计算展出各项工作的成效和成本。

2）安排展台人员游览、购物

展出经常是在外地，经过高强度的展出工作后，安排展台人员放松一下，游览购物是很正常的。如果展台人员人生地不熟，而又必须忙于展台结束工作，那就最好委托旅行社或指定人员安排游览和购物等，以便在有限的时间内游览最佳的旅游点并购买到最有价值、最有特色的物品或纪念品。

3）安排展台人员返回原地

如果是联程飞机票、火车票等，需要提前确认座位。如果没有联程票，需要提前买好回程票。在一些举办大型国际展览会的城市，展览会结束后交通很紧张，可能不易买到票。因此，需要早一点考虑安排。临行的当天，要考虑并安排好旅馆结账、膳食、交通等细节问题，安排展台人员顺利离开展出地。

【情景模拟6-1】

场景：在展览会模拟现场，进行客户接待、贸易洽谈、资料发放的模拟。

操作：

1.每个展位安排三名工作人员分别负责不同的工作。

2.其他的同学扮演观展商与展台工作人员进行接洽。

3.各项目组分别派一名代表在模拟结束后对自己本组的展台工作情况进行总结。

4.教师对各项目组的表现进行点评。

《知识掌握》

6.1 简述展期展台业务的主要工作。

6.2 展期展台环境工作有哪些?

6.3 撤展工作应考虑哪些内容?

《知识应用》

▶ 案例分析

参展商展会现场 硬伤太痛

办展不容易，参展同样有硬伤，做到不犯错误很难，但是以下这些硬伤如果多加注意，你就比别人好多了。

1."废话"太多

"你的需求我都明白，现在我来介绍一下我们这个产品……"客人进来，负责接待的参展人员就开始滔滔不绝地谈起公司、介绍产品。试问，你真的关心和了解了客户的背景和需求吗？在介绍产品时，是不是只顾着介绍某款产品的最大卖点，却没有问一问，客人是否也最在意这个卖点呢？要知道，如果他并不在意这个卖点，你说得天花乱坠也未必能打动他。

与客人聊天时，切记要站在客人的角度，思考他到底想了解些什么，争取把话说到他的心坎儿上。

2.产品知识不纯熟

本公司产品的相关信息、规格、报价、交货期、MOQ、出货港、包装信息、目标市场的畅销产品、产品优势等，这些你都能在第一时间不查阅任何资料而回答上来吗？客人可不会等你去查资料，或者去咨询其他老同事哦！

3.不懂得"有的放矢"

不懂观察，不会筛选有价值的客户，见人就发材料、送礼品，回报率却很低。在谈话中也不注重判断客人是不是目标客户、客人有没有采购的决策权、客人的采购需求是否迫切、客人的真诚度和专业度高不高等这些关键问题。

4.一上来就说"Can I help you?"

客人走进展位，你迎上去就说"Can I help you?"有没有想过，如果客户回答你："No, thanks.I just look around."你要怎么办？多问开放式的问题，少问封闭式问题，再不济，你也可以问一句"What brings you into our exhibit today?"

5.不会问问题

上面说到参展人员忽视客人的需求，这里是另一个极端——客人走进展位，参展人员就连珠炮似的发问：你从哪里来？对我们产品有什么具体要求？你的客户主要有哪些类型？你们的采购步骤是怎样的？……你这是谈合作还是审犯人？

参展人员的问题没有逻辑性，每一个问题之间没有关联，不能帮助去挖掘客人的采购需求。结果就会变成泛泛地聊了聊，然后不了了之，你以为客人没有采购意向，殊不知，你根本没有与客人开始深聊！

6.不做记录

客人来了，交换了名片，谈完了，客人离开了。紧接着参展人员就投入到接待下一个客人的工作中……晚上回到宾馆一看，客人的名片完全不能跟记忆中他的面孔对应起来了！与哪个客人聊了哪些重要的信息也记不得了！结果可想而知。

解决办法：与每一个客人聊完之后，拍照留念，在客人名片和客户登记表上均注明照片编号（合影照片在展会后也可以发到客人邮箱，进行进一步互动）。或者直接带一支录音笔，放在不显眼的位置，对于重点客户，直接录下与客人的谈话，并记录编号。

而在客户登记表上做记录的时候，需要记下客人的联系方式、职位、采购角色、地址、行业、公司形态、何时归国、关注点、对品质的需求、对产品的了解程度、对产品的意见和建议、有没有提到同行，同时，适当记录谈判过程和方式。这些都是日后跟进的最重要材料。

7. 只会讲价

每当客人面露犹豫，参展人员就主动降价。对此，一位买家这样说："价格只是产品价值链的一部分，如果只谈价格，我们会认为这些供应商对构成产品价值的其他重要部分也许并不了解，其实不仅仅是价格，其他的方面也很重要。所以，这也是有些供应商的开场白令我们扫兴的原因。"敢不敢先谈点别的最后再谈价格？只会谈价格的销售不是好销售！

8. 客人一砍价，你就看老板

这种行为给客人产生"价格老板做主"的印象，觉得这家公司的价格没有体系、不专业。

正确的做法：客户要求报价时，首先应该认真分析、了解客户的购买意愿、询价动机、真正需求和迫切性，有的放矢地报出虚盘或实盘。根据不同的出口市场、地域特点、买家实力和性格特点及商品特点来调整报价。根据销售淡、旺季的销量，或者定单大小也可以调整自己的报价策略。首日报过价后或派送资料后记住"熟面孔"，当天下午或第二天客人再光顾时，一定要重点突破。

9. 没有说服力

当客人问起产品是否符合相关市场的安全标准、产品的技术参数等有关市场和专业信息的问题时，参展人员环顾左右而言他，只说自己的好，却拿不出确切的相关指标。只会讲good、best，而没有具体的数据支撑，这怎么能取得客人的信任？

10. 只会在展位上守株待兔

一整个上午，拜访你展位的客人寥寥无几，甚至于你展位前的通道上客流量都不怎么样。这时候你还仍然坐在展位里抱怨选错展会/展位吗？走到路口、通道上去把客人引进来吧！至于怎么"引"，唯有一条万变不离其宗——放下面子。

11. 千篇一律，没有创意

望望左右的展位，大家都是标摊，摆着类似的产品，都穿着西装，送给客人的礼品都是中国结或者圆珠笔……你用什么让客户走进你的展位并记住你呢？你的展台设计是否能让人眼前一亮？你是否准备了有意思的现场产品展示？或者哪怕只是参展人员换一身显眼又统一的服装？

12. 贪多

能把源源不断的客人招呼进展位也是一种本事，但是如果你对每一个客人都说"wait a moment"，然后又去招呼其他人，你就等于怠慢了每一个人。贪多嚼不烂，用心谈好一个对口的，胜过连收数十张名片！

13. 与同事们抢客户

客人走进展位，你把展前的工作分配忘得一干二净，第一个就冲上去；同事引来的客人，你趁他拿材料的时候递名片、套近乎……如果每来一个客人你都这么干，你还想不想与同事们愉快地相处了？新人有干劲是好事，但参展时按照之前的工作分配做事，多看看老同事们怎么做，多学习人家的经验，别太急功近利。

而如果你是领导，一定要在展会前就严格规定好客人的分配原则，以免产生不必要的纠纷，使团队陷入恶性竞争之中。

14.去同行的展位门口抢客户

你一直蹲等在同行的展位门口，出来一个客户你就递上你的名片，告诉他你有更低的价格。诚然，这是一种最直接的拉客户手法。但多来几次，信不信同行会过来揍你！而你放弃了自己的大本营，是不是捡了芝麻丢了西瓜呢？

15.宣传品上的低级错误

你的展板上有明显的拼词错误，你的材料几乎全是"中式英语"，你准备的小礼品质量特别差……这些都会给采购商留下一个"不专业"的印象，他们还怎么与你合作呢？

16.该跟进的服务没跟上

在展会上，你跟客人说好过一会儿就给他把报价单发过去，结果展会结束了你还没发。要知道，客户在展会现场找到的意向供应商肯定不止你一家，别人隔3分钟就把价格、重量、装箱量、交货期等详细信息发给客人了，你说他选择谁呢？

17.要么过度热情，要么过分冷淡

客人一走进展位，参展人员立刻迎上去亦步亦趋，紧跟客户，开始介绍。这种贴身盯人法吓得客人转身就走。又或者走向另一个极端，参展人员坐在椅子上一动不动，任客户自己查看展架上的展品，最后客人无趣离开。

正常的表现是：在远处即向目光有对视的客人微笑问候，等他走进展位之后，也不急着推销产品，而是礼貌地说："How are you doing? My name is ×××, the sales representative.Call me if you need any assistance.I will be around." 既不过分紧迫，也不冷淡。

18.闲聊

展会上人气较差的时候，参展人员要么三三两两聚在一起聊天，要么坐在展台前玩手机，或者干脆背对过道休息；午餐时，直接在展台上吃；谈话时双手抱臂、抖脚、撇嘴、驼背……这些不职业的举止都会影响客人对你和你公司的印象，从而阻挡了他走进你的展位的脚步。

19.以貌取人

怠慢那些其貌不扬或者穿着打扮不那么"高大上"的客人，招待不周。

20.忽视团队的激励

参展是一件非常辛苦的事情，参展人员往往食不定点，忙起来连水都喝不上一口，身心俱疲。这时候，如果领导再施压，很容易让参展人员产生逆反情绪。

如果条件许可，可以安排参展人员轮流上阵，让大家有饱满的精神去接待每一位客户；如果实在人手不足，也需要注意参展团队的情绪，通过鼓励、奖励，以及一些贴心的小细节来调动参展人员的干劲。

要知道，在展会上，参展人员直接反映着一个公司的精神面貌，当然是越正面越好！

21.展会还没结束，人就走了

明明是下午6点闭馆，结果5点不到你就拿块布把展位"封"起来，然后急急忙忙离开了展馆。不管有没有采购商在你离开后再来拜访，你的态度，真的是来做生意的吗？

资料来源　佚名. 参展商展会现场 硬伤太痛 [EB/OL]. [2015-07-30]. http://www.31huiyi.com/newslist/article/18374/.

问题：阅读以上案例，请你谈谈展会现场应注意哪些问题？

（分析提示：参展工作千头万绪，每一个细节出现问题都会影响到参展的效果，展会现场表现稍有闪失就会前功尽弃，现场沟通顺畅、客户满意则会事半功倍，现场人员应随时保持饱满精神，尽量避免出现不应有的失误。）

▶ **实践训练**

与某展会的参展商联系，帮助该参展商在展会上对同行的情况进行市场调查。

要求：调查的内容包括竞争对手的展示手段、销售方式、宣传方式、新产品、新技术、产品质量、产品价格、产品包装、产品性能等，力求真实，并根据调查了解得到的资料为参展商提供一些合理的建议。

第7章

企业参展营销推广实务

学习目标

在学习完本章以后，你应该能够：

懂得展前客户沟通的基本知识；

掌握参展营销推广的手段；

掌握参展人员促销技能。

【引例】

把买家留住

日本著名企业小松山推在某次参展中把参展目标设定为"关注您的成功"，这里的"您"是指经销商和产品用户，也就是说它的目标是放在经销商和产品用户上。参展目标设定的关键在于把买家留住，也就是说把这些专业经销商全部留在自己的展台上，为此其采用了如下几种方法：

1. 汇聚人气

80个座位的剧场式的主活动场所，每隔半个小时就派出4个演员进行一段12分钟的演出，节目直接表现展销主题。演出间隙播放婴儿潮时期出生的人喜欢听的摇滚音乐，吸引人群注意。

2. 推动观众

每场演出结束时，迷人的女主持人就会把小松山推的帽子发给要离去的观众。她们聪明、礼貌、可爱，同小松山推的另外85名展区服务人员进行了配合演练，对展览的整体情况了如指掌。

3. 多层展示

中心活动区域的演出结束一分钟之后，还有两个更短的演示活动。中心区的左侧是推土机，右边是挖土机，全部采用电脑操作，就像一个复杂的虚拟现实的视频游戏，人们可以通过它来测试自己的操作技能，就像真正的重型机械的操作手。

4. 网站点击

价值180万美元、型号为PCI800的巨型液压挖土机，只适用于采石和开矿，却是展会上最大的挖土设备。这台挖土机是从日本拆装后运到展会举办地，然后再拼装起来的。对于参观的承包商来说，这台机器就像硕大的巨兽，本身就具有吸引力。参观者们被邀请站在14.4立方码的挖土机的铲斗里，拍摄一张数码照片。照片会立刻被贴到公司网站上，这个网站大约保留6个月。个人照片是对参观展览的回忆，在展中和展后的6

周时间里，网站就被点击了 375 000 次。由于点击者要查看他们的照片，所以他们也能查看小松山推在博览会展出的所有 21 种机械产品的技术指标。

通过这些方式，他把其他竞争对手的客户全部都吸引过来，有效地达到了把客户留在展台上的目的。

资料来源　佚名. 会展营销案例［EB/OL］. （2010-07-20）. http: //www.docin.com/p-65378615.html.

分析提示：在展览会上进行营销推广是知名企业惯用的营销手段，精心策划的展览营销可以吸引众多的观众，能够对参展企业树立良好的市场形象、扩大影响力起到明显的效果，企业在参展时应采取积极的营销手段，争取更好地实现参展的目标。

〈7.1〉 参展作为企业市场营销手段的优点

市场营销是企业为巩固现有市场、开辟潜在市场而有计划地组织各项经营活动，这些活动旨在满足客户的长期需要，并实现公司的各项目标。为达到此目的，公司必须充分发挥所有市场营销策略的作用。市场营销手段包括产品设计、定价、分销、沟通与促销等，这些手段可使公司对销售市场产生积极影响。

参加展览会是企业的营销策略组合中一个重要的沟通与促销的手段，也是企业开辟新市场的首选方式。在大型的展览会中，参与的人数多达数万人，绝大部分是行业内的人士，他们都是抱着一定的购买意向或搜集行业内资料的目的而来的，企业在这样的场合展示自己的最新产品，将自己有竞争力的价格信息传递给与会人员（市场），对于企业实现市场营销目标具有十分重要的意义。一些统计分析表明，市场份额和展览会的参与程度有直接的关系，市场份额超过 20% 的公司每年参展数量平均是市场份额少于 5% 公司的 2 倍多。与其他市场营销手段相比，它的优点主要体现在以下几个方面：

7.1.1 低成本接触合作客户

公司要接触到合作的客户，参加展会是最有效的方式。据英联邦展览业联合会调查，展览会是最有效的营销中介。通过一般渠道找到一个客户需要的成本为 219 英镑，而通过展览会，成本仅为 35 英镑。

7.1.2 工作量少，质量高，签单率高

在展会上接触到合作客户后，后继工作量较少，签单率高。调查显示，展会上接触到的意向客户，企业平均只需要给对方打 1.8 个电话就可以达成交易。相比之下，平时的典型业务销售方式却需要 7.8 个电话才能完成。同时，客户因参观展会而向参展商下的所有订单中，54% 的订单不需要个人再跟进拜访。

7.1.3 短时间内结识大量潜在客户

面对面地与潜在客户交流是快速建立稳定的客户关系的重要手段。在参展短短几天的时间里，参展商接触到的潜在意向客户比其 6 个月甚至 1 年里能接触到的客户数量还要多。研究显示，以一家展商摊位上的平均访问量为基数，只有 12% 的人在展前 12 个月内接到该公司销售人员的电话；88% 为新的潜在客户，而且展会还为参展商带来高层次的新客户。对于参展公司的产品和服务来说，展会上 49% 的访问者正计划购买那些产品和服务。

7.1.4 快速有效地树立企业的形象

展览会为参展商在竞争对手面前展示自身实力提供了机会。通过训练有素的展台职员、积极的展前和展中的促销、引人入胜的展台设计，参展公司的竞争力可以变得光芒四射。而且，展会的参观者还会利用这个机会对各个参展商进行比较。因此，展览会是一个让参展商展示自身形象和实力的好平台。

7.1.5 融洽客户关系

知名的展览会一般会吸引众多专业观展商反复前来观展，人气较旺。平常的业务活动一般通过电话、微信、QQ、传真、电子邮件与客户进行联系，难得有见面的机会。因此，企业展前向老客户发出邀请，老客户一般也愿意前来。在展览会上，双方都可以暂时把繁杂的工作事务放下，进行面对面的交流沟通，进一步增进双方的了解，融洽相互关系，对建立和稳定销售渠道具有重要的作用。

7.2 展前客户沟通

展前的沟通主要是将企业将要参加某个展览会的消息传递给目标客户，并邀请目标客户到展位前参观、接洽。吸引和邀请参观者拜访是参展前最重要的筹备活动之一。

7.2.1 展前客户沟通的必要性

参展企业参展的效果与光顾自己展位的人数成正比。在参展前营造一定的声势、进行展前客户沟通，对吸引观众、实现参展目的有极大的帮助。

1）增加展位观众人数

据调查，观展商参观那些曾经在展前寄发过邀请函的参展公司，比参观其他公司的展位机会大4倍，可见展前做好宣传对提高展位参观人数十分有效。

2）促进贸易成交

展览会上竞争激烈，生产同类同质产品的企业比比皆是，要争取客户、获得订单很不容易。在展前加强与目标客户的沟通联系，并诚挚地发出邀请，接到邀请函的客户会认为得到参展商的认可和重视，这在一定程度上满足了客户获得社会尊重的心理需要，客户往往会用订单来作为获得尊重的回报。

3）提高参展企业知名度

展前沟通工作做得好，一方面，客户会认为这是企业营销管理能力强、管理者素质高的一个表现，参展企业在公众心目中的形象自然得到提升；另一方面，展前良好的沟通可以吸引客户不断前来捧场，而展台前人气旺盛相应也会带动参展人员情绪高涨，从而不断引来展览会现场羡慕的目光，提高本企业在同行和展览会中的知名度。

7.2.2 展前沟通的方式

参展商展前的沟通方式可分为选择性的沟通和一般性的沟通。

选择性的沟通，是指选择参展企业认为重要的或希望其前来进行业务接洽的客户进行直接沟通，让对方清楚地了解参展商展出活动的具体详细情况的做法。它可以采用以下方式进行沟通：

（1）将邀请函直接邮寄给特定目标群体（决策人、政府官员、意见领袖等）。邀请函的格式如下：

尊敬的_____先生（女士）：

　　你好！

　　非常感谢您对我们公司长期以来的大力支持，值此_____到来之际，我们在此真诚地期盼您的参观，恭候您的到来。

　　展会日期：_____年____月____日

　　展会时间：

　　展会地址：

　　展位号：

　　希望您的到来能给我们提供一些好的参考和建议，我们的成长与发展离不开每一个客户的指导与关怀。谢谢！

　　敬请光临！

　　（2）电话沟通。对于关系密切经常电话联系的客户，参展商在展前与客户业务电话联系中可以将参展的信息告知客户，通知其前来观展。展会即将开始前应该再次提醒，以免对方因为各种原因耽误。

　　（3）传真或通过电子邮件方式告知参展活动基本情况并邀请客户前来洽谈业务。

　　一般性的沟通，是指通过各种大众媒体告知一般观众参展企业展出活动的做法。主要沟通方式有：

　　（1）在会刊/参展商光盘里投放广告。几乎所有的展会的主办机构都会发行含参展企业名单的会刊或光盘。参展商可以在这些出版物里做广告，让广告受众了解本企业的参展情况。

　　（2）在专门的行业出版物上做广告。有时候，这些出版物会发行关于展会的特刊，这给参展商做广告提供了可能性。在公共区域投放的广告，如机场、火车站或场馆的进入通道的广告都是非常有效的。

　　（3）互联网。参展商可以通过互联网在公司网站主页或者在展会及其他相关网站上投放网络广告来告知和推广其参展活动。

典型案例7-1

参展商网上发布客户邀请函和展位图

　　通过网络来加大宣传和进行信息沟通已经越来越普遍，图7-1和图7-2分别为某参展商在网上发布的参展邀请函和展位图。

图7-1　参展商在网上发布的参展邀请函

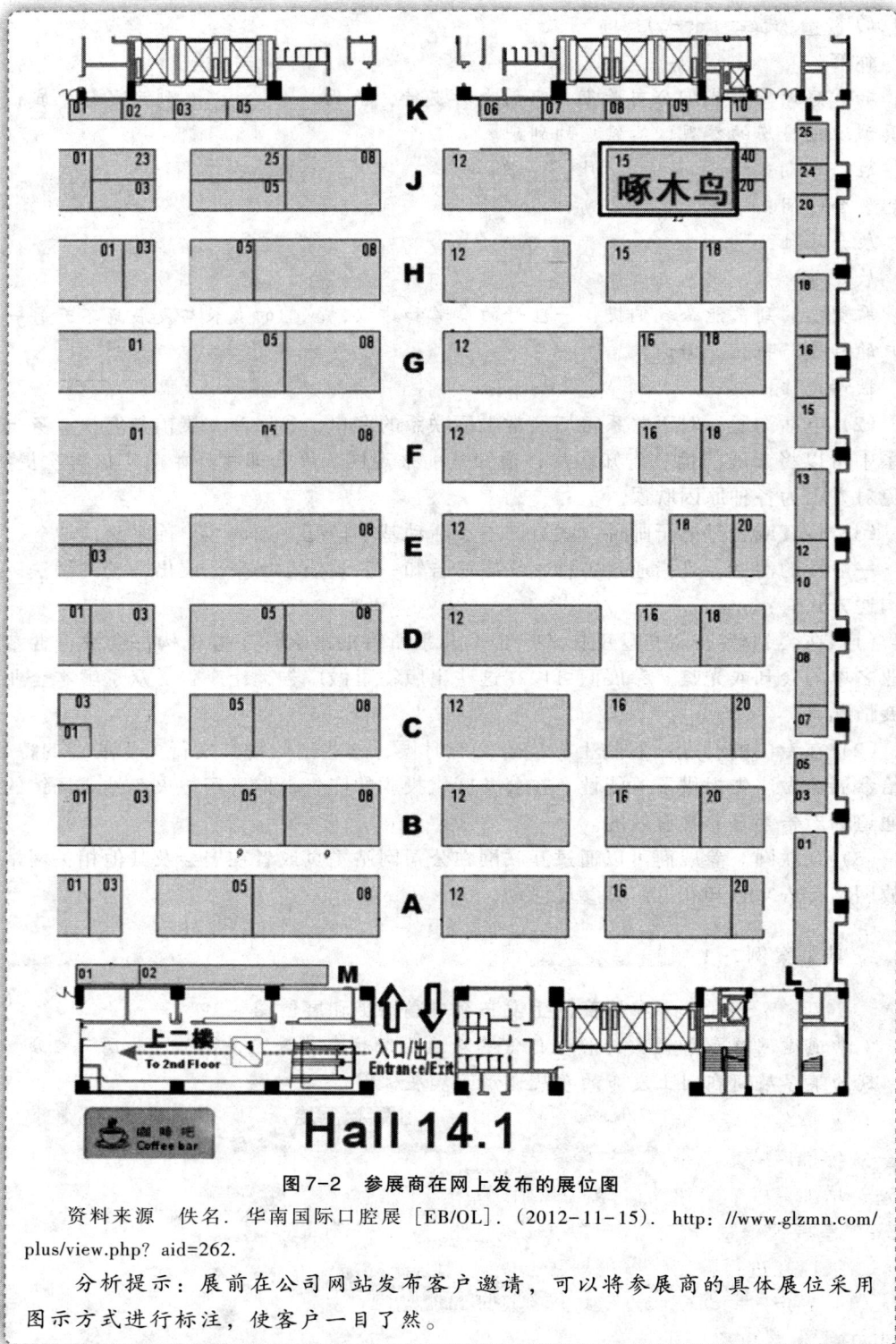

图7-2 参展商在网上发布的展位图

资料来源 佚名. 华南国际口腔展［EB/OL］. (2012-11-15). http://www.glzmn.com/plus/view.php? aid=262.

分析提示：展前在公司网站发布客户邀请，可以将参展商的具体展位采用图示方式进行标注，使客户一目了然。

7.2.3　展前沟通应注意的事项

那么，是否可以向全部的目标客户发出邀请呢？这需要进行分类研究，区别对待。客户按照与参展企业的关系程度可分为四类：

第一类：关系很好，相互信任度很高，合作时间很长的 A 类客户。

第二类：关系一般，有一定的业务往来，但与自己的竞争者也保持业务关系的 B 类客户。

第三类：刚建立业务关系或关系尚处于发展阶段，对其忠诚度难以确定，关系还不太稳定，对参展商的信任度正处于考察期，而且自己身边的竞争者与其还没有业务关系的 C 类客户。

第四类：相互认识，但没有业务交往的潜在目标客户，即 D 类客户。

以上四类客户中，应该向 A 类、B 类、D 类发出邀请，邀其前来展览会进行业务交流，特别是 D 类客户，其是企业扩大贸易规模的希望所在，更应该积极地争取；对于 C 类客户则不要邀请，因为这类客户是企业保密类的客户，邀请其前来参观展览存在被周围竞争者撬走的危险。

〈7.3〉　参展的营销宣传推广

参展企业的营销推广是参展商为了实现参展的目的有针对性地举行的宣传推广活动，这些宣传推广活动是围绕着参展的基本策略和目标而展开的。制定参展宣传推广的策略时应考虑：宣传推广的出发点、主题、亮点，如何突出参展商的个性化特色，如何从客户出发，处处体现出客户利益。

7.3.1　参展营销宣传推广的类型

根据参展商的参展目标，企业参展的宣传推广类型可以分为五种类型：

（1）认知型宣传推广。主要目的是使受众全面深入地了解参展商，加强对参展商的认知度。宣传推广的重点是企业的发展现状、经营管理等较详细的内容。

（2）显露型宣传推广。这是以迅速提高参展企业知名度为目的，宣传的重点是企业的名称、产品品牌等简单明了、便于记忆的参展商的信息。

（3）竞争型宣传推广。主要目的是与竞争对手展开竞争或进行防御，宣传推广采取与竞争对手针锋相对的措施，是一种针对性很强的宣传推广活动。

（4）促销型宣传推广。主要目的是在展会期间推动参展企业产品的销售或招揽更多的观众到展台前参观洽谈，宣传重点是客户所关心的主要问题。

（5）形象型宣传推广。主要目的是扩大参展企业的社会影响，建立参展商的良好形象。宣传推广的重点是追求目标客户对企业形象的认同，积极与他们进行信息和情感的沟通，增加对参展企业的信任度和忠诚度。

7.3.2　参展营销宣传推广的规划

参展商在进行营销推广规划时，需要做好以下四个方面的工作：

（1）界定时间跨度。确定宣传推广的时间范围，从何时起到何时止。参展宣传推广要走在实际展出时间的前面，要为展出工作造势、造知名度，宣传推广在时间上要连贯。

（2）界定地域。明确宣传推广活动传播的地域范围，要在有存在潜在客户的地方进行宣传。

（3）界定目标受众。明确宣传推广活动主要是针对哪些人的。

（4）性质描述。明确宣传推广的主要目的和重点内容是什么，用什么方式将其准确形象地表达出来并传递给目标受众。

7.3.3 参展营销宣传推广的原则

从本质上看，参展的宣传推广重点不在于宣传参展活动本身，而在于宣传和推广参展商的各种产品和服务。参展企业在宣传推广时应坚持如下基本原则：

（1）形象性。宣传推广的形式要生动活泼，表现方式要有感染力，能吸引受众的注意，并能激发客户需求欲望。

（2）真实性。信誉建立于企业能否遵守承诺，企业进行宣传应做到实事求是，避免夸大其词使客户产生过高的期望。明智的做法是"做"的比"说"的好。

（3）一致性。在进行宣传策划时，企业标志、商标、字体、色调、画面、风格要基本保持一致，要在客户心目中留下深刻的印象。

（4）通俗性。使用行业和客户熟悉的语言，不要用太抽象的描绘影响客户对企业及其产品的认识和理解，也不要用一些模糊的语言误导客户。

知识链接7-1

广交会馆内宣传品管理规定

1.总则

（1）为维护广交会的声誉和权益，规范广交会馆内宣传品发放秩序，根据《中华人民共和国著作权法》《中华人民共和国商标法》《中华人民共和国广告法》等国家有关法律法规和商务部相关要求制定本规定。

（2）广交会馆内宣传品，特指广交会宣传品、广交会参展企业宣传品和广交会驻会商务单位宣传品。

（3）广交会各部门、各参展单位、各宣传品服务单位应遵守本规定。

（4）广交会新闻中心对广交会宣传品发放行使管理职能，包括实施审核和监管，并对违规行为进行处分。

2.广交会宣传品

（1）广交会宣传品，是指经广交会批准，广交会开幕期间在广交会展馆内由新闻中心统一安排发放，以宣传国家商务政策、广交会、参展企业和参展商品为主要内容，直接为参展商和采购商服务的印刷品、电子出版物及其他用于宣传的信息载体。

广交会宣传品分为3类：

①广交会授权印制的宣传品，包括广交会会刊、参展商名录、广交会宣传光盘、展区指南和导向图等直接为大会服务的宣传品；

②各进出口商会、外商投资企业协会的广交会专刊（每个单位限一本）；

③经广交会批准进馆发放的商务部直属单位宣传品以及全国性外经贸类报纸、杂志或其他宣传品（每个单位限一种）。

除上述3类外，其他任何宣传资料均不具备广交会宣传品资格。

（2）未经广交会许可，任何单位或个人不得擅自以中国进出口商品交易会（广交会）名义征集文稿和广告；不得在任何宣传品上使用"中国进出口商品交易会""广交会"中英文字样（包括简写体）和广交会LOGO；不得在任何宣传品上使用可能对广交会声誉和形象造成不良影响的字样和标志；不得采取与中国进出口商品交易会（含广交会各办）或中国对外贸易中心联合或合作名义编印、发放宣传品。

（3）广交会宣传品必须标明宣传品和编印单位名称。所选用文稿、图片，以及涉及广告、专利、版权等内容，必须符合国家有关规定。如发现任何违法违规行为，由编印单位承担全部责任。宣传品主办单位应立足于为参展企业和采购商提供信息资讯服务，严格控制营利性广告篇幅。

（4）广交会宣传品（样刊）必须在当届广交会开幕前一个月报广交会新闻中心审批，审批当届有效。其中的第一类宣传品内容由广交会新闻中心审核；第二、三类宣传品内容由编印单位自行按本规定要求严格审核后，填写发放申报表，签订遵守相关管理规定的保证书，连同样刊在当届广交会开幕前一个月报送广交会新闻中心审核。审核通过后方能在当届广交会印制发放。

（5）广交会宣传品由广交会新闻中心安排在指定发放地点供采购商和参展商自愿免费领取，不得售卖和强行派发。各进出口商会、外商投资企业协会的宣传品仅限于在本会办公室和会员企业展位发放；各交易团的宣传品仅限于在本团办公室和本团所属企业展位发放。

（6）广交会新闻中心有权对广交会宣传品的质量、内容进行检查，对有下列情况之一的宣传品，一经发现，即予取缔：

①违反本规定擅自对外发放宣传品；

②超出指定的宣传品发放区域；

③编印单位申报不实，虚报、假报；

④出现严重知识产权侵权行为；

⑤出现其他违法违规行为。

（7）广交会宣传品在每届广交会对外发放的数量不少于8 000册，编印单位应在广交会开幕前交纳发放工本费（每种10 000元人民币/届）。否则，其下一届的进馆发放资格将被自动取消。

（8）经商务部批准在广交会发放的部分展会招商宣传资料以及外贸中心的展会招商宣传资料，归入新闻中心统一管理，具体办法参照广交会宣传品有关规定执行。

（9）广交会休会期间，相关工作由外贸中心办公室负责。

3.广交会参展企业宣传品

广交会参展企业宣传品，是指广交会进口展区、出口展区参展企业自备的企业介绍、产品目录或宣传单张等，内容仅限于介绍本企业和本届参展的产品，仅限于在本企业展位内派发。

未经广交会许可，企业在参展期间不得在展览场地，以任何形式陈列、展示其他展览会或电子商务网站的资料；不得为该展览会或网站进行任何形式的宣传活动。

各交易团按大会有关规定对出口展区参展企业的宣传品行使管理职能。

4.广交会驻会商务单位宣传品

广交会驻会商务单位宣传品，是指经批准进入广交会的商务单位，用于介绍本单位以及专门为广交会参展商或采购商提供业务服务的宣传资料。

驻会商务单位宣传品仅限于在本单位服务点范围内发放。外贸中心广交会工作部对驻会商务单位宣传品行使管理职能。

5.违规处罚

宣传品所属单位人员超越其固定区域发放或擅自派发未经审批的宣传品，一经证实，大会将予以劝阻、没收资料和证件等处罚。对情节严重或屡教不改者，广交会保卫办将会同其他管理部门做出清场处罚。

6.检查和处理

除广交会新闻中心实施监管外，广交会现场服务指挥部大会检查组有权对馆内宣传品发放情况进行检查，并依据第五条规定对违规单位做出处理。

7.附则

（1）本规定由广交会新闻中心负责解释。

（2）本规定自2013年1月15日起施行。2011年7月15日发布的《广交会馆内宣传品管理规定》同时废止。

资料来源　佚名. 广交会馆内宣传品管理规定［EB/OL］.（2013-01-25）. http://www.cantonfair.org.cn/html/cantonfair/cn/info/2012-10/.

7.3.4　参展营销宣传推广的手段

1）媒体营销

这是通过报刊、电视、互联网等媒体进行宣传推广，实现企业营销目标的一种手段。

（1）召开新闻发布会。新闻发布会可以在展台里举行，也可以在会展中心租用一个房间来举行，如果有必要的话，也可在展馆以外的场地进行。要注意公布的资料要简明扼要，突出客户的利益，并方便新闻媒体把握重点。在筹划新闻发布会时，要注意以下问题：①主体的新闻价值；②有回答问题的发言人或代表；③合适的日期和时间；④及时发出附带回执的邀请信；⑤预订会议室和有关设备；⑥准备全套新闻资料；⑦言简意赅的发言材料；⑧问答环节安排；⑨根据时间安排适当的茶点。

（2）展出前，在专业和大众报刊上做广告，以吸引专业观众的注意；展期内，选择当地发行量大的报纸和展会组织者每天编辑的展览快讯进行宣传报道。

典型案例7-2

2016中国轨交展上我司董事长袁地保接受行业媒体采访

6月16日，在2016中国国际轨道交通展览会上，我司董事长袁地保接受了《世界轨道交通》杂志等行业媒体的采访。

记者：我们很荣幸能采访到上海中驰集团股份有限公司董事长袁地保先生。首先，请您给我们介绍一下贵公司。

袁地保：上海中驰集团成立于2005年，主要是做交通降噪系统的全方位产品开发，我们的主要案例有京沪高铁、武汉地铁、广州地铁等。目前，我们是国内规模比较大的声屏障制造商，拥有10万平方米的生产基地，已获得40多项专利授权，并且我们的很多专利、技术都应用到通用图集上去了。

记者：在这次展会中，贵公司主要推出了哪些新的产品以及新的技术？

袁地保：本次展会，我们给大家带来了全封闭声屏障的解决方案、通风声屏障的解决方案、盒基声屏障的解决方案和尖劈无铆钉无焊接声屏障的解决方案。

记者：2016年贵公司有哪些发展策略呢？

袁地保：我们想进一步加大产品技术研发和市场推广，把更多的新技术推广给广大客户。

记者：贵公司的扩展情况如何呢？到目前为止，取得了怎样的业绩？

袁地保：目前我们市场销售情况良好，今年第一季度在同行业中业绩排名第一。

记者：您认为贵公司的产品较同行业具有怎样的优势？

袁地保：我们响应国家的号召，特别是制造业的"2025计划"，在产品的研发上我们充分发挥"工匠精神"，把产品做得更好，让其发挥更好的效果，达到更好的降噪效果。

记者：贵公司是否在加大轨道市场的推广？具体有哪些措施呢？

袁地保："十三五"的轨道市场增长很快，我们将进一步拓展在轨道市场的发展。具体来说，我们主要是加大与各个院校和设计院的合作，进行新产品的研究和新产品的开发。

记者：您是如何看待轨道未来的发展的？

袁地保：我国的轨道交通发展很快，新技术的应用也很多，但需要更多的新产品的研发和应用。我们作为轨道交通行业里的一个细分领域和细分产品，将进一步研发出更加持久耐用的声屏障产品，为各个业主提供更好的服务和系统的降噪解决方案。

记者：好的，非常感谢您接受我们的采访，预祝贵公司发展得更好，在市场上有更大的影响力！

资料来源　佚名. 2016中国轨交展上我司董事长袁地保接受行业媒体采访［EB/OL］. (2016-06-27). http://www.shazc.com/news/news_detail-76.htm.

分析提示：展览会期间在媒体上进行宣传报道，传递企业的信息更显真实、可靠。

（3）展览会组委会往往提供参展的宣传推广方案，并印制和发放展览会的宣传资料，对展场的宣传品也有相关的规定，参展商可通过向组委会订购促销广告，进行参展宣传推广。

（4）在网上宣传推广。在知名度较高的展会网站发布企业以及产品信息（比如中展网等），只要定期维护更新一下，就可以让您的企业及产品排名靠前，赢取更多商机。

典型案例7-3

第七届中国国际进口食品及饮品博览会企业宣传推广机会说明

名　称：第七届中国国际进口食品及饮品博览会 IF China 2017

时　间：2017年6月21—23日

地　点：北京·全国农业展览馆（北京市朝阳区东三环6号）

- 这里是全球食品企业进入中国的窗口
- 这里是全球食品企业分享收获的盛典
- 这里是全球食品企业形象展示的舞台

展前的宣传机会/Before the Show

1. 展前特刊 / Special Issue

2. 展前预览 / Show Preview

3. 参观券广告 / Invitation Advertisement

4. 展会官方网站形象宣传 / Image Promotion on the Official Website

5. 网站在线宣传 / Website Advertisement

6. 杂志宣传 / Magazine Advertisement

展会期间的宣传机会/During the Show

7. 晚宴赞助 / Banquet Sponsor

8. 会刊广告 / Show Directory Advertisement

9. 展商技术交流会 / Exhibitor Technical Seminar

10. 参观指南 / Visitor Guide

11. 展馆广告 / Onisite Banner

12. 展会日报广告 / Daily Advertisement

13. 电子卡独家赞助 / Electronic Card （Exclusive）

14. 观众登记处 / Visitor Registration

15. 展位指示牌 / Direction Board

16. 地面向导 / Ground Guide

17. 礼品赞助 / Gift Sponsorship

18. 吊带 / Lanyard

19. 手提袋 / Visitor Bag

资料来源 http://www.ifsino.com/ifchina/about.asp? ssfl=2&id=67.

分析提示：展会组织者利用展览会的知名度给参展企业提供宣传推广的机会，企业可根据自身的需要进行选择。

2）展览会期间的形象展示

在展场前的广场和人员途经的大道上，在主要客户所住宾馆、酒店，或者街市中的繁华闹区、大商场超市、车站、广场、桥头、展场四周的高层建筑物和主要路街，可以布置一定数量的户外展示。这些户外展示包括拱门、大气球、大布幅、灯箱、路牌、小旗等，以及创意造型作品；工作人员服装要统一、有亮点，且服装最好打上自己企业的名称及口号。

知识链接7-2

POP广告简介

POP广告是许多广告形式中的一种，它是英文point of purchase advertising的缩写，意为"购买点广告"，简称POP广告。POP广告的概念有广义的和狭义的两种：在广义的POP广告的概念中，凡是在商业空间、购买场所、零售商店的周围、内部以及在商品陈设的地方所设置的广告物，都属于POP广告。比如，商店的牌匾、店面的橱窗，店外悬挂的充气广告、条幅，商店内部的装饰、陈设、招贴广告、服务指示，店内发放的广告刊物，进行的广告表演，以及广播、录像、电子广告牌广告等。狭义的POP广告概念，仅指在购买场所和零售店内部设置的展销专柜以及在商品周围悬挂、摆放与陈设的可以促进商品销售的广告媒体。从使用功能上分类，POP广告大体可分为以下四类：悬挂式POP广告；商品的价目卡、展示卡式POP广告；与商品结合式POP广告；大型台架式POP广告。

3）事件营销

在大型展览会不失时机地制造一些可以提高企业声誉的事件，能够吸引参展观众的注意力，引起媒体的关注，帮助企业或企业的产品随着事件的传播得以扩大其影响力、提高知名度，从而达到参展的目的。

典型案例7-4

茅台酒瓶碎惊万国

美国政府为重振旧金山市民的信心和重塑美国的国际形象，决定于1915年在重建中的旧金山召开"庆祝巴拿马运河开航太平洋万国博览会"。博览会的主题是：交流人类知识，促进世界文明进步。刚刚成立的中华民国政府也收到了美国政府的邀请书。在征集产品时，"成义""荣和"两家烧房都将产品送展，农商部官员将送展品牌由"华茅""王茅"合并为"茅台酒"，将"烧房出品"一概改为"茅台造酒公司出品"。被整合品牌识别后，茅台酒才得以越过千山万水，来到旧金山。1915年2月20日中午12时，巴拿马博览会如期开幕。博览会设置了评审机构对参展商品进行评奖。中国茅台酒在农业馆内展出，圆形、小口、黄色陶质釉器包装的茅台酒由于包装土气，并未引起特别注意。同年8月，评审工作接近尾声，眼看茅台酒评奖无望，有位官员急中生智，故意随手一碰，一瓶茅台酒"啪"地一下摔到了地上。霎时间，满室香气四溢，浓郁的酒香由此引起了各国评委们的高度关注。经各国评酒专家品尝，高级评审委员会评定，茅台酒以其特有的优点荣获酒类甲等大奖章——一枚金盾奖章和奖状。

资料来源 佚名. 茅台酒瓶碎惊万国〔EB/OL〕. (2007-06-22). http://zzrb.zynews.com/html/2007-06/22/content_244106.htm.

分析提示：这是事件营销的成功案例。在展会上制造一些引起轰动的新闻事件，可以利用展会观众众多、事件传播速度快的特点，帮助企业迅速提高知名度。

4）关系营销

这是通过在展会上举办一些活动增进与客户之间的感情交流，树立企业在公众中的良好形象，提高企业知名度，扩大影响的一种营销手段。参展商公关策划的秘诀就在于要抓住情感诉求点，以感情投资为信誉，乐善好施、以情动人，即古代兵法中所谓的"攻心为上"。比方说在摄影设备展上，参展商就可以免费为观众拍摄照片，在现场将照片制作成杂志封面赠送给观众，不但能吸引不少幻想成为封面人物的观众，也一定能引起媒体的兴趣。在展览会上，关系营销主要采取以下方法：

（1）派送礼品。把礼品作为一种"酬谢"赠送给那些和公司代表交谈或留下名片的客户，表示友好和联络感情。既可以拉近与客户的距离，增进感情，使双方易于沟通，同时礼品上往往印有参展商的标志，又可以强化参展企业在客户心目中的印象。经过恰当选择的礼品会给企业的展位带来活力，有助于品牌认知度的建立和招徕更多的潜在目标客户。礼品要有个性，这样才能走进客户的心里；还要注意所选用的礼品的数量和质量，高质量的礼品会给与会者留下深刻的印象，数量上则要根据观众情况做充足的准备。礼品的形式选择可以多样化，如包装袋、日历、纪念品、优惠券等。

同时，还应该特别注意礼品的派送方式。营造礼品稀缺的氛围以激活赠品的生命力，提高客户对它的价值感。不要让参观者随意拿取礼品，而应该把它作为一种"酬谢"赠送给那些和公司代表交谈或留下名片、填写客户信息、观看产品演示的专业观众，或者可以通过设计游戏、抽奖活动、调查问卷等方式派送礼品。总而言之，创新运用各种奖励方法，能够事半功倍，为你的展位吸引更多的注意力。

（2）赞助活动。在展会举办期间，成功的展会主办机构会组织各类活动，以使展会灵动起来，锦上添花。参展企业可以根据需求与展会主办机构事先共同设计一些个性化的赞助活动，增加公司对行业人士的曝光机会，提升形象。

（3）明星效应。在展会上，请一些体育明星、影视明星、歌星、业界知名人士等作为亲善大使前来展台观展助威，为企业进行宣传，利用明星的示范效应和大众的追星心理，拉近企业与消费者的距离，能够提高企业在消费者心目中的形象。

湖南省人民政府副省长戴道晋及袁隆平院士等莅临安化黑茶展位

10月22—25日，在"中国湖南·安化黑茶文化节"举办期间，同期举行的大型安化黑茶展会活动也吸引了爱茶者的关注。我公司作为黑茶产业的领军企业，短短四天时间，公司展位累计接待来自全国各地的参观人员数万人。湖南省人民政府副省长戴道晋，"杂交水稻之父"袁隆平院士，益阳市委书记胡忠雄，益阳市委副书记、市人民政府市长许显辉等各级领导及社会各界知名人士莅临我公司展位，参观指导工作。22日展会伊始，"杂交水稻之父"袁隆平院士即在公司董事长陈社强的陪同下，来到公司展位品鉴地道的"华莱健"安化黑茶。作为中国杂交水稻之父，袁隆平院士为中国农业的发展做出了巨大贡献，对安化黑茶产业的发展也提供了许多宝贵建议。近年来，他始终关注着安化黑茶，并曾题词盛赞我公司：华莱黑茶，健康生活。我公司也没有辜负袁隆平院士的嘱托，一直坚持为消费者生产最优质的安化黑茶，尽全力打造最优秀的三农企业，为安化黑茶产业的发展做出了突出贡献。

资料来源　佚名. 湖南省人民政府副省长戴道晋及袁隆平院士等莅临安化黑茶展位. [EB/OL]. [2015-10-31]. http://hualai.zx58.cn/news/10007523/.

分析提示：社会知名人士在公司展台这种公众场合出现，对参展商来说就是对本公司一种极大的支持和肯定，对提升企业的形象、宣传公司的产品、提振消费者对公司的信心有着重要的意义。

（4）展会宴请。展览会为企业的经销商提供了难得的聚会机会，参展商在展览会期间可以通过举办宴会来感谢经销商的大力支持。对于新客户或潜在目标客户，企业应分别宴请，以加深了解，促进感情。

如何让派发的物品成为"抢手货"

展会过程中所派发的物品不外乎宣传册、礼品袋等印刷品，以及文具和其他小礼品，如何让这些常见的展会派发品成为参观者眼中的"抢手货"，需要我们在构思和设计上多下工夫，我们列举一些简单的例子提供参考。

宣传单张——也叫DM单页，这是展会过程中企业向参观者派发最多的资料之一，一般都是16开大小，上面印有简单的企业产品和服务介绍，但仅仅一张简单的铜版纸印刷的宣传单页，是很难让大家提起兴致的，除非这个单页的内容是受众非常关注的。此时，当大家的单页都非常雷同之时，我们何不换个思路，跳出传统的圈子，把宣传单页画面变得精美一些，把宣传单页的纸张做得特殊一些。笔者曾经收集过一些比较特殊的宣传单页，如日本一家面料企业将宣传信息印在了一块眼镜布的背面，这对于戴眼镜的人非常实用；还有一些企业将自己的宣传单页印成精美的剪折台历，这让办公一族非常乐意保留。

宣传画册——也可以称之为企业样本或品牌画册，这是展会宣传派发资料中的重头戏，宣传画册一般都反映出企业的综合实力和情况，信息范围也相对于宣传单张宽泛一些。针对宣传画册的设计，我们则建议"稳重一些"，毕竟这本画册还承载着企业和品牌的形象，在画面上尽可能以图文并茂的形式进行介绍，画面的精美和印刷纸张的高要求也必不可少。我们看到很多参观者，在拿到一些展商精美的画册之后，即便还没有采购的打算，拿回去也很有保存价值，以便以后查阅资料。不过，宣传画册在形式上也并不是一成不变的，一些富有创意的画册在开本、工艺和装订方式等方面体现出非常强烈的个性，例如有的服装品牌将画册印成精美的明信片，正面是漂亮的产品照片，背面印着企业和品牌介绍，这样的明信片画册不但易于收藏，同时如果将明信片寄送出去，对企业也是非常好的宣传。

礼品包袋——这是展商为参观者提供的最常见的免费礼品之一。既然是礼品，要送就要送得体面、实用。首先，礼品袋做工必须精致，如果是单调的画面印上企业名称和标志，很难让人多看几眼，而当参观者乐于拎着一个品牌的礼品袋时，也就等于给品牌在做免费宣传。其次，礼品袋的材质和质量要有保证。一些特殊轻质材料制成的礼品袋，看着挺漂亮，但拎不了多少东西就露底了；有的拎手部分以硬质塑料制成，虽然很结实，但拎时间长了手会不舒服；还有一些礼品袋为了外观大气，越做越大，虽然可以装很多东西，但超常规尺寸的袋子携带起来总是一件麻烦事，所以这样的礼品袋都是不足取的。笔者曾经有一个高档皮具企业制作的礼品袋，画面是非常时尚的产品照片，而且袋子的质地和做工非常好，经常用来装资料，用了两年都没有坏，像这样的礼品袋，任何一个拿到手的人都没有舍弃的理由。

纪念礼品——在展会上派发小礼品、小纪念品已经不是什么新鲜事了，纪念笔、便签本、透明小胶盒、台历日历、拼图、钥匙扣等屡见不鲜，不过派发这些小礼品和小纪念品也有大学问。首先，小礼品不一定是越贵越好，具有一定功能性才会大大提高它在日后的出现率，如立体台历、拼图像框、漂亮的鼠标垫等，放在办公桌上既是装饰又可以满足一定的日常实用需求，与此同时也保证了企业信息在很长一段时间内被保留着。其次，这些小礼品也需要好的做工和质量，特别是常用的纪念笔、便签本类文具礼品，否则让参观者拿到一支写不出字的纪念笔，将是一件很尴尬的事情。最后，企业不要仅仅从礼品公司提供的样本中挑选小礼品再打上企业信息，其实常见的小礼品也可以有独特的创意，曾经有一个专做辅料的企业将流苏花边做成吊缀挂在钥匙扣上并附上企业铭牌，这样既展示了产品，又与其他企业的小礼品拉开了距离，同时也降低了小礼品上的成本投资，可谓一举三得。

资料来源　佚名. 展会礼品被遗弃问题出在哪？［EB/OL］.（2007-07-20）. http://info.hotel.hc360.com/2007/07/20154682675-2.shtml.

（7.4） 参展商展期人员促销

展台人员在展期的促销是参展成功与否的关键，它通过与客户直接的沟通与促销达成交易或合作意向。由于这种形式具有直面性（直接面对客户）、双向性（企业的信息和客户的信息进行双向的传递）和因人而异（通过观察客户的反应捕捉商机）等特点，因此具有其他沟通促销的手段无法比拟的优势。参展商能否达到预期参展目标，关键就要看参展人员在展期能否成功地通过现场与客户沟通、促销唤起客户的需求欲望，使客户愿意与参展商进行合作。展期人员促销在企业参展活动中的作用就相当于足球场上的临门一脚，参展的所有工作都是围绕着展期通过人员促销最终成功与客户建立业务关系这个目的而展开的。

展期参展人员促销的作用主要体现在以下几个方面：

（1）双向信息传递。一方面，参展人员向客户传递有关产品特性、用途、使用方法、价格等方面的信息；另一方面，参展人员又将顾客对产品性能、规格、质量、价格、交货时间等的要求及时反馈给企业。

（2）及时促成购买，缩短购买时间。参展人员通过现场促销，可以大大缩短购买决策的实施时间。在参展人员面对面的讲解说明下，客户的疑问能够即刻得到解决。特别是参展人员可根据每位潜在客户购买动机、要求和问题的不同，随时调整自己的策略和方法，有针对性地进行推销，以促进顾客尽早做出购买的决定或达成合作的意向。

（3）便于发展新客户。一些潜在的客户为了扩大业务规模、范围，疏通供货渠道，或者降低成本，获得更好的质量的产品，往往通过参加一些知名的展览会寻找理想的合作伙伴。参展人员通过展览会获得与这类客户现场接触的机会，并通过现场展示和人员促销，使新客户对参展商从相互不认识到产生兴趣，再到进一步深入了解、产生信任、引发合作意向，最终做出购买的决定。

展台人员促销的特点是在很小的空间内、很短的时间内，接待大量的参观者，向参观者推销，与参观者进行贸易洽谈等。这需要展台人员有工作积极性，有技巧和经验。

展台人员在促销时应做到：注重形象与言行举止；与目标客户进行有效沟通；正确识别目标客户并促成交易或合作意向。

7.4.1 注重参展人员的形象和言行举止

展台人员应当保持良好的精神状态，态度友善，主动接触对展台和展品表现出兴趣的参观者，使参观者有受欢迎之感。交谈过程中，展台人员应保持清醒的头脑，注意交流的方向和内容，始终牢记展出目的。同时，言谈措辞要简洁、直接、实际。通过交谈迅速判定参观者的身份和价值，在授权范围内尽量深入交谈，介绍公司、推销产品，引导、激发客户购买兴趣。如果有可能，就进入实质性的贸易洽谈，争取签约成交。如果是重要的潜在客户或是重要的合同，即使到了闭馆时间，仍应设法与其继续洽谈，争取签约或取得阶段性结果。

在展览会上，直接面对客户的参展人员的外在形象及内在素质的展示就是对企业的一种宣传，因此企业要让参展人员在展会上表现出对企业的热爱和对客户的热情，以树立企业的良好形象。任何一个参展人员都是代表企业面对客户，员工的素质反映企业文化,个人行为举止影响企业在客户心目中的形象,文明得体的言谈举止和良好的个人形象能给客户留下美好的印象,有助于争取到客户并获得交易的成功。所有参展人员都应注意自身形象,穿戴整齐,精力集中,面对客户时做到彬彬有礼、热情好客、不卑不亢,在接待客户过程中表现出应有的专业素质和文化修养。参展人员在展台上特别要注意以下行为:

(1)不应在展台上看闲书与报刊。应充分把握机会引起客户对企业与产品的注意,吸引买家与专业观众停下来,对企业与产品进行咨询,精神饱满地回答有关问题,提升他们的信心。如你在看报纸或杂志,机会也会因此从身边流失。

(2)展会上应杜绝随意吃喝现象。这种粗俗、邋遢和事不关己的表现会使所有潜在客户对参展企业产生极差的印象,继而影响他们对参展商的企业文化、管理水平、员工素质、产品质量的评估,导致对企业与产品的不信任。

(3)耐心解答参观者提出的问题,竭力避免怠慢潜在客户的行为。谁都不喜欢被怠慢的感觉,如你工作正忙,不妨先与客户打个招呼或让他加入你们的交谈。如你在与参展伙伴或隔壁展位的人谈话,这时应自觉立即停止。

(4)积极对待每一位参观者,不要以貌取人。展览会上唯一要注重仪表的是参展单位的工作人员,客户都会按自己的意愿尽量穿着随便些,如牛仔裤、运动衫,顾客的穿着与参展的效果没有直接影响。

(5)在展位上应创造一个温馨、开放、吸引人的氛围,而不要形成与两个或更多参展伙伴或其他非潜在客户群聚闲聊的气氛,使走近展位的每一位买家与专业观众感到无所适从。

(6)要热情地宣传自己的企业和产品,宣传时要做到感染力与满腔热情并存。在买家与专业观众看来,你就代表着你的企业,你的言行举止和神情都会对参观者认识你的企业产生极大的影响。

(7)参展期间,要注意打手机的方式与时间。不恰当的电话会相应减少与潜在客户交流的时间,从而直接影响企业在展会上的业务目标。

(8)展览会期间,除与客户洽谈商务外,应坚持站立参展。展览会期间坐在展位上,你将给买家与专业观众留下不想被人打扰的印象。买家与专业观众产生这种印象后,他们就会感觉你对潜在客户不够重视与热情。不要站在挡路的地方,在客户目光转向本企业展台时,要注意避让,以免遮挡客户视线,影响客户对展台的关注和观察。

(9)不要恶意贬低竞争对手,以免客户误认为你采用不光彩的手段与同行竞争,怀疑你的品行。要用企业自身的实力和周到的服务去赢得客户。

知识链接7-4

与外国客户打交道 "八戒"需牢记

一戒:不问年龄。西方人的年龄是保密的,特别是24岁以后绝不会谈论自己的年龄。

二戒:不问财物。一个人的收入和随身所带的财物都与个人的能力、地位、脸面等有关。

三戒：不问婚姻。这属于个人隐私，让一位老大不小的外宾交代自己尚未婚配并不是件愉快的事情。

四戒：不问住址。西方人认为给人留下住址，就得请对方到家做客。西方人是不喜欢随便请人到家里做客的。

五戒：不问经历。这是对方的"老底"，也是商业秘密，西方人是不会轻易让人摸到自己的底牌的。外宾认为这是不友好的盘问，是干涉别人的私生活。

六戒：不问信仰。政治见解和宗教信仰都是非常严肃的事情。

七戒：不问行踪。

八戒：不问吃饭。

资料来源　佚名. 与外国客户打交道 "八戒" 需牢记 [EB/OL]. (2006-06-19). http: // news.mechr.com/1150683895/36268/1/0.html.

7.4.2　与目标客户进行有效的沟通

参展人员在展台与目标客户进行有效沟通非常关键，因为人们的购买行为往往建立在良好的人际关系和充分信任的基础上，这种人际关系和信任只有经过双方深入有效的沟通才能建立起来。因此，参展人员需要具备与人主动沟通的意识，乐于跟陌生人交谈，引起对方的兴趣，了解他们的需要，并用恰当的开场白来打开局面。另外，展览会是一个特殊的交易场所，参展人员与客户在展台进行洽谈沟通时，可能经常会受到周围环境的干扰，或者由于观展商要参观其他展台，时间上有限制，参展人员必须充分、合理地运用有限的时间，要熟练掌握沟通技巧，做到善问、巧答，表达准确，口齿清晰。

观展商进入展台后，要给他们充足的时间来参观展品。参展人员应该观察观展商对什么东西感兴趣，并等待时机与他们接触。在与观展商开始沟通后，可通过有关问题找出其参观动机、批评意见、应用意向、质量要求及何时才能做出购买决定。如果有可能，对于异议和非实质性的争论，最好是巧妙地回答或提出具体的解决办法。在结束交谈时，要尽可能安排以后的交流活动，比如安排参观、递送报价单和技术资料等。另外，在填写参观记录时，要尽快记下观展商的所有要求，否则，在展览会这样繁忙的工作环境里，有些东西转眼间就忘了。确保记录准确，有助于避免在展览结束后的跟踪工作中向感兴趣的观展商提供前后矛盾的信息。

在与客户沟通中要注意因人而异。行业展会云集了众多的产品和商家，要让自己的企业与产品在同行中脱颖而出，被客户牢记，就要突出"异"。参展的客户所涵盖的范围相当广泛：有技术人员、采购人员，还有负责收集市场信息的情报人员。对技术人员来说，最想了解的是最新产品的研发进度和价位；对采购人员来说，寻找产品供应商是他们的最大目的；而对情报人员说，其目的则是收集最新的研发方案、产品性能等信息，在此之上做比较分析，帮助企业进行生产研发。由于不同客户的关注重点也不同，针对不同客户的咨询派出适合的人员与其沟通，将能更好地解决客户提出的问题，增加他们的满意度。

在与观展商交流的过程中，展位工作人员一定要为对方创造发言的机会并专注地倾听，不注意对方的反应只管自己喋喋不休地介绍产品容易引起对方的反感，甚至直接造成潜在客户的流失。营销专家的建议是：用80%的时间来聆听客户倾诉自己的需求，只用20%的时间来进行讲解或提出解决方案。通过交谈，展位工作人员需要了解客户对产品感兴趣的程度、购买计划和预算情况，了解对方是否是购买的决策者。

参展商还可以通过以下的方式加强与客户的沟通：

（1）准备合适的文本信息资料提供给客户，例如，一般的小册子、技术传单、产品信息、产品目录、企业快讯、参考单、价格表、新闻稿等（在海外展会上，信息资料应该被妥善翻译成当地的语言或通用的外语），让其充分地了解本企业的情况。

（2）用大屏幕进行企业和产品展示，即在现场安装大屏幕电视，现场播放企业的相关宣传资料。对于无法在现场演示的产品，也可以采取这种辅助手段。

（3）现场演示并配合讲解。尽可能让观众参与产品演示，通过实际参与他们更容易记住你所讲述的内容，加深对产品的印象和体会领悟。

（4）针对不同客户的咨询派出合适的人员与其沟通。参加展览会的客户有技术人员、采购人员、企业管理人员等，不同的客户关注的重点不同，有针对性地选择相应的人员与其进行沟通，效果更好。

（5）进行场外沟通。对于摊位相对较小的企业来说，在展会现场和观展人员洽谈的空间会显得比较狭窄、拥挤，很难实现交易的顺利进行，有必要在展馆周围的宾馆、酒店租用会议室，或者在下榻宾馆的房间与有意向客户接洽，这不仅可以创造较为宽松的环境，而且可以利用夜晚等闭馆时间，更广泛、更深入地接触客商，建立进一步的信任。

（6）努力记住潜在客户的名字并做到善用。人们都喜欢别人喊自己的名字。在谈话中不时提到，会让他感到自己很重要。大胆些，直接看着参观者胸前的名牌，念出他们的名字；遇到难读的字，还可以询问，以此来加深相互间的了解与认识。

知识链接7-5

说服的要领

为了使对方接受你的意见与建议，要注意谈话的方式方法。

1.要向对方阐明，一旦接纳了你的意见，将会有什么样的利弊得失。一方面，这样做会给人感觉比较客观、现实；另一方面，如果对方接受了你的意见，果真有问题出现后，你可以提出事先已经声明。

2.要向对方讲明，为什么你要和他合作，并为何来说服他，以示对他的尊重，使对方认真思考被选择的机会，从而在心理上接受你说服他的潜意识。

3.应公开你的意见被采纳后自己所要得到的好处，以使对方免去神秘性与猜疑性，哪怕其中有些水分也要表示出来。

4.要强调双方立场的一致性。暗示合作后的双方益处，给对方以鼓励和信心。

资料来源　佚名. 如何成为交易谈判的赢家［EB/OL］.（2013-02-01）. http: //www. ynpxrz.com/n267359c1396.aspx.

7.4.3　识别客户并促成交易

参观展览会的人员中，真正属于我们的客户其实并不多，有时候我们热情接待的人还可能是竞争厂家的代表，因此要识别潜在的目标客户。合格的潜在客户必须具备三个方面的条件：一是购买力；二是决定权；三是有需求。这三个要素缺一不可，只有当客户同时具备这三个方面的条件时，才是我们的合格的潜在客户。

如何判断哪些观展商是你的客户并有效地促成交易？以下是一些简便的观察方法：

1）从语言信号去识别

客户提出并开始议论关于产品的使用、附件、保养、价格、竞争品等内容时，我们的销售员可以认为客户在发出购买信号，至少表明客户开始对产品感兴趣。客户提出的问题越多，成功的希望也就相应越大。客户提出的问题就是购买信号，尤其是客户在听取销售员回答问题时，显示出认真的神情。

2）从动作信号去识别

一旦客户完成了对产品的认识与情感过程，就会表现出与展台人员介绍产品时完全不同的动作。如由静变动、动手试用产品、仔细翻看说明书。比如，客户忽然变换一种坐姿、下意识地举起茶杯、下意识地摆弄钢笔、眼睛盯着说明书或样品、身体靠近展台人员等，很可能就是客户购买心态变化的不自觉外露。

3）从客户的表情信号去识别

展台人员可以从客户的面部表情中读出其是否为潜在客户。如眼睛转动由慢变快、眼睛发光，神采奕奕；腮部放松；由咬牙深思或托腮变为脸部表情明朗、轻松、活泼、友好；情感由冷漠、怀疑、深沉变为自然、大方、随和、亲切。客户总喜欢用肢体语言来表达他们自己对产品的兴趣，这些肢体语言的变化，需要展台人员自始至终地非常专注，就好比打开的雷达一样，不断地扫描购买信号的出现。

展台人员要做有心人。只要用心去识别客户的购买信号，适时进入达成协议阶段，成交的概率就会提高。

【小思考7-1】

谁可能是你的目标客户？

A.过分热情的人

B.不愿意留下联系方式的人

C.认真提问并回答的人

D.西装革履的人

参考答案：C

分析提示：发现客户，我们要注意以下细节：①对你的企业和产品感兴趣的人，一定会认真地提问，并回答你的问题；②褒贬产品的才是买家，过分热情的人往往不是客户；③千万不要与不愿意留下联系方式的人纠缠；④不要以貌取人，穿着随意的也许是代理商，西装革履的也许是厂家代表。

【情景模拟7-1】

场景：某家具展览会现场，参展商进行人员现场促销。

操作：

（1）以3~5人为一小组，其中两名为展台工作人员，其余的扮演观展商。

（2）运用本章所学的人员促销的知识为参展商进行现场促销。

（3）模拟结束后，由观展商根据自身的感受对展台促销人员的促销效果进行评价。

（4）教师对人员促销情况、效果进行点评。

《知识掌握》

7.1 简述参展营销宣传推广的类型。

7.2 参展宣传推广的原则是什么？

7.3 参展宣传推广的手段有哪些？

7.4 展期如何进行人员促销？

7.5 参展企业进行关系营销可采取哪些方法？

《知识应用》

▶ 案例分析

"黑美人"土豆在第五届中国国际农产品交易会上成功的展会营销

在参加这个会之前，我们已经在"定西马铃薯产业发展暨经贸洽谈会"上进行了一次"黑美人"的推介活动，取得了良好的效果和很好的收益。在借鉴这次经验和不足的基础上，我们做了充分准备，做了周密策划和组织。在这次会上，我们以宣传和展示党的十六大以来，在"三农"工作中取得的新成就以及中央一系列支农惠农政策，对发展农村经济的激励作用为重点，以充分反映农业部实施"十大行动"取得的效果为出发点，紧紧围绕为党的十七大顺利召开营造良好氛围这一中心，在总结前四届"农交会"成功经验的基础上，坚持扩大对外宣传、加大国际招展力度这一宗旨。以自身的农产品精品和高科技农业成果为优势，我们抓住"农交会"的知名度、品牌和重要平台展示了自己。

在展位设计上，通过盘点我们固有的资源和特色，决定利用其他省、市无法模仿的方式制作一面由不同花色、品种土豆组成的土豆墙入手，以我们特有的航天育种蔬菜为主题设置了展位，使之更有特色、引人注目。在推介"黑美人"上，我们充分发挥了展会的规模大、层次比较高、参会人员的分布范围广、影响范围大等优势。

去年10月13日，在济南市开幕的第五届中国国际农产品交易会上，甘肃省40个大类600多种农产品，裹着陇原的泥土芬芳和西北人的淳厚朴实，在济南国际会展中心登场亮相，在我们的精心准备下，"黑美人"土豆、航天蔬菜等特色农产品吸引了中外客商的眼球。在"农交会"上，甘肃省综合展区的展厅入口处，我们用一面汇集了甘肃省不同品种的马铃薯"土豆墙"，展示了产量居全国首位的甘肃省马铃薯特色产业。更引人注目的是，我们又请了两位在山东大学留学的刚果姑娘吉米和格丽丝，用流利的汉语向众人介绍甘肃的"黑美人"土豆。同时，她们还给来宾切送煮熟的黑土豆。在推介会上，兰州陇神航天育种研究所所长郑兴虎风趣地说："非洲'黑美人'推介甘肃'黑美人'，使甘肃土得掉渣的土豆走向国际大市场。"而展厅中心的航天卫星模型周围，悬挂着一米长的茄子、像鸡蛋模样的番茄、巨大的葫芦等太空蔬菜，更是引得众人啧啧称美。

我们以这种新颖、独特的方式在"农交会"上展示"黑美人"土豆，立刻引来了参会客商和国内外新闻媒体的关注。在两位非洲朋友的帮助下，每天"黑美人"土豆的展台前人山人海，人们都纷纷咨询、品尝黑土豆，现场气氛热烈。"黑美人"土豆很快成为"农交会"的亮点、焦点，也成了热点新闻。中央电视台一套的"新闻联播"，二套的"第一时间""聚焦三农"，七套的"生活567"栏目，以及《北京科技报》、《甘肃日报》、《兰州晚报》、山东电视台、《齐鲁晚报》、《大众日报》等20多家新闻媒体都对此进行了详细的追踪报道。

"黑美人"土豆在此次农交会上迅速"走红"，菏泽、枣庄、济南、青岛以及玉溪、玉林、南宁、开封、石河子等40多个地区的农牧部门负责人或客商，纷纷洽谈引进试种事宜。尽管各地纷纷"争娶"，但作为"娘家人"的兰州陇神航天育种研究所所长郑兴虎，却显得忧心忡忡。因为目前，根本没有那么多"黑美人"薯种满足各地需求。在这一全国瞩目的盛会上，"黑美人"取得了比预期更好的成绩，达到了良好的营销传播效果。

资料来源 许云斐.对特色农产品展会营销的启示——以甘肃"黑美人"土豆的展会营销为例〔J〕.甘肃农业，2008（5）：52-54.

问题：阅读以上案例，试分析参展在企业营销战略中的重要意义，并结合案例说说你对企业参展的一些看法。

（分析提示：参加展览会是企业的营销策略组合中重要的沟通与促销的手段，也是企业开辟新市场的首选方式。参展企业在展会上根据产品特点准确地设计别出心裁的营销手段可以收到出人意料的效果，对于实现参展的目标有着至关重要的作用。）

▶ **实践训练**

选择你所在地区的某个展览会，仔细观察参展商与客户接洽的场景，如果可能，向参展商请求作为其临时工作人员，为其进行现场促销。

第8章

参展企业展后工作及参展评估

在学习完本章以后，你应该能够：

熟知展后工作的主要内容；

懂得展后客户分类追踪；

了解展后总结评估的基本知识。

【引例】

国贸集团召开第121届"广交会"参展情况总结会议

2017年5月10日，国贸集团召开第121届"广交会"参展情况总结会议。集团公司总经理包祥华、副总经理程保银，主要成员企业进出口业务分管领导及部分参展部门负责人参加了会议。

据大会官方统计，本届广交会境外采购商与会约196 490人次，较前两届均有5%以上的增长。除其他国家和地区既有的稳定客流量，近年来"一带一路"国际客商到访人数明显增多。总结会上，五家主要成员企业先后汇报了本届广交会精心筹备、积极参展及洽谈成交情况，对今年的进出口完成目标进行了预测。本届广交会，食品、服装、纺织面料、箱包、休闲用品等仍是集团的传统优势项目，但各企业积极研发并推广的新产品，如电动平衡车、空气净化器、电子书、飞行夹克、户外防护服、超静音空调等，外商反响强烈、成交量明显提高。各企业纷纷表示，服装等劳动密集型产业向东南亚转移将是一个大趋势，将努力把握本届广交会客户多、成交旺的机遇，狠抓落实，积极跟踪，千方百计扩大进出口贸易。各企业还就公司参展品牌建设等工作提出了部分建设性建议。

在听取汇报后，集团公司副总经理程保银指出：各企业出口如何争规模、争效益是一个慢工细活。既要注重创新，开发新品，又不能忽视传统产品。各企业应及时把握市场新需求、新机遇，一头联市场、一头联工厂，掌握行业动态，紧跟时代步伐。要与"走出去"战略结合，主动与工业企业合作找机遇，实行"贸工结合"，扩大日用消费品的出口。同时，新兴业态、跨境电商，也是进出口业务发展的重要途径。集团各企业还要加大创新力度，做爆品，树品牌，取得快速发展。

包祥华总经理最后总结并提出要求：从今年第一季度海关进出口统计数据和今天各企业汇报的广交会成果来看，集团的进出口业务目前呈现出积极向好的局面。希望大家抓住商机、扩大成交。受全球经济复苏速度缓慢、市场信心短期内难以提振、贸易保护主义抬头、地区地缘政治错综复杂等因素影响，今年的目标压力仍不可小视。各成员企业需做好自身工作，坚持进出口主业不动摇，坚持目标不放松，坚持创新不松懈，稳定传统业务，不断拓展新业务。抓好风险防控、人才培养等工作，确保全年指标计划的顺利完成。

资料来源　作者根据安徽国贸集团控股有限公司网站资料整理。

分析提示：企业在参展后，对展览会上认识的客户要进行跟踪落实，并且要对参展工作和参展的效果进行全面评估，以利于扬长避短，提高今后参展的效果。

(8.1)　展后工作内容

展览的效果是长期的。参展企业在重视并投入很大力量做展台设计、产品展示、展览宣传、展台接待和推销等工作的同时，也应当投入相当的力量做展览后续工作。如果各项后续工作都做到了并且做好了，那就有可能看到很好的展览效果。展后工作应当作为展览工作的有机结合部分。展览相当于"播种"，建立新的客户关系；后续工作相当于"耕耘"和"收获"，将新的关系发展成为实际的客户关系，做成买卖。后续工作的主要目的是巩固新客户关系，促进实际成交。

展后工作的主要内容是巩固、发展客户关系，推销产品和服务，洽谈贸易，签订成交合同，因此参展企业应当重视并迅速做好展后工作。

8.1.1　展后工作的具体内容

1）致谢

展览会一闭幕，就应抓紧时间向提供帮助的单位和人员致谢，最好是展台经理亲自致谢。对于最重要的人，可以登门致谢甚至通过宴请表示谢意；其次可以打电话致谢。如果没有时间亲自向每一个有关人员和单位致谢，至少要向主要的人员和单位致谢，并尽快给不能亲自致谢的人员和单位发函致谢。致谢与付款的道理一样，接受货物和服务需要付款，接受帮助和支持需要致谢。即使不准备再次参展，也要对给予帮助和支持的人表示感谢。

致谢应作为展后例行工作之一。致谢不仅是一种礼节，而且对建立良好的关系有促进作用。此外，对参观展台的客户，不论是现有客户还是潜在客户，都要发函致谢，感谢客户参观展台。这是一项比较大的工作，可以在展会结束之前就开始做。一方面，如果在感谢信上能够就接待时的一些问题发挥一下，感谢效果会更好，因为这已不是一般的交流；另一方面，比较近、比较深的交流方式，能够表示出对参观者的重视。

2）宣传

如果展出效果好，可以举行记者招待会，将有关展会的情况提供给媒体，从而进一步扩大展出影响。很多参展企业不重视展会之后的宣传，这种做法是错误的。展会之后的宣传能够获得比较突出的宣传效果，加强参观者的印象。

典型案例8-1

新华制药成功参加第76届API China展会

4月18日，公司成功参加了在上海举行的第76届中国国际医药原料药、中间体、包装、设备交易会（API China）。此次展会由新华制药总经理杜德平带队，国内贸易部、国际贸易部、采购物控部、医药贸易公司等相关单位和部门人员参加了此次盛会。

在此次API China展会上，700余家原料药生产企业、300余家医药包装企业、200余家制药设备企业及3万余名海内外专业观众参加盛会，占到中国制药行业百强97%的企业云集于此，面向整个产业，展现各自风采。本次展会专注于提高中国医药原料药、中间体、医药包装材料、制药设备企业生产、研发的整体水平，为公众提供安全、健康的用药保障。展会成为汇集行业内领袖人物、展示先进的产品技术、帮助企业解读政策法规、提高行业生产水平和反映行业发展趋势的品牌盛会。

本次公司展位位于主入口前排，展台搭建颜色采用经典的新华红白相间，搭建风格大气、庄重，充分体现了新华人务实、求严的作风，吸引了众多客户的驻足。新华制药14个品种零缺陷通过FDA认证，引起展会轰动，成为焦点。来访人员对新华过硬的质量管理赞不绝口，纷纷表示要进一步加强同新华的合作。现场通过扫微信二维码关注新华制药公众号赠送小礼品的活动，和来访客户进行了有效的互动，有效地扩大了新华影响力，让更多的人了解新华，认识新华。

公司展位现场客户络绎不绝，虽然现在信息沟通非常便捷，但是仍然代替不了面对面的沟通。多数制剂企业的采购负责人或者公司高层都是专程拜访，公司大终端客户、代理商均有来访，众多国外客户也前来咨询。期间，新老朋友汇聚一堂，探讨市场形势，探寻产品发展合作空间，寻找合作模式，咨询特殊规格产品。

新华制药充分利用本次参展机会，与客户和经销商进行交流、沟通、洽谈，提升了公司品牌的知名度，建立了互信合作的良好氛围，为公司今后进一步发展以及行业内企业进行优势互补和资源整合，实现企业跨越式发展，创造了有利条件。

资料来源　作者根据山东新华制药股份有限公司网站资料整理。

分析提示：企业在参展后，为了使参展效应进一步扩大，可在展后通过新闻报道的形式对企业在展会上获得的成功进行宣传，以继续吸引相关客户的关注。

3）贸易关系

在展览会闭幕之后和客户离开展出地之前，参展企业可以抓紧时间访问展出地的关键新客户。每个买主在展览会时会与许多参展企业建立联系，但是只会与少数参展企业建立实际的贸易关系。这一方面依赖于参展企业的产品、价格等条件，另一方面依赖于参展企业的工作效率和质量。参展企业要抢在竞争对手之前巩固与新客户的关系，谁的工作做得好，谁就可能争取到新客户。对于接近谈成的项目，也要抓紧时间继续洽谈，争取在离开展出地之前签约；否则，未谈完的项目随时可能变卦，煮熟了的鸭子也可能"飞走"。

4）准备下一届展出

展出效果好，参展企业可能希望继续展出。如果这样，参展企业可以与展览会的组织者初步接触、商谈。早申请的优势如下：展览会组织者更容易熟悉参展企业，参展企业可能优先挑选场地位置，组织者可能在其新闻稿中提及最先申请的公司，这也是公司扩大影响的机会。

5）更新客户名单

在市场经济环境下，客户是公司生存发展的重要因素。公司都需要客户，贸易性质（制造、批发等）的公司都需要客户名单。客户名单按市场编制，同一市场的客户可以分两类，即现有客户和潜在客户。在信息发达的市场中，搜集并编制客户名单并不是一件难事；而且营销工作做得好的公司多有这种完整的客户名单。

通过展会期间的接触，以及展会之后的巩固和发展工作，一些潜在客户会成为实际客户，一些现有客户也有可能失去。由于企业拥有客户的情况有所变化，因此企业要编制、调整、更新客户名单，并根据名单的变化分析、发现和调整对客户工作的方向，调整宣传、展览工作的重点和方式。

6）发展客户关系

贸易展览的主要任务是发展客户关系，包括巩固与现有客户的关系和发展与潜在客户的关系，尤其是后者。潜在客户往往意味着企业的未来发展希望，但是由于展览会时间短、客户多，因此展览接待工作大多是尽可能多地接触、认识客户。展览会期间的客户工作重数量，而展览会之后的客户工作则重质量，即要加深与客户的了解，建立相互信任的关系，将认识关系发展成伙伴关系和买卖关系。

7）促进贸易成交

推销产品和服务、洽谈签订合同是展览的最终目的。在展览会期间，向现有客户推销老产品和服务可以比较迅速，可能在展览会期间签约。但是，向现有客户推销新产品和服务，向潜在客户推销任何产品和服务，并进行贸易洽谈都可能比较费时，都可能需要在展览会之后继续努力。展后工作的主要内容之一是将已开始的贸易谈判继续下去，并争取签约；或者向已显示出购买兴趣的客户继续做工作，激发其购买意向，并争取签约。

8.1.2　展后工作的要求

1）展后工作要注意时效性

美国的两项调查表明，如果在展览会闭幕后继续与新建立关系的客户联系，参展企业的销售额可以多2/3。因此，美国著名展览专家艾伦·可诺派奇博士建议，展出者应将预算的15%～20%用于后续工作，并在展览会准备时就计划后续工作，而不是在展览会闭幕后才考虑这项工作。

要明确负责展后工作的部门和人，一般情况下，展览部门不负责展后工作，展后工作应由销售、技术部门负责。另外，还要分清子公司和总公司之间的责任。

美国对展览会期间和展览会之后参展企业寄发资料的结果进行了调查，见表8-1。

表8-1　　　　美国对展览会期间和展览会之后参展企业寄发资料结果的调查

资　料	时　间	阅读率
第一份资料（从展台上得到）	7天内	8%的参观者阅读
第二份资料（参展企业邮寄）	45天内	13%的参观者阅读
第三份资料（参展企业邮寄）	90天内	17%的参观者阅读
第四份资料（参展企业邮寄）	5个月内	21%的参观者阅读
第五份资料（参展企业邮寄）	8个月内	25%的参观者阅读
第六份资料（参展企业邮寄）	11个月内	28%的参观者阅读
第七份资料（参展企业邮寄）	14个月内	33%的参观者阅读

英康姆调研公司所做的调查显示，由参观展览会导致的实际成交额有20%是在展览会之后11~24个月达成的。由此可见，展览后续工作以及后续寄发资料工作的频率对成交额的多少起到了相当大的作用。

2）展后工作的依据和起点是展台记录

在展览期间，建立完善的记录非常重要，因为展台记录是后续工作的基础。展台人员会接触很多客户，如只留下名片的客户、交谈过的客户、表现出兴趣并索取报价的客户、表示要订货并开始谈判的客户等，对这些客户应当按标准规格详细记录。客户的有些情况很重要，如成立年份、雇员人数、年经营额、银行名称和地址、财政状况及信用等级、其供应商和最终用户名称等，但是在展台接待中往往很难获得这些信息。因为展台人员及参观者都非常忙，没有足够的时间询问和记录，或者参观者本身可能并不掌握这些情况，尤其是大公司的雇员。另外，如果问得太细，可能会引起参观者的不快而不愿意继续交谈。因此，如果能获得这些信息最好；如果不能，就应在后续工作中进一步收集，并且记录在展览记录表（见表8-2）中。

表8-2　　　　　　　　　　　　　　展览记录表

序号

展览会名称：　　　　　　　　　　　　　记录日期：

记录人：

参观者姓名：　　　　　　　　　　职　　位：

公司名称：

地　　　址：　　　　　　　　　　电　　话：

成立年份：

经营产品范畴：

经营性质：

现有代理：

市场区域：

(8.2) 展后客户的分类追踪

参加完各种展会后，参展企业应根据展会获得的相关资料，及时与客户沟通联系，进行分类追踪，这样才能保证订单到手。

8.2.1 已签合同的客户

展会结束后，参展企业一般按照这些客户的要求，为其提供详细的资料，再次确认合同，并要求这些客户按合同条款的规定进行下一步的工作，比如开信用证或汇订金。不过，这些跟你签过合同的客户并不一定会给你下订单。有些客户虽然跟你签过合同，但过后如果在其他供应商那里有了更好的价格或条件，便会把订单下给别人；或者回去后市场发生变化，而决定改变或取消订单等。对于此种客户，要小心沟通，一旦出现不开信用证或不汇订金的情况，请提高警戒，及时跟其沟通，看是否出现了什么问题，从而采取相应的措施，说不定就能挽回一个订单、一个客户。

8.2.2 有意向要下订单的客户

从与这些客户在展会的沟通中，参展人员可以判断出此客户的意向程度。一般来说，产品问得越详细，条款谈得越仔细，这样的客户下订单的机会越多。对于这些客户，参展人员在展会结束后应及时与其联系，把所有的资料及客户关心的问题清清楚楚给客户发过去，并且马上落实打样（一般这些客户都会要求打样）。企业也会碰到寄了样品就没了消息的情况，最常见的原因是这些客户在收到所有样品（包括别人的样品）后，没有选取该企业的产品下单，或者市场发生了变化等。如果这样也不要放弃，应与这些客户保持联系，有新产品及时向其推荐，以后还是有合作机会的。

8.2.3 对某个条款或价格有异议的客户

展会结束后，即使企业能按这些客户的要求来做，也不要马上妥协，应先发个邮件或打个电话（还是坚持企业先前的要求），看看情况再做决定。如果客户态度出现松动，那企业就成功了；如果客户坚持自己的要求，这时再向其妥协也不晚。

8.2.4 其他客户

对要求发资料的客户，按其所说的要求尽可能把详细的资料发给他们，并电话告知。对随便看看、随便问问的客户，要看清他们是否在打探行情。这些客户的名片上有他们的网址，可以先浏览他们的网站，详细了解他们的情况，看看他们主要经营什么样的产品，以寻找合作的机会，说不定参展商此次没带去参展的产品正是他们的主营产品。

知识链接 8-1

参展商展后客户管理跟进技巧

客户管理跟进技巧一：好好筛选，切忌盲目跟进

首先将展览会上客人谈判的细节做好详细的记录和回忆，先判断此客户的购买欲有多强，也就是说，要区分清楚该客户是"真的买家"还是"打听行情的买家"。有的客户其实已经有长期稳定的供应商了，他们其实只是把你当作报价的参照物罢了，要特别小心这类客户。对于这类客户，笔者个人的意见是：

不但不要报价，连资料都不要给。因为在这样的客户身上花费太多的时间与精力是不值的。不否认也有"精诚所至，金石为开"的客户，但以笔者做外贸的经验来看，骗"财"（价格）骗"色"（样品、资料）的客户太多，不值得追捧。关于真假买家，我们可以通过交谈（面谈、电话、传真、邮件）来辨别（这种方法的前提是对你所提的问题客户要有所反应）：真还是假？行家还是生手？只要问他们几个关键性的问题，如产品的规格及技术参数、希望接受的价位、打算订购的数量、做什么品牌、该品牌在当地是否有影响力、和中国哪些企业有过生意往来、和中国做生意有多长时间（也就是说是否为"中国通"）等，就可以通过这些大致区分出客户的"真"与"假"、"实"与"虚"、"大"与"小"。从客户提供的名片也可以判断出客户的实力，如客户公司所处城市的地段，有几条电话线、传真线，有没有自己的网站，是零售商、批发商还是进口商，在当地是否代理过一些著名的品牌等。

客户管理跟进技巧二：需要就会下单

这看起来很简单，其实很难。你的产品或者服务如何让客户觉得是必需的，那就要看销售员的水平了！如果客户觉得买你们的产品或者服务是他们最好的选择，或者说买你们的产品或者服务能够得到很大的回报，那么客户肯定会在第一时间下单！

对于同类型的产品，贵公司的产品有何优势？

除了产品的优势，您的价格如何？交货期能否准时？

贵公司是否有一些国际认证？

贵公司是否曾与行业中的知名企业合作？

您是否比别人更努力？

只要你能多站在客户的角度去考虑，再加上你的"努力+努力+不懈努力"，你会发现困难已离你远去。

客户管理跟进技巧三：不要无条件满足

出于节省费用等原因，不要马上给客人寄送样品。样品虽然大多时候是免费的，可是快递费也要自己出。首先同客户通过传真、邮件进行交流，知道他们对该产品了解多少，以及其他最终消费者对该产品的反应等，再寄送样品。如果客户十分急着要样品，那就同他商量做"到付件"，真正的买家是不会在乎这点费用的。

客户管理跟进技巧四：坚持、耐心以及热忱会为你带来最后的成功

笔者每年都去参加行业内的专业展览会（每年两次），每次都会碰到同一位欧洲客人。从第一次见面开始联系，直到他下第一个试订单，用了一年半的时间。现在这个客户每个月在我们公司采购10个集装箱的货物。笔者觉得，关键的方法是掌握业务技能，在仔细分析客户的基础上，不断同客户接触，从客户的立场去解决问题。

客户管理跟进技巧五：保持好的心态，不受消极影响

对于毫无反应或反应消极的客户，也不必很在意。这样的客户太多了，他们各怀目的，并不是真正的买家，有的客户可能暂时无成交的意愿，但作为卖家，广而言之的目的已经达到，而且第一次的报价可以让业务暂保不失。根据笔者的经验，如果客户收到你很多的传真和邮件却没有回复，不是因为客户轻视你，或是你做错了什么、说错了什么，而是因为你所提供的产品无法满足客户当前的需求。这时你应该做的是发掘客户的当前需求，提供更多的产品、更多的资料供客户选择，切忌盲目行事，抓住你已经给客户提供的产品或资料不放，不断催促客户回应。一旦你所提供的产品满足了客户的需求，客户自然就会回过头来主动找你，对于欧美客户，这种情况是非常常见的。另外，你不能因为客户没有回应而灰心丧气，一定要有自信，要坚持不懈地努力，自信心有助于让你做出正确的判断和决定。打个比方，刚开始做外贸就像你在一条漆黑的巷子里独行，你不知道前面还有多远才能走出去，但一旦你走出了巷子，你会发现前方一片光明，那时你才真正上路了。

资料来源　佚名. 技巧——如何跟进交易会的客户［EB/OL］.（2009-04-02）. http://www.qjy168.com/forum/d_202745.html? page=4.

8.3 参展商展后评估

参展企业在参展后，对参展期间的工作、效果以及展览会的质量要进行总结评估，并将总结评估的结果形成文字报告，供以后参展进行参考。

8.3.1 展后评估的目的

在企业的投资预算中，参展占有很大的比例。这是因为作为一种有效的市场营销手段，展览会的重要作用已经得到大多数企业的认同。参展的企业越来越多，展出的规模越来越大，而且参展的一般观众及专业观众也越来越多。同时，参展成本也在上升，企业要在参展成本与参展效益之间寻找一个合适的平衡点，以便为日后继续参展、选择更有效益的展览会提供参考，避免参展次数越来越多，效益却不明显甚至下降。展后评估的目的包括以下几个方面：

（1）判断展出决定是否合适；
（2）判断资源投入量是否合适；
（3）判断展出有无效益；
（4）判断展出有无理想的效益；
（5）比较展览会与其他营销方式的成本效益；
（6）决定是否继续参展或使用其他更合适的营销方式；
（7）决定未来资源投入量；
（8）决定是否使用同样的方式继续参加同一展览会；
（9）决定是否继续展出同一产品等。

8.3.2 展后评估的步骤

展后评估是一个有计划、有步骤的动态过程，必须循序渐进。通常，展后评估工作包含以下程序：

（1）确立展后评估目标。展后评估的主要目标是了解展出的效率和效益。由于参展效果的评估涉及参展工作项目与工作成果之间的复杂关系，因此导致了展后评估目标的复杂化。所以在进行展后评估时，应该根据展出目标确立评估的具体目标和主要内容，并依据评估目标的主次，排列优先评估或重点评估的次序。

（2）选择规范的评估标准。会展效果的评估标准包括整体成效、宣传效果、接待成果、成交结果等。评估时，应该根据展出目标确定展会评估标准的主次。比如，展出目标是推销，就应该把成交结果作为主要评估标准。划定评估标准的主次以后，还应该使其规范化。评估标准的规范化是指评估标准必须明确、客观、具体、协调和统一，也就是明确评估标准的主次、重心；客观地制定切合实际的评估标准；量化评估标准，使之具体化、可操作性强；评估标准之间必须协调并能长期统一，从而使评估结果更为准确。

（3）制订评估方案。根据评估目标及评估标准，确定各阶段具体的评估方案，包括各段时间的安排与抽样分布、评估的对象和方法、人员安排和经费预算等。制订评估方案应包括以下内容：

①根据评估项目、对象和方法制订评估方案，明确人员分工，安排各项必要措施。

②设计制作各种测评问卷及情况统计表，如参展商问卷调查表、观众问卷表和展览会举办情况统计表等。

③小范围预测，修改测评问卷。

（4）实施评估方案。首先，通过安排记录、召集会议、组织座谈、利用调查问卷向参观者收集情况等方式收集各种信息。其次，整理收集的信息，处理分析数据。

（5）撰写评估报告。根据不同阶段的效果测评，对整个展览活动过程的效果进行总体评价，写出评估报告。评估报告的内容一般包括评估项目、评估目的、评估过程与方法、评估结果统计分析、评估结论与可行性建议及附录等。

8.3.3 展后评估应考虑的因素

评估参展是否成功应全面考虑以下各项因素：

（1）参展中产生的各项花费；

（2）签订合同、建立联系及获取信息的情况；

（3）分析观众记录；

（4）将来本公司展台参观的观众与预期的目标群体进行比较；

（5）将来本公司展台参观的观众与往届观众进行比较；

（6）将来本公司展台参观的观众与组委会的观众分析进行比较；

（7）分析组委会发给参展商的问卷；

（8）考察本公司所在领域的经济环境；

（9）广告及邀请观众的情况；

（10）评估展台的面积、位置和设计水平；

（11）评价参展人员的准备工作和参展能力；

（12）评估参展人员的工作状况及《展台工作守则》的执行情况；

（13）评析竞争对手的展出情况；

（14）大众传播对本公司参展活动的报道情况。

8.3.4　参展效益评估

1）参展效益评估的特点

企业参展效益是指参展企业参加某一次展会活动所获得的总收益与总支出之比，是企业进行参展决策的重要指标。参展效益的评估具有以下特点：

（1）参展效益的隐含性。企业参展的效益并不能用精确的数据来直接衡量，如参加展会提高了企业或企业品牌的知名度。

（2）参展效益的滞后性。企业参展的效益在参展期间并不能直接显现，在展会上直接反映出来的主要是展会期间的订单或合同。在实际情况中，这种订单或合同的数量往往非常有限。在参展之后的一段时间内，企业参展的更多效益才开始慢慢显现。

（3）不同企业参展效益的差异性。不同时期、不同企业参加不同的展会都会有自己的参展目标，参展的投入方式、投入的多少也大相径庭。即使有相同的参展目标，对不同的企业而言，其效益也可能是不同的。因此，不同企业参展绩效的计算不可以采用统一的指标。

（4）参展效益的综合性。参展带来的效益是多方面的，效益的评价必须综合考虑，少计算其中的一项或几项都会导致计算结果不能真实、有效地反映参展带来的实际效益，并有可能导致企业做出错误的决策。企业可以将所有的指标进行量化，用参展效益指标进行衡量。

2）参展效益的评估指标

参展效益的评估指标主要有以下几种：

（1）成交额。

展览会以成交为最终目的，因此，成交额是最重要的评估内容之一，但它也是参展效益评估矛盾的焦点之一。许多展览单位喜欢直接使用展出成本与展出成交额相比较的方法计算成交的成本效益。要注意这是一种不准确、不可靠的方法，因为有些成交额确实是由于展览而达成的，而有些成交额却是不展出也能达成的，更多的成交额可能是展览之后达成的。因此，要慎重评估并慎重使用评估结论。成交额评估的内容一般包括销售目标达到与否、成交额、成交笔数、实际成交额、意向成交额、与新客户成交额、与老客户成交额、新产品成交额、老产品成交额、展览期间成交额、预计后续成交额等，这些数据可以交叉统计计算。

（2）接待客户。

这是参加展览会最重要的评估内容之一，包括接待客户的数量和质量。如果参展目标是企业形象的宣传推广，那么就以接待观众人数等作为主要标准。在通常情况下，还要考察接待客户的质量。接待客户质量一般体现在客户购买兴趣指数、购买影响指数和购买计划指数等方面。

购买兴趣指数：客户在展位前花费的时间越多，表明其购买的兴趣越高，可以用每位潜在客户平均参观时间来表示。

购买影响指数：宣称对产品或服务有购买影响的接待客户占总接待客户的比例。

购买计划指数：在展后计划购买产品或服务的客户占接待客户的比例。

（3）成本效益比。

建立新客户的成本效益比的计算公式如下：

$E = C \div N$

式中，E 表示展会上找到每个新客户产生的成本；C 表示建立新客户关系的数量；N 表示总支出。因为与潜在客户建立关系是展览的直接结果，与客户建立关系意味着在未来成交并产生效益。如果参展目标是推销，则可以采用这种衡量方法；但如果参展目标是企业形象的宣传推广，则不适用这种衡量方法。

（4）参展综合效益。

为了更全面地衡量参展效益，我们可以将所有衡量参展评价效益的因素进行量化，并用收益与成本进行比较，从而综合地表示出参展效益。

参展企业的收益包括：

①巩固老客户关系。参展可以巩固与前来展位参观的老客户的关系，这一收益指标可以用能够获得相同效果的其他营销手段所需要支出的费用来替代，如约见老客户的管理层、给老客户赠送样品和目录、发邮件和电话联系，或通过新闻媒体发布信息等。

②开发新客户的收益。其衡量标准是新客户的数量，开发新客户的收益可以用新客户预期给参展商带来的合同来计算。

③提高企业、产品或服务的知名度。其衡量标准是展会参观人数、参观本企业展位人数、企业宣传册发放数目。其收益可以用参展企业通过做广告、直销、促销、公司事件策划或进行产品展示等方式所需支出的费用来计算。

④树立、维护公司形象。其衡量标准是有效观众的判断和意见，以及对公司的态度发生了改变的有效客户数量和改变的程度，这些信息需要参展商在展会期间或展会之后开展专业的调查才能获得。其收益可以用进行直销、产品展示、制定并实施公司形象战略、公司事件策划等方式所需支出的费用来计算。

⑤获取市场信息。由于有大量的实际消费者和潜在消费者会集中参观展会，因此展会期间也是企业开展市场调查的有利时机。其收益可以用开展市场调查所需支出的费用来计算。

⑥获取订单。这是企业参展的主要目标之一，其收益的大小可用展会期间新增销售合同所带来的利润来表示。

⑦开拓新市场。这一指标可以用新市场询价数量、对新产品询价数量的多少来衡量，其收益可以用进行市场调查或专业的咨询策划服务所需支出的费用来计算。

参展企业的费用支出包括：

①场地费用。它主要包括场地租金、参展人员通行证、展会期间照明费用、包装箱临时存放费用、空调费用、展会期间的保安服务、会场公共区域的清洁服务等。

②展位搭建费用。它包括展台设计费用、展位装饰装修费用以及展台内照明设施、视听媒体、绿色植物、展桌、椅子、沙发等方面的费用。

③运输费。它包括展品和资料从指定仓库集货起直至展会展台的全程运输费、仓储费、回程运费和（或）废弃物处置费用。

④员工费用。它主要包括每位参展员工的工资、津贴、奖金、食宿和交通费用，还有可能包括礼仪小姐、翻译等临时工作人员的费用支出；如果展会在国外举行，还要计算每位参展人员的签证、保险等费用。

⑤其他费用。除以上费用外，还有一些其他的费用要发生。例如，参展前给新老顾客发邀请函及入场券的费用；展会期间做会刊宣传的费用、做场地广告的费用；在展位内举办小型活动，如小型产品讲座、技术讲座、有奖活动、发送小纪念品、文艺演出等的费用；招待记者的交际费用；邀请知名人士出席开幕式剪彩仪式的费用；展会期间发生的电话、传真和网络服务费用等。

我们用M代表总收益，C代表总支出，E_n代表参展净收益，E代表参展收益率，则参展商净收益的计算式如下：

$E_n = M - C$

参展商参展收益率的计算式如下：

$E = E_n \div C$

公式中E的数值越大，说明参展效果越好。

削减展会预算是一件两难的事情。公司管理层只会要求你削减预算，但是什么项目该保留，什么项目可以削减，管理层是不会有明确的或具体的指示的。这个责任就要由负责参展的人员来承担。

对不同的公司和展会而言，决定削减哪一部分的预算是不同的，这并没有一个统一的标准。

知识链接8-2

参展商的预算技巧

对某些公司来说，聚会就像裙子的褶边一样是不可缺少的；对另一些公司来说，招待会对于建立和维系客户关系是必需的，这些都不可以削减。新闻发布会对某些公司来说是不需要的奢侈品，但是对另一些公司来说，使媒体不断地对公司的新产品和新服务保持关注是公司战略的重要组成部分。

无论是什么行业的企业，以及企业的参展战略是什么，我们都可以从以下一些成熟的预算规律中学到些东西，这是从多次的实践和错误中总结出来的削减预算的重要规律。

让我们先看看什么费用容易削减，有以下几种方式可供选择：

（1）尽量减少赠品的费用。现场的展会管理者对此可能会有抱怨，但他们会理解的。无论如何，赠送会使你产生这样的想法："这个人可能不是我们的目标客户。"英特尔公司一位曾经负责参展的专家这么认为，英特尔公司在展会上用于赠送的花费从5 000美元到3万美元不等，特别是在一些大型展会上。假如你的公司像英特尔这样一年参加20多个展会并减少赠品的费用，那么可能节约的费用将达到6位数。

即使你没有参加那么多展会，你也可以计算一下在赠品方面节约的费用。最近的一项调查显示，赠品是提高预算的典型开支，经常占到展会预算的8%～12%。英特尔公司在参加 Comdex 展会时，在赠品上花费了大约3万美元，占总参展费用的1.5%。

（2）降低展位清洁服务的费用。对于一些小的展位，比如说10×10（平方英尺）、10×40（平方英尺）或者20×20（平方英尺）的展位，一般都是由展位上的员工做清洁工作。但对于一些大型展位，如40×50（平方英尺）、50×50（平方英尺）或者50×70（平方英尺）的展位，可能有专门的清洁工人来清扫垃圾或者废料。不过，有经验的管理者就会要求清洁工人在展位刚搭建好的时候来打扫一次，而不是每天有专人打扫。因为过了第一天之后，展位的清洁工作往往就很少了。某些公司在清洁方面的费用一年内平均每个展会可以节约1 800美元到10 000美元，而且不会降低展位活动的水准。

（3）不租植物。省去眼花缭乱的盆景，你可以节约250美元到1 800美元。有的公司一年可以节约5 000美元，展位也不会显得没有生气。

（4）展位上少装电话。展位上的电话能满足需要就行了。通常，在展位上拉一根电话线要250美元，如果少装几部电话就能减少很多费用。少装电话的好处还在于可以使你的员工少打未经批准的长途电话。

对于不可削减的费用，每一个老练的展会管理者都会有自己的经典原则，参展商也可以从以下经验中学到更多：

（1）保证工作的稳定性和连续性，这是参展制胜的法宝。一位资深的市场经理认为，参展商必须保证年复一年展会工作之间的关联性。如果不注重这个规律，工作将充满不确定性。参展后，跟踪客户将使你知道什么展会是高回报的，什么展会你可以不参加。如果参展商有一次没有追踪客户信息，那么下次可能要花几年的时间恢复这个信息并要多花成百上千的费用。

（2）高水准的销售团队会见客户，这是一条非常关键的经验。参展商一定要花时间面对客户，不能削减客户与你的管理层、关键销售人员以及市场人员会面的机会。贸易展会是一种有效的与客户沟通的方式。比如说，在 Comdex 展会上，英特尔公司的市场分析家要与来自世界各地的100多位客户面谈。如果要送一位高层管理人员去客户所在的地方会面，平均每一次旅程大约需要花费5 000美元。而在 Comdex 展会上，平均一位管理人员可以会见25个重要客户，仅这一项就可节约10万美元左右。在展会上，公司高层与客户见面能够节约多少费用，是很难估算的。想象一下，如果有10位公司高层管理人员在展会上与100位客户见面，将节约多少费用。这么估算一下，贸易展会就是一个很便宜的与客户接洽的机会。

（3）重点产品的展示推广费用不可少。重点产品信息的发布和宣传费用是不可缺少的，展会现场是发布产品信息的重要场所。当然，新闻媒体也能做到这一点，但是客户不能亲眼看到真实的产品，也不能亲身体验新产品。不过，不是所有的展会都能做到让顾客对公司以及公司的产品有直观的认识的。有经验的参展商会花一笔钱聘用受过训练的专业人员，这些专业人员能够用最有效的方式展示公司的明星产品，用最少的时间获得最多的回馈，这笔预算是不可节约的。

（4）殷勤招待客户。在展会上，让你的客户高兴是参展的主要理由之一。所以，殷勤招待客户的费用不可缺少。参展商也许需要为此举办一些酒会或者活动，用来稳固与客户之间的联系。一位参展商曾说，客户是我们参展的理由，也是我们做生意的理由。

资料来源　佚名. 参展商的预算技巧 [EB/OL]. (2012-02-15). http://blog.1688.com/article/i27636139.html.

8.3.5　展览会质量评估

参展商对展览会质量的评估，一方面要考核展览会的选择是否正确，为是否继续参加下一届展会提供参考；另一方面，可以将参展效果与展览会质量进行比较。如果参展效果与展览会质量成正比，说明参展工作做得好且有成效；如果展览会质量高，参展效果一般或不好，说明参展工作存在问题，企业就应该从自身找原因；如果展览会质量一般，参展效果却不错，说明参展工作非常出色，应该好好总结成功经验，以便继续发扬。展览会质量评估一般有以下几个主要评估指标：

（1）参展企业数量。这是一个比较直观简单的定量内容，这个指标可以从展会组织者那里获得。

（2）参展企业质量。这是最重要的一个因素，如果参展企业质量与展出效率成正比，即参展企业质量高，则展出效率就高。

（3）参观者的总人数。这可以从展会公布的统计数字中获知。

（4）展览会的人流密度。这是指在展馆开放时，平均每平方米容纳的人数。它可以用参观者总人数除以天数再除以展馆总面积获得。这个指标可衡量展会受买家关注的程度。

（5）参展商平均成交额。这个指标可以用展会总成交额除以参展商总数获得。这个指标要看参展商提供的成交额的真实性，选择是否参考。

（6）平均参观时间。它是指参观者参观整个展览会所花费的时间，该指标与展览会效果成正比。

典型案例8-2

第9届Asiamold广州国际模具展览会展会报告

广州国际模具展览会是亚洲最知名的模具专业商贸平台之一。本展会一直致力于满足制造业所需，展示最先进的模具制造、3D打印、压铸和金属加工仪器及技术，全力打造区内领先的一站式采购平台。中国工业市场瞬息万变，同时具有庞大的需求，有鉴于此，第9届Asiamold广州国际模具展览会将继续为行业呈献最全面和前沿的解决方案，协助业内人士应对挑战及把握簡中机遇。2015年展会我们成功迎来了320家参展商，展览面积达20 000平方米，吸引了来自48个国家的21 776名专业买家莅临。今年展会的一大亮点是亚洲3D打印专区，云集了近60家专业3D打印企业，比去年上升25%。一众3D打印参展商带来了行内最具创新理念的产品，呈现全方位的3D打印技术演示。

除了展会本身，同期举办的高端研讨活动亦是Asiamold展会成功不可或缺的要素。今年，我们为业界带来超过30场研讨会，分享有关模具和压铸，以及3D打印方面的热门议题，题材覆盖模具行业的专业难题攻克、3D打印在模具行业的应用、新型3D打印技术的推广应用等。

◆ 观众分析

1.国内观众地区组成（如图8-1所示）

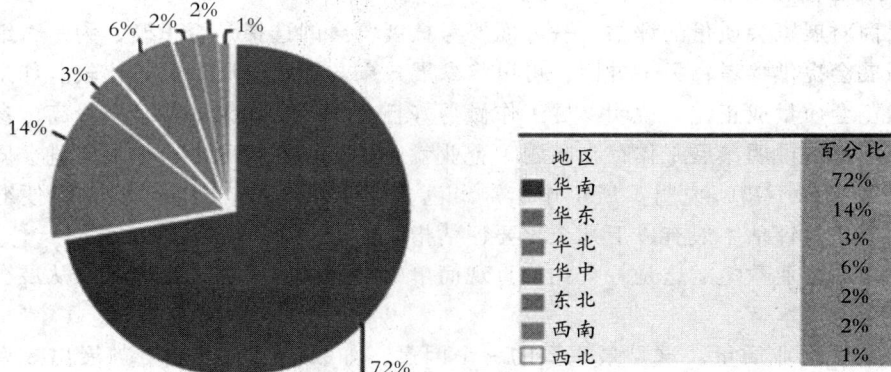

地区	百分比
华南	72%
华东	14%
华北	3%
华中	6%
东北	2%
西南	2%
西北	1%

图8-1 国内观众地区组成

2.排名前十的海外观众国家/地区分布（如图8-2所示）

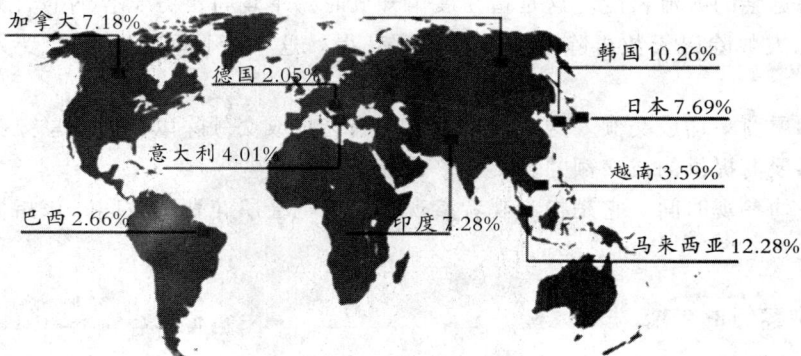

加拿大7.18%
德国2.05%
意大利4.01%
巴西2.66%
韩国10.26%
日本7.69%
越南3.59%
印度7.28%
马来西亚12.28%

图8-2 排名前十的海外观众国家/地区分布

3.观众主要目的（如图8-3所示）

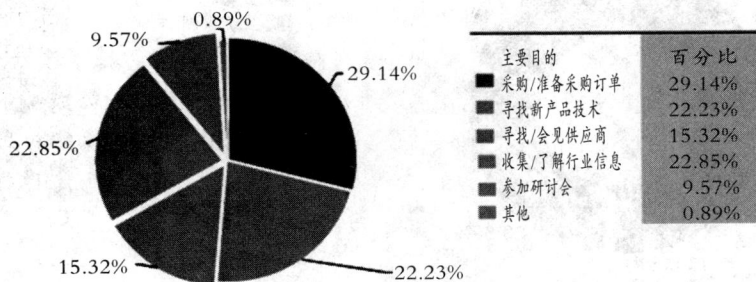

主要目的	百分比
■ 采购/准备采购订单	29.14%
■ 寻找新产品技术	22.23%
■ 寻找/会见供应商	15.32%
■ 收集/了解行业信息	22.85%
■ 参加研讨会	9.57%
■ 其他	0.89%

图8-3 观众主要目的

4.观众所属行业（如图8-4所示）

所属行业	百分比	所属行参加研讨会	百分比
■ 模具及3D打印行业	28.70%	■ 汽车工业	9.40%
■ 国防行业	3.70%	■ 航空航天	1.80%
■ 玩具行业	2.40%	■ 电子行业	7.80%
■ 消费品	3.50%	■ 创意产业	6.30%
■ 珠宝行业	3.50%	■ 医疗产业	4.20%
■ 教育行业	7.80%	■ 家电产业	12.80%
■ 化工产业	1.64%	IT产业	4.80%
■ 电气及自动化产业	15%	■ 协会媒体	1.90%

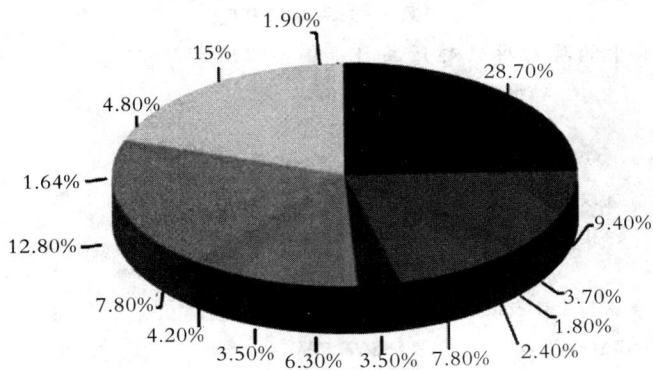

图8-4 观众所属行业

5.观众主要工作角色及职能（如图8-5所示）

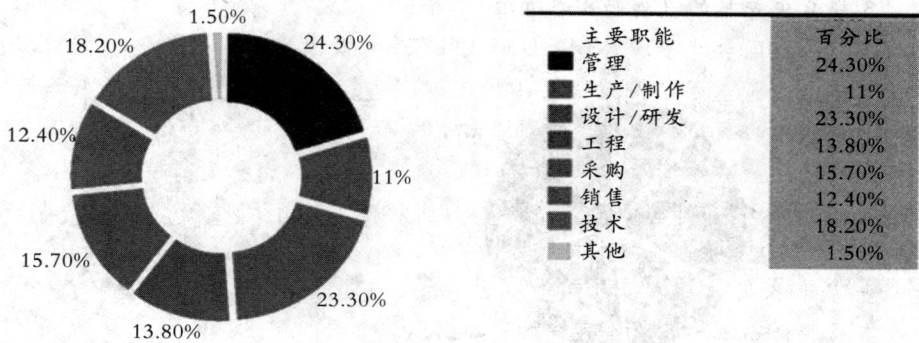

主要职能	百分比
管理	24.30%
生产/制作	11%
设计/研发	23.30%
工程	13.80%
采购	15.70%
销售	12.40%
技术	18.20%
其他	1.50%

图8-5 观众主要工作角色及职能

6.观众满意度（如图8-6所示）

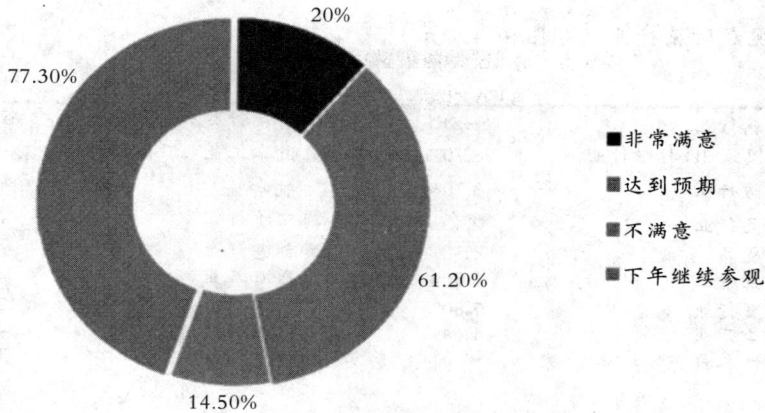

- 非常满意
- 达到预期
- 不满意
- 下年继续参观

20%
77.30%
61.20%
14.50%

图8-6 观众满意度

7.排名前十的观众感兴趣产品（如图8-7所示）

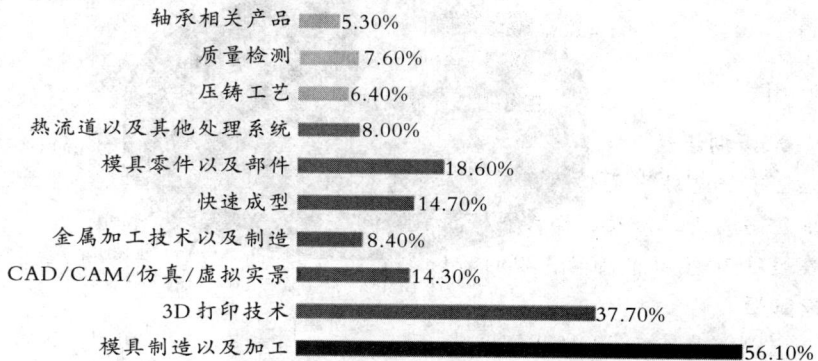

- 轴承相关产品 5.30%
- 质量检测 7.60%
- 压铸工艺 6.40%
- 热流道以及其他处理系统 8.00%
- 模具零件以及部件 18.60%
- 快速成型 14.70%
- 金属加工技术以及制造 8.40%
- CAD/CAM/仿真/虚拟实景 14.30%
- 3D打印技术 37.70%
- 模具制造以及加工 56.10%

图8-7 排名前十的观众感兴趣产品

◆ **展商分析**

本届展会云集了来自德国、美国、瑞士、比利时、日本、韩国、土耳其、中国香港和中国台湾等国家和地区的320家高品质展商同台亮相，为中国模具行业以及工业带来了包括精密模具制造与设计、3D打印、金属加工与压铸方面上千种最新的产品和技术，助力迈向中国工业4.0！而亚洲3D打印展区继续成为今年的亮点，来自全球60余家3D打印制造企业带来了包括工业级3D打印机、桌面级3D打印机、各式各样的打印耗材和配件方面的产品，这也将继续引领中国3D打印产业技术发展方向。

◆ **展商收获**

本届展会各地参展商各有收获（如图8-8所示）。87%的参展商认为展会对企业产品/品牌推广有帮助，分别有78%和75%的参展商通过展会强化以及维护了客户关系，建立了新的业务。也有部分参展商表示，在展会上获取了最新资讯和情报、达成订单、评估了产品的市场定位是他们较大的收获。

评估产品市场定位	37%
达成订单	45%
获取最新资讯和情报	65%
强化以及维护客户关系	78%
建立新业务	75%
产品/品牌推广	87%

图8-8 参展商收获情况分布比例

◆ **展商满意度**

关于本届展会参展商的满意度，主办方也进行了调查和结果统计（如图8-9所示），整体看来，满意度非常高，有7成以上参展商有意愿下届继续参加。

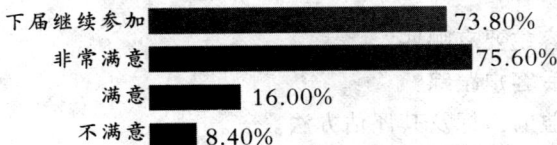

下届继续参加	73.80%
非常满意	75.60%
满意	16.00%
不满意	8.40%

图8-9 参展商满意度结果统计

◆ **同期活动**

除了打造独一无二的商贸平台，今年广州国际模具展览会亦为业界带来了一系列高端研讨活动，令参展商和观众可以获得最新市场咨询。本届展会同期举办超过30场研讨活动，探讨模具制造、3D打印、压铸及金属加工等领域的热门议题。

资料来源 佚名. 2015年广州国际模具展览会展会报告［EB/OL］.［2016-01-12］. https://wenku.baidu.com/view/8cd505224afe04a1b171de6d.html.

分析提示：展览会的质量对企业参展效果至关重要。企业在参展后，可以通过相关渠道了解所参展的展览会的质量，然后结合本企业的参展效果对展览会的质量进行综合评估，从而为是否继续参加下一届展览会提供决策依据。

8.3.6 展览工作评估

展览工作评估的主要目的是了解参展活动和运作过程的工作质量。

1）有关展出目标的评估

这主要考察参展目标是否能够实现，以及企业制定的参展目标是否与展览会的主题相匹配。

2）人员绩效评估

评估方法主要有以下几种：

（1）平均每位参展人员接待潜在客户的数量；

（2）平均每位参展人员实际发展的新客户的数量；

（3）平均每位参展人员签订合同的金额。

3）参展效率评估

参展效率是衡量参展工作整体情况的指数，可以用接触潜在客户的平均成本来评估，即参展总开支除以实际接待的潜在客户数量。

4）有关设计工作的评估

定量的评估内容有展台设计的成本效率、展览和设施的功能效率等。定性的评估内容有公司形象如何、展会资料是否有助于展出、展台是否突出和易于识别等。

5）有关展品工作的评估

这可以用展品的受吸引程度，即对公司参展产品感兴趣的观众比例来衡量。

6）有关宣传工作的评估

这包括宣传和公关工作的效率、宣传效果、是否比竞争对手吸引了更多的观众、资料散发数量，以及新闻媒体的报道刊载或播放次数、版面大小、时间长短、评价等。

知识掌握

8.1 展后工作内容主要有哪些？

8.2 如何进行展后客户跟踪？

8.3 简述参展效益的指标及其评估方法。

8.4 简述展后评估的步骤。

8.5 参展商展览工作评估的目的是什么？

8.6 展后评估的目的有哪些？

知识应用

▶ **案例分析**

展会结束了，你的客户呢？

最近有两个4月份参加广交会的客户下单了。参展几次之后，简单总结了一下展会客户跟进的方案。

一、定义分类客户

根据在展会上的交流将客户适当分类，并且划分等级，分类和划分等级的标准可以根据自己工作需要，也可以参照以下标准。

A类：在展会上意向较大，交谈到订单细节，对对方市场信息和采购计划有了解（此类客户的下单意向是比较大的，需要顺着订单方向引导、盯紧）。

B类：近期有采购此类产品的需求，处于挑选供应商和选品阶段（此类客户需要争取把公司的产品列入客户近期采购项目单中，沟通得好还是有机会成为客户新的供应商的）；样品客户（展会拿样品的客户，且排除一部分是自用样品客户。样品一般在展会上会收取双倍价格，如果客户肯付款，说明意向还是比较诚恳的，后期需要紧密跟进，有样品在他手，让他一直想起你，是有机会下单的）。

C类：拿了公司目录，有过简单交谈的客户（这类客户是有潜在的采购意向，正在进行市场调查，后期可以陆续跟进，加深客户对公司产品的采购意向）。

当把客户分成不同等级，就会有目的性地去跟进客户，不是展会上所有的客户都需要花很多精力去跟进的，重要的是选择，选择有效的客户。

二、做好交谈和跟进备注的记录

交谈备注：主要是与客户在展会上交谈的记录，摸清客户的侧重点；

跟进备注：是指跟进的次数和情况的记录。有些展会客户，即使你发了几封邮件还是没有回复，此时不要着急，先查一下这位客户的公司信息和交谈记录，判断是紧急的对接客户还是潜在的游客客户。如果合作意向较强，可以打电话给客户，或者通过其他社交方式与其取得联系；如果是一般客户，可以继续发邮件，一个月后可以打电话给客户，多了解什么是他的真正需求。

三、展会客户没回复的分析

很多人会有最近展会客户怎么都没回复的疑问。首先，需要弄清楚客户是否已经回到了当地，或者他的手机、电脑确定能收到邮件，这是首要的。

有的客户可能还在中国参加其他展会，或者刚回去公司有一大堆事情要处理，来不及回复展会邮件。也有可能，公司的产品不在客户的考虑范围内，他也就不回复了。还有一种可能是，客户正在进行市场调研，所需的时间比较长。

虽然客户没有回复你，但并不是表示你没有机会，你可以想尽办法和他联系，委婉地要他一个解释，就像谈恋爱一样，还没和别人结婚，还没和其他供应商签订订单，你还是有机会的。

四、保持耐心去紧紧跟进

划分好了类别，做好了客户的分析和备注，接下来就是耐心地跟进和引导客户了。很多展会的客户是新客户，新客户下单还是要历经很长的一段磨合期的。客户需要了解你、公司、产品，你需要了解和分析客户，客户没马上下单也不要心太急，多给彼此点儿时间。但是，要保持一个月至少2~3次主动去联系和跟进客户，就算他邮件不回也没关系。

五、你除了这次展会的客户还有其他客户

相信有一部分小伙伴会用两三个月的时间完全耗在近期的展会客户上，在思索着客户没回邮件的原因而失去工作动力，其他客户也不怎么爱搭理了。天涯何处无芳草，何必单恋一只花呢？展会客户，其实是潜在客户的一部分而已，是从头开始经营关系。别忘了之前经营的半年、一年、两年的客户，这些经营许久的客户下单的几率是不是也比较大呢？

资料来源　佚名. 展会结束了，你的客户呢？［EB/OL］.［2017-05-31］. http：//yue.52wmb.com/article/5073.

问题：以上案例为一位参加了广交会的业务员的展后客户跟进心得，请阅读这则心得后谈谈展后客户跟进的重要性，并提出跟进客户的方法和建议。

（分析提示：参展企业展后最重要的工作之一是将展会上认识的潜在客户变为现实客户，及时跟进客户，通过引导客户双方进行深层次的沟通磋商是实现双方合作的必经之路。在跟进客户的过程中要注意技巧，要让客户明白己方的诚意，同时也不能操之过急，丢失原则，只有这样才有可能实现双方共赢。）

▶ **实践训练**

为你熟悉的某位参展商搜集其参加某个展览会的详细资料，对其参展的效果进行评估，并草拟一份总结报告，提出你的建议。

附　录

〈附录1〉　中外著名展览会集锦

中国进出口商品交易会

一、简介

中国进出口商品交易会又称为"广交会"，创办于1957年，每年分春秋两季在广州举办，迄今已有半个多世纪的历史，是中国目前历史最长、层次最高、规模最大、商品种类最全、到会客商最多、成交效果最好的综合性国际贸易盛会。

广交会实行"省市组团、商会组馆、馆团结合、行业布展"的组展方式，主要组织资信良好、实力雄厚的拥有自有商标品牌、自有技术专利的外贸公司、生产型企业（包括外商投资企业和民营企业）以及科研院所等参展，向全世界展示中国的商品及技术，以现场看样成交为特点，以出口贸易为主。每届广交会都会吸引来自世界各地数以十万计的客商云集广州，互通商情，增进友谊，成效良好。广交会由国家商务部及广东省人民政府主办，中国对外贸易中心承办。广交会由48个交易团组成，有数千家资信良好、实力雄厚的外贸公司、生产企业、科研院所、外商投资或独资企业、私营企业参展。

二、展品范围

现在的广交会每届分三期进行，每期展出的展品类别不同。

第一期：大型机械及设备、小型机械、自行车、摩托车、汽车配件、车辆（户外）、化工产品、五金、工具、工程机械（户外）、家用电器、电子消费品、电子电气产品、计算机用通信产品、照明产品、建筑及装饰材料、卫浴设施、进口展区（包括机械设备、小型车辆及配件、电子信息及家电、五金、工具、建材及厨卫设备、原材料、日用消费品类、装饰品及礼品类、食品及农产品类）。

第二期：餐厨用具、日用陶瓷、工艺陶瓷、家居装饰品、玻璃工艺品、家具、编织及藤铁工艺品、园林产品、铁石制品（户外）、家居用品、个人护理用具、浴室用品、钟表眼镜、玩具、礼品及赠品、节日用品、日用消费品类、礼品类、家居装饰品类。

第三期：男女装、童装、内衣、运动服及休闲服、裘革皮羽绒及制品、服装饰物及配件、纺织原料面料、家用纺织品、地毯及挂毯、办公文具、土特产品、食品、医药及保健品、医疗器械、耗材、敷料、体育及旅游休闲用品、办公文具、鞋、箱包展区。

三、摊位类别

广交会的摊位分为三大类：分配性摊位、保证性摊位、招展（洽谈厅）摊位。

1.分配性摊位：即外经贸部根据各地方或系统的上年出口额核定的摊位，由各交易团分配给各参展单位。

2.保证性摊位：即外经贸部用于安排重点名牌商品和企业的摊位，包括以下三大类型：

（1）安排外经贸部重点支持和发展的名牌出口商品参展；

（2）确保有发展前途、高科技、高附加值的名优新特产品参展；

（3）鼓励交易团扶持优秀企业，提高布展水平。

3.招展摊位：根据参展商品特性由各商会负责组展的摊位，其中包括机械仪器设备展区（机械大厅）、小型车辆及配件展区、车辆及工程农机展区、家用电器展区、电子及信息产品展区、食品及茶叶展区、土畜产品及地毯展区、裘革皮及羽绒制品展区、医药保健及医疗器械展区、礼品展区（珠宝骨玉雕类展品）、家具展区、石雕展区、园艺展区以及化工洽谈厅、矿产冶金及有色金属洽谈厅、纺织原料面料及纱线洽谈厅。

四、参展申请资格和条件

1.拥有合法进出口经营权，并已办理进出口企业代码；

2.具有相关单位进出口商会或外商投资企业协会会员资格；

3.对各类经营主体申请资格的审查以及安排参展的依据，主要是从企业所经营商品的档次和水平、企业的信誉和实力来看，同时结合企业的出口实绩等，具体将按所属交易团的有关规定执行。

五、参展申请办法

申请在广交会布展的单位，必须符合规定的资格标准，并经资格审查、复查和备案。分配性、保证性及招展性三类广交会摊位的申请程序分别如下：

（一）分配性摊位的申请

分配性摊位数是交易团根据各地方或系统的出口额来核定的，由各交易团分配给各参展单位。申请广交会分配性摊位的地方企业必须先向当地广交会工作主管部门提出书面申请。

对于申请分配性摊位的企业，主管部门需对企业申请展区商品的出口实绩、境内销售以及商标注册和认证等情况进行审核，实行统一计分制度，具体按照《广东交易团属省分配性摊位管理规定（试行）》执行。

（二）保证性摊位的申请

保证性摊位主要用于安排外经贸部门重点支持和发展的名牌出口商品以及有发展前途、高科技、高附加值的名优新特展品参展，以扶持优秀企业和提高布展水平。申请条件及需要提交的资料依照广交会保证性品牌类展位候选企业评审标准的有关资格条件执行。

保证性摊位不列入展位分配基数，根据参展企业的客观需要和展馆条件进行安排。

（三）招展性摊位的申请

招展性摊位的分配由有关进出口商会负责。申请时需要提交的资料及提交方式按照申报广交会招展性摊位的有关通知的规定执行。

无论申请上述何种展位，企业均应通过所在地广交会工作的主管部门向相关交易团提出申请。

六、举办时间

广交会每年春季的举办时间是当年4月，秋季的举办时间是当年10月，每年春秋两届各分三期举行。具体展出时间为：

春交会：第一期：4月15日—19日；

第二期：4月23日—27日；

第三期：5月1—5月5日。

秋交会：第一期：10月15日—19日；

第二期：10月23日—27日；

第三期：10月31日—11月4日。

七、展览地点

中国进出口商品交易会展馆（广州市海珠区阅江中路380号）。

八、官方网站

http://www.cantonfair.org.cn/cn/about/index.shtml。

中国进出口商品交易会展馆

中国-东盟博览会

一、简介

中国-东盟博览会由中国和东盟10国政府经贸主管部门及东盟秘书处共同主办，广西壮族自治区人民政府承办。博览会以"促进中国-东盟自由贸易区建设，共享合作与发展机遇"为宗旨，以双向互利为基本原则，以自由贸易区内的经贸合作为重点，同时面向全球开放。博览会已成功举办9届，成为中国-东盟友好交流、经贸促进和多领域合作的重要平台。

二、主要参展商品种类

机械设备：汽车（摩托车）及配件、食品加工与包装机械、印刷机械、农用机械、缝制机械、工程机械和电力设备等。

电子电器：家用电器、低压开关、灯具灯市和信息产品等。

五金建材：小五金、建筑及建筑材料、卫生洁具等。

轻工工艺：工艺品、塑料制品、自行车和家具等。

农产品和食品：果蔬产品、水产品、粮食产品和特色食品等。

三、展出地点

南宁国际会展中心（中国广西南宁市民族大道东段）。

四、首届时间

2004 年。

五、官方网站

http：//www.caexpo.org。

中国−东盟博览会展馆

中国国际高新技术成果交易会

一、简介

"中国科技第一展"——中国国际高新技术成果交易会（简称高交会），是由中华人民共和国商务部、中华人民共和国科学技术部、中华人民共和国工业和信息化部、中华人民共和国国家发展和改革委员会、中华人民共和国教育部、中华人民共和国人力资源和社会保障部、中华人民共和国国家知识产权局、中国科学院、中国工程院、深圳市人民政府主办，中华人民共和国农业部协办，深圳市中国国际高新技术成果交易中心（深圳会展中心管理有限责任公司）承办，中国规模最大、最具影响力的科技类展会。

高交会设有高新技术成果交易、高新技术专业产品展、论坛、super-SUPER 专题活动、高新技术人才与智力交流会、不落幕的交易会六大板块，集成果交易、产品展示、高层论坛、项目招商、合作交流于一体，通过"官产学研资介"的有机结合，为海内外客商提供寻求项目、技术、产品、市场、资金、人才的便捷通道。

自1999年首届高交会举办以来，高交会得到了中国各级政府的高度重视和大力支持，朱镕基、吴邦国、李长春、吴仪、曾培炎等原国家领导人曾分别莅临历届盛会。每届高交会均有国内著名高校参加展示、交易和洽谈；同时，高交会也得到了海内外高新技术企业的认可和欢迎，全球有50多个国家的客商参加了历届高交会的展示、交易和洽谈，其中有美国、英国、德国、加拿大、澳大利亚、意大利、俄罗斯以及欧盟等近30个参展国家或国际组织，有微软、IBM、西门子、英国电信、爱立信、飞利浦、SAP、索尼、三星等40多家国际知名跨国公司；来自全球的商政学界精英，如诺贝尔奖获得者、部长级以上政府官员、跨国公司总裁等400多人在高交会论坛上发表演讲。每届展会参观人数超过50万人，产品与技术交易额超过130亿美元。

二、展品范围

1号展馆：信息技术与产品展、新能源与节能环保展。

2号展馆：电子展。

3号展馆：光电平板显示展。

4、5、6、7、8号展馆：国家高新技术成果展。

9号展馆：省市高新技术成果展、海外高新技术成果展。

三、举办地点

深圳会展中心。

四、首届时间

1999年。

五、官方网站

http：//www.chtf.com。

中国国际投资贸易洽谈会

一、简介

中国国际投资贸易洽谈会（简称"投洽会"）于每年9月8日至11日在中国厦门举办。投洽会以"引进来"和"走出去"为主题，以"突出全国性和国际性、突出投资洽谈和投资政策宣传、突出国家区域经济协调发展、突出对台经贸交流"为主要特色，是中国目前唯一一个以促进双向投资为目的的国际投资促进活动，也是唯一一个通过国际展览业协会（UFI）认证的全球规模最大的投资性展览会。

二、投洽会的主要内容

投洽会的主要内容为投资和贸易展览、国际投资论坛及系列投资热点问题研讨会和以项目对接会为载体的投资洽谈。投洽会不仅全面展示和介绍了中国各省、自治区、直辖市和香港特别行政区、澳门特别行政区的投资环境、投资政策、招商项目和企业产品，也吸引了数十个国家和地区的投资促进机构前来参展并举办投资说明会、推介会。参加投洽会的境内外客商可以花最少的时间和精力全面考察中国各地和其他国家和地区的投资环境，从最直接的渠道获取最新的投资政策和投资资讯，在最广泛的范围内选择最合适的投资项目和投资合作伙伴。

三、主办单位

中华人民共和国商务部（MOFCOM）。

四、承办单位

福建省人民政府、厦门市人民政府、商务部投资促进事务局。

五、首届时间

1997年。

六、举办地点

厦门国际会展中心。

七、官方网站

http：//www.chinafair.org.cn/china/index/index.aspx。

全国糖酒商品交易会

一、简介

全国糖酒商品交易会（简称"糖酒会"）是由中国糖业酒类集团公司主办的大型全国性商品交易会。糖酒会于每年春、秋两季举办两次。糖酒会因其规模大、效果显著，而被业界誉为"天下第一会"。参会企业达数千家，参展商品达数万种，参会代表已突破10万人，展场面积突破6万平方米，成交额自1992年以后一般在100亿元人民币左右。糖酒会以前主要是国有企业和集体企业参会，近几年来，已形成多种经济成分竞相参会的格局，特别是境外客商逐渐增多。全国糖酒商品交易会已显露出国际食品博览会的雏形。

二、展品范围

米面类、饮料类、糖与巧克力类、酒类、干果类、水果类、水产类、蔬菜类、肉制品、豆制品、蛋品类、茶类、烟类、乳制品、菌藻类、罐头类、调味品、食用油、淀粉类、休闲食品、方便食品、烘焙食品、冷冻食品、新型食品、婴幼儿食品。

三、主办者

中国糖业酒类集团公司。

四、首届时间

1955年。

五、举办地点

巡回展。

六、官方网站

http：//www.chinatjh.com。

德国慕尼黑国际建筑机械、建材设备及工程车辆博览会（Bauma）

一、简介

德国Bauma展是全球最大，也是最重要的建筑行业贸易展会。Bauma展的最明显特点是各展商均会展出各自最新、最多、技术含量最高的近期上市产品。欧洲是工程机械老牌生产制造和代表工程机械最高水平的新产品开发地区，其生产产品的品种、数量、技术含量是首屈一指的。例如，德国利勃海尔、宝马、维特根、普茨迈斯特公司等均以生产整机新产品为主，法国波克兰公司、意大利ITM公司等是以生产零部件为主的公司，并在全球广设代理商和服务公司。德国 Bauma 展在新慕尼黑展览中心举行，有 16 个展馆，包括室外场地，展出面积达到 50 万平方米。所有世界建筑工程机械领域内的重量级人物都同时出现在慕尼黑新展览中心，如利勃海尔、卡特彼勒、小松重工。中国著名企业，如三一重工、柳工、徐工、中联重科等也在展会上展示最新的大中型产品，彰显中国机械工业的风采。

二、展品范围

1. 排水设备、水泵。

2. 混凝土钢筋的加工设备和机械。

3. 脚手架。

4. 起重及传送设备。

5. 灰浆、混凝土的搅拌、运输及传送机械和设备。

6. 挖掘机、装载机、分类机和推土机。

7. 隧道和坑道工程机械及设备。

8. 钻孔机、打桩机、牵引设备、运河水道施工和养护系统、沟渠施工系统。

9. 压缩机、气压和水压工具。

10. 土方和公路施工压缩设备。

11. 混凝土和柏油公路施工机械和设备、水道和铁路铺设机械设备及维护。

12. 工程车辆。

13. 建筑设备和工具。

14. 施工现场的安装。

15. 水泥、石灰、灰泥板、沙土、砾石及碎石设施和机械。

16. 建筑材料回收及再循环设备和机械。

17. 水泥、石灰和灰泥板建筑的生产设施和机械。

18. 采石及石料加工设施和机械设备。

19. 测试设备和控制系统。

20. 驱动系统、液压工程、工程及建材机械和工程车辆的装配。

21. 工程建材机械及工程车辆的设备、零配件及替换配件。

三、展览地点

新慕尼黑展览中心。

四、主办者

慕尼黑博览集团（MesseMünchen）。

五、举办周期

三年一届。

六、首届时间

1954 年。

七、官方网站

http://www.bauma.de/en。

法国巴黎建材展（BATIMAT）

一、简介

每两年一届的法国巴黎建材展（BATIMAT）由励展博览集团主办，是世界上最著名的建材及设备展。主办方励展博览集团非常注重对展会的宣传，在法国的400多家媒体及国际媒体上做广告宣传，向专业人士寄发180多万张参观卡和100万份宣传电邮。在2007年的展会上，展会面积达到134 655平方米，吸引了2 779家参展商，其中45%以上的参展商来自法国本土外的48个国家及地区；共有来自全球141个国家的447 338位专业观众参加了此次展会。

二、展品范围

1. 主体工程区：屋架屋面、结构构件、通风管道、防水材料、保温隔热材料、吊顶、钢材、水处理系统等。

2. 五金及门窗区：木门窗、金属门窗、塑料门窗、复合材料门窗、橱柜、门窗闭锁开启系统、门窗密封材料、遮阳帘（蓬）及其自动开启设备、门窗小五金、门锁、玻璃制品、铁艺制品、百叶窗、木工配件、五金配件等。

3. 装饰装修区：壁炉及烟道、隔段材料、厨房装饰、游泳池设备、户外运动及娱乐设施、面砖、大理石、花岗石、石材石板、木质板材、油漆涂料、墙地面装饰材料、照明、装饰配件等。

4. 建筑施工设备区：木材加工设备、金属加工设备、塑料加工设备、施工机具、工具、工地安全和防护设备及用品、建筑工地使用的各种专用车辆等。

5. 其他：建筑安全系统、因特网管理系统、建材可再生材料、排水系统、真空吸尘系统、电梯、楼宇安全系统、多媒体功能设备、IT服务区、贸易媒体及服务性组织等。

三、地点

巴黎凡尔赛门展览中心。

四、主办者

励展博览集团。

五、举办周期

两年一届。

六、首届时间

1959年。

法国巴黎国际工程机械展（Intermat）

一、简介

法国巴黎国际工程机械展是法国最大的展览会，全球行业第二大展。2009年法国巴黎国际工程机械展在巴黎北维勒班隆重开幕。本届展会拥有21万平方米的展览面积，其中室外展示区达到3万平方米。超过1 450家国际展商参加了此次展会，包括中联重科、徐工、柳工等在内的中国工程机械制造商与利勃海尔、卡特彼勒、凯斯、大象等国际顶尖企业同台亮相。

二、展品范围

凡是与建筑及土木工程有关的各种机械设备及零配件都将在展会上展示，大体类别如下：

1.建筑原材料的处理机械及设备：水泥、石灰、石膏、沙石处理机械及设备；水泥、石灰、石膏预制件生产设备；采石设备及机械，天然石及人造石加工设备及技术；混凝土和砂浆制备、运输、振捣设备与机械；钢筋加工设备；工程原材料回收设备和机械。

2.一般工程机械：挖掘、推铲、粉碎等土方机械；钻孔、打桩、拔桩机械；土方及道路夯实机械；工程特种车辆；脚手架和模板；压缩机、气动和液压工具；装卸、起重机械。

3.特种工程机械：隧道工程机械和设备；铁路工程、河海水工建筑机械和设备；地下水位调节设备、工程用水泵。

4.部件、设备及配件：施工机具，建造体系、工艺、配件设备；建材检测、检验设备；土木建筑工程设备、工程车辆的马达和零部件；土木建筑工程机械及工程车辆的替换零部件、配件及设备。

5.其他机械与设备：污染防治机械与设备（水、大气、废弃物）；城市管理所需各种机械及设备（清扫、照明、城市交通、交通信号及管理系统、体育及社会教育设施、城市家具及布置）。

6.服务及其他：培训、信息、资料、广告；行业协会、技术协会、管理部门；金融机构、银行保险机构；监理、安全监督机构；检测、控制、调节；工程学；计算机应用，远程通信；其他。

三、地点

巴黎北维勒班展览中心。

四、主办者

爱博展览集团（Exposium）。

五、举办周期

三年一届。

六、首届时间

1988年。

七、官方网站

http：//en.intermat.fr。

美国拉斯维加斯国际工程机械展（Conexpo-Con/Agg）

一、简介

美国拉斯维加斯国际工程机械展（Conexpo-Con/Agg）是世界三大工程机械展之一，与德国Bauma展和法国Intermat展齐名，是2011年全球最大工程机械展。展会由美国设备制造商协会、美国预制混凝土协会、美国沙石协会主办，每三年一届，迄今已有近百年历史。展会规模宏大，客商众多，集中了世界知名品牌，是业内展示最新技术、设备和展品的重要平台。展会同时也云集了世界各地的采购商和专业观众。

二、展品范围

建筑机械设备及相关行业、工程机械设备及相关行业、混凝土设备及相关行业、工程车辆设备及相关行业、各类工程工具及配件。

三、地点

美国拉斯维加斯会展中心。

四、主办者

Association of Equipment Manufacturers（AEM）。

五、举办周期

三年一届。

六、首届时间

1909年。

七、官方网站

http://www.conexpoconagg.com。

科隆国际家具博览会（IMM）

一、简介

科隆国际家具博览会（IMM）是目前世界上规模最大的国际性家具博览会，来自全球各地的生产厂家在11个展馆约26万平方米的展出面积上展示全球家具发展的最新动向。IMM CUISINALE（两年一届的科隆国际厨房设备及浴室设施展）将作为科隆国际家具展的重要组成部分，同期举办。展会对参展企业实行严格的资格审核，要求报名参展的企业在报名时必须提供具体参展产品目录，以保证展会的档次，杜绝侵权问题的发生。

二、展品范围

1.国际基本产品区：客厅和卧室家具；桌台、座椅、餐厅家具、信息服务及物流；现代时尚的客厅和卧室家具、实木家具、仿古家具和复制家具。

2.厨房家具及设施；软体家具（成套家具、扶手椅、单体沙发、沙发床、躺椅）；板式家具；床垫及卧具系统、床、水床、被褥、床上用品及附件；现代设计家居、家居饰品、纺织品、灯具以及完整的居住空间设计理念等。

三、展览地点

科隆国际展览中心。

四、举办周期

一年一届。

五、首届时间

1949年。

德国杜塞尔多夫专业成衣博览会（CPD）

一、简介

德国杜塞尔多夫专业成衣博览会由德国IGEDO公司主办，一年举办两届。展会总面积超过20万平方米，有来自世界50多个国家和地区的2 000余家参展商，以及来自世界90个国家的5万名专业贸易商参加。CPD展目前已经成为包括女装、男装、童装、面料服饰在内的综合性展览会，是世界上规模和影响力最大的服装、服饰和面料博览会之一，被誉为"欧洲时装业的晴雨表"。CPD展兼有时装订货、信息汇集两大功能，是参展商与买家、经销商之间的贸易平台。CPD展注重中等并兼顾高档时装的市场定位，2月的展会主要展示秋冬季服装，8月的展会主要展示下年度的春夏服装。展会期间将举办几十场品牌服装发布会和时装表演，对把握国际流行趋势和获取市场信息有很大帮助。

二、地点

德国杜塞尔多夫展览中心（Düsseldorf Exhibition Centre）。

三、主办者

德国 IGEDO 公司。

四、举办周期

每年两次。

五、首届时间

1949年。

六、官方网站

http：//www.igedo.com/IGEDO/website/deutsch/igedo。

美国拉斯维加斯国际服装及面料辅料展览会

一、简介

美国拉斯维加斯国际服装及面料辅料展览会由美国 Advanstar Communications 集团旗下的 MAGIC 展览公司主办，是美洲地区最大的服装、服饰和面料贸易展览会。展出面积逾20万平方米，有来自110多个国家的3 200家厂商参展，接待专业观众96 000多人次。自2008年开始，SOURCING展区（制造企业区）的举办时间比其他展区提前多开一天，目的是让MAGIC品牌展区的参展企业（SOURCING展区的潜在品牌批发商）有一整天的时间可以到SOURCING展区采购，从而进一步提高了SOURCING展区的展出效果。

二、展品范围

各种女装、男装、套装、上装、针织服装、裘皮服装、晚装、婚纱装、青年服装、牛仔服装、服饰、浴装、内衣、服装饰品（领带、围巾、胸针等）、各种鞋帽及辅料、各种面料、皮革制品、各种服装附件（拉链、纽扣、衬布等）等。

三、地点

美国拉斯维加斯会展中心。

四、主办者

美国 MAGIC 展览公司。

五、举办周期

每年两次。

六、首届时间

1933年。

七、官方网站

http：//www.magiconline.com。

世界四大著名时装周

世界有四大著名时装周，分别在四个国际大都市举行，它们分别是意大利的米兰、英国的伦敦、美国的纽约、法国的巴黎。四大时装周每年一届，分为春夏（9、10月上旬）和秋冬（2、3月）两个部分，每次在大约一个月内相继举办300余场时装发布会。

一、美国纽约时装周

美国纽约时装周每年举办两次，2月份举办当年秋冬时装周，9月份举办次年的春夏时装周。近几年，美国纽约时装周一直得到梅赛德斯-奔驰汽车公司的冠名赞助，因此又被称为梅赛德斯-奔驰纽约时装周。美国纽约时装周在时装界拥有着至高无上的地位，名设计师、名牌、名模、明星共同交织出一场奢华的时尚盛会。

地点：美国纽约。

主办者：IMG Fashion公司。

举办周期：每年两次。

首届时间：1943年。

官方网站：http://www.newyorkfashionweek.com。

二、法国巴黎时装周

法国巴黎被誉为"服装中心的中心"。国际上公认的顶尖服装品牌设计和推销总部大部分都设在巴黎。从这里发出的信息是国际服装流行趋势的风向标，它不但引领法国纺织服装产业的走向，而且引领国际时装风潮。

地点：法国巴黎。

举办周期：每年两次。

首届时间：1910年。

官方网站：http://www.parisfashionweek.com。

三、米兰时装周

米兰是意大利一座有着悠久历史的文化名城，曾经是意大利最大的城市。米兰是世界时装业中心之一，其时装享誉全球。意大利是老牌的纺织品服装生产大国，意大利的纺织服装业产品以其精巧的设计和高超的技术享誉世界。

地点：意大利米兰。

主办者：Camera Nazionale della Mode Italiana。

举办周期：每年两次。

四、伦敦时装周

伦敦时装周在名气上可能不及巴黎和纽约的时装周，但它却以另类服装设计概念，以及奇异展出的形式而闻名。一些"奇装异服"以别出心裁的方式呈献出来，给参观者带来惊喜。

地点：英国伦敦。

举办周期：每年两次。

首届时间：1984年。

德国科隆五金展（International Hardware Fair Cologne）

一、简介

德国科隆五金展是国际五金及 DIY 行业规模最大、最有影响力的盛会。

二、展品范围

工具及配件、锁具及配件、保安系统、紧固件、卫生洁具及配件、门窗及配件、DIY 产品、园艺设备及花园用品、烧烤及露营设备等。

三、地点

德国科隆国际博览中心。

四、主办者

德国科隆国际展览公司。

五、举办周期

每两年一届。

六、首届时间

1952年。

七、官方网站

http：//www.parisfashionweek.com。

墨西哥国际五金展（Mexico National Hardware Show）

一、简介

该展每年在墨西哥第二大城市瓜达拉哈拉举办一届，是拉美最大规模的五金及建筑行业的专业展会，近几年，每届都有来自世界20多个国家和地区的约900家展商参展，展览面积 34 500 平方米，各类观众超过 65 000 人次。

二、展品范围

五金工具、锁具、园艺工具与设备、紧固件、卫浴管件、阀类、建筑材料及配件、油漆及涂料、化工材料、照明产品、各类灯具、电池、手推车等。

三、地点

墨西哥瓜达拉哈拉展览中心（Expo Guadalajara Exhibition Center）。

四、主办者

墨西哥国家工商部。

五、举办周期

每年一届。

六、首届时间

1989年。

七、官方网站

http：//www.expoferretera.com.mx。

美国拉斯维加斯国际五金工具及花园用品（National Hardware Show）

一、简介

美国国际五金工具及园艺展览会是目前国际上规模最大、最著名的五金工具专业展会之一，主办单位为美国励展公司。2008年，展出面积达 767 000 平方英尺，有来自 16

个国家和地区的 3 280 家展商参展，来自 30 多个国家和地区的 35 000 多名客商到会参观并洽谈。随着该展的规模不断扩大及展馆安排，2009 年该展会继续在拉斯维加斯举办，预计展览面积达到 1 000 000 平方英尺。

二、展品范围

1.工具类：手动工具、电动工具、园艺工具、小型加工机械等。

2.五金类：日用五金、建筑五金、装饰五金、紧固件、筛网等。

3.保安器材：锁类、防盗及报警产品、安全器材等。

4.汽车附件：维修工具、泵类及各类配件等。

5.照明器材：灯具及配件、节日灯、圣诞灯、草地灯、各类电工器材和材料等。

6.园艺及庭院产品：园林维护和修剪产品、铁艺产品、庭院休闲产品、烧烤产品等；

7.DIY 产品：家庭装饰和装修用品、宠物用品等。

8.厨房及卫浴产品：卫生洁具、浴室设备、厨房设备等。

三、地点

拉斯维加斯会展中心。

四、主办者

励展集团。

五、举办周期

每年一届。

六、首届时间

1945 年。

七、官方网站

http：//www.nationalhardwareshow.com。

美国拉斯维加斯国际消费电子展（CES）

一、简介

美国拉斯维加斯国际消费电子展（International Consumer Electronics Show）由美国电子消费品制造商协会（简称CEA）主办，每年1月在世界著名赌城——拉斯维加斯举办，是世界上最大、影响最为广泛的消费类电子技术年展，也是全球最大的消费技术产业盛会。该展览会专业性强，贸易效果好，在世界上享有相当高的知名度。历年的CES展会均云集了当前最优秀的传统消费类电子厂商和IT核心厂商，他们带去了最先进的技术理念和产品，吸引了众多的高新技术设备爱好者、使用者及业界观众。2009年第42届展览会展出净面积200万平方英尺（约合20万平方米），专业观众150 000人次，来自世界110多个国家及地区的参展企业近2 600家，其中包括Microsoft、IBM、Intel、Cisco、索尼、松下、三洋、夏普、先锋、东芝、飞利浦等国际知名企业。中国的海尔、海信、康佳、厦华、夏新、创维、先科、万利达、上广电等近百家知名企业参展，共结识和接待来自美国、加拿大、墨西哥、英国、德国、法国、意大利、日本、韩国、中美洲和南美洲以及中东地区等50多个国家的新老客户2 692家，达成价值3 153万美元的贸易合同和5 799万美元的意向性贸易协议，成交的商品主要有液晶电视、液晶显示器、车载影音系统、耳机、卫星接收设备、电子线缆、网络测试产品、电源、变压器、转换器、充电器及电池等。该展已成为中国电子产品出口美国的重要渠道之一。

二、参展范围

1.消费类电子产品：家庭影院、液晶电视、液晶显示器、DVD、MP3、MP4、广播电视设备及配套产品、卫星电视产品、蓝牙产品、数码产品、扬声器、耳机、录像设备、视听设备、摄像机、收音机、组合音响、汽车电子产品、GPS、电子礼品、各种灯具、钟表、激光唱机、电子琴、电子游戏机、电子娱乐产品。

2.通信产品及配件：移动电话、个人电脑、多媒体、软件、通信硬件、声音通信、数字通信、图像通信、移动通信和广播通信技术、卫星通信技术、通信电缆和光缆等传输设备、计算机配件、手机配件、网络产品、外设及配件等。

3.相关电子元器件及电子材料：电源及稳压气、电池、插座、电子元器件、组件、电子元器件、电线、电缆等。

三、地点

拉斯维加斯会展中心、桑德斯会展中心。

四、主办者

CEA美国消费电子协会。

五、举办周期

每年一届。

六、首届时间

1967年。

七、官方网站

http://www.cesweb.org。

德国汉诺威国际信息与通信技术博览会（CeBIT）

一、简介

CeBIT展览会源于1947年在德国汉诺威创立的旨在向国际市场展示德国产品的汉诺威工业展览（Hannover Messe）的办公自动化展区。1970年，意为"办公及信息技术中心"的德语缩写，CeBIT一词首次出现在展览会上。随着20世纪80年代个人电脑的快速发展，1986年CeBIT最终脱离汉诺威工业展览会而成为独立的IT展览。直到今天，CeBIT已发展成为全球规模最大的信息、通信和软件领域的权威展览会。2009年共有来自世界上77多个国家和地区的5 845家企业参展，展出净面积超过250 000平方米，分布在室内外的20多个展馆内。

二、展品范围

1.消费类电子：数码影像、数字娱乐、家庭娱乐产品、游戏硬件软件。

2.卫星导航、汽车解决方案、交通及运输。

3.互联网及移动解决方案：电子营销、数字媒体解决方案。

4.电脑及笔记本、周边及配件、显示技术及产品、数字标签技术及产品、机箱、音箱及电源、办公自动化、打印和复印及其配件、移动存储产品。

5.商务应用：公共资源、企业应用、产品管理系统、文件管理解决方案、行业解决方案、CRM、商业智能/企业信息集成、咨询和服务、企业内容管理、网站内容管理、自动识别系统（RFID）、安防、卡技术、人力资源管理。

6.通信：交换机、移动通信技术及产品、数据集成、无线技术及产品、广播及卫星通信、固定线路及IP技术及产品、网络技术及相关硬件和软件。

7.金融：银行设备及系统、金融解决方案、银行及金融服务类软件、保险公司软件、与银行和金融行业相关的卡技术、POS系统、自助服务终端系统（信息亭）。

三、地点

德国汉诺威展览中心。

四、主办者

德国汉诺威展览公司（Deutsche Messe AG）。

五、举办周期

每年一届。

六、首届时间

1947年。

七、官方网站

http://www.cebit.com.cn。

德国科隆国际家用电器博览会（DOMOTECHNICA）

一、简介

科隆国际家用电器博览会是由德国科隆国际展览公司独家举办的全球家电行业最大的、最具权威性的家用电器专业展览会，两年一届。从2006年起，科隆成为国际家用电器展的单一、永久举办地。2006年科隆家用电器博览会的展出面积逾80 000平方米，共有来自40多个国家的1 041家展商参展，更有来自115个国家的将近18 000人次的专业观众参加了此次盛会。

二、展品范围

1.大型家用电器：暖气、热水器及空调设备；烹调、焙制及烘烤设备；冰箱及冷冻设备；洗衣机、洗碗机、厨房设备及电器（包括水槽）。

2.小型电器：厨房设备、用具及小家电；小型加热器；清洁设备；空调设备、空气调节器；加湿器、风扇及小型空调；家庭健身与个人护理设备；卫生间设备。

3.部件及配件：大型及小型家用电器的模具、系统及零部件；水、煤气、油及通风装置的配件；灯具、照明用具及配件；其他配件及电气装置。

4.厨房设备：厨房内设施、设备；嵌入式厨房设备等。

5.家庭自动控制：照明、灯具和安全系统。

三、地点

德国科隆国际展览馆。

四、主办者

德国科隆国际展览公司。

五、举办周期

两年一届。

六、首届时间

1974年。

德国杜塞尔多夫国际医院设备展览会（MEDICA）

一、简介

该展由德国 Messe Düsseldorf GmbH 主办，为世界最大最权威的医院及医疗设备、用品专业展览会，以其不可替代的规模和影响力位居世界医疗贸易展的首位。有来自130多个国家和地区的 3 600 多家公司参展，其中51%来自德国以外的国家，展出总面积达 108 000 平方米。世界著名大公司和生产常规医院设备、医疗产品的生产企业都在展会推出最新产品，推广新技术；世界各地的医疗器械、药品批发商、采购商、卫生部门、医疗专业等顶尖业内人员云集展会，洽谈贸易，每届展会观众逾10万人次，是集科技、商贸和信息于一体的大型国际盛会。

二、展品范围

电子医疗设备技术、实验室设备和急救设备、诊断设备、各类成药、生化疗法/矫正术、外科及医院各种消耗品、棉织品及消毒清洁处理、建筑技术、医院通信技术、医院厨房和餐厅、医院家具及设施、服务及出版物等。

三、地点

杜塞尔多夫展览中心。

四、主办者

Messe Düsseldorf GmbH。

五、举办周期

每年一届。

六、首届时间

1968年。

七、官方网站

http://www.medica-tradefair.com。

美国国际空调、加热、制冷博览会（AHR Expo）

一、简介

美国国际空调、加热、制冷博览会是制冷、空调、通风和供暖工业（HVAC&R）领域中最大的国际展览会，由美国国际展览公司主办，美国、加拿大及北美地区各大工业领域的制造协会、联合会、工程协会等20多个组织机构联合支持。每年一届的美国国际空调、加热、制冷展集新产品、新思想、新服务于一体，吸引了大量的专业人士到场参观。2009年的AHR制冷展会在美国芝加哥举行，展出面积高达 600 000 平方英尺，共有 1 800 家包括来自参展商及 26 000 余名观众前来参展。

二、展品范围

1.制冷设备：冷凝系统、液冷系统、制冰设备、热力泵、其他制冷机器；热交换设备、蒸发器、冷凝器、水冷设备、空气压缩机、膨胀器、膨胀阀、制冷分配器、液体分离器、压力开关、恒温器、螺线管阀、截止阀、释压阀、干燥器、过滤器、除霜设备、马达、泵、计时器、继电器、制冷剂、制冷机润滑油、热导材料；冷藏与冷冻食品柜、冰淇淋机、冰片机、冷藏箱；冷藏格、冷冻格；冷藏集装箱、冷藏与冷冻食品柜零配件等。

2.建筑空调与通风：通风与空调系统设施、通风与空调系统的进气与排气设备、通风系统的中央进出气设备、通风与空调系统屋顶或室外装置、家用整体式空调机、家用分体及多重分体空调、风扇换流器；流动空气处理装置、风扇、隔音、吸音设备、排气管、防火烟控板、空气通道、吸顶式空调、热恢复系统、厨抽油烟机、控制、安全与监测系统。

3.制冷与空调的测量器具：温度计、压力计、湿度表等。

三、地点

美国芝加哥McCormick Place国际展览中心、奥兰多ORANGE COUNTY展览中心。

四、主办者

美国国际展览公司。

五、举办周期

每年一届。

六、首届时间

1930年。

七、官方网站

http：//www.ahrexpo.com。

德国纽伦堡国际玩具展览会（Spielwarenmesse International Toy Fair Nürnberg）

一、简介

德国纽伦堡国际玩具博览会每年举办一届，1949年始办，是世界玩具领域知名度最高、影响力最大、参展人数最多的三大玩具展之一。纽伦堡玩具展成为世界上首屈一指的并且趣味盎然的休闲盛会，因为几乎每年这里都会吸引来自100多个国家的8万名专业观众和60多个国家的2 000多名展商，以及6万余种新品玩具。玩具展为生产商带来的创新概念使之成为世界上最知名的发布新产品的平台。Spielwarenmesse的多样性和完整性体现在它的展品的多样化，从传统的玩具如玩偶、毛绒和木制玩具，到模型火车、模型汽车，以及其他模型类产品，到游戏软件、户外用品应有尽有。其他代表性的展品有原创设计和节日及流行玩具。德国纽伦堡玩具展览公司还为来自全球生产企业、批发商、进口商、超市、零售商场等领域的大型玩具企业定期提供会议场地，以此促进世界玩具产业的发展。

二、展品范围

玩具娃娃、毛绒玩具、皮毛玩具、木制玩具、竹编玩具；糖果玩具、积木玩具及实验玩具；户外运动用品；火车及轨道模型系列，汽车及快速轨道模型系列，机械玩具和电动玩具；建筑玩具及体育玩具，书籍及棋牌娱乐用品；制作模型、业余爱好、手工制作材料；节日用品及圣诞树饰品；电脑游戏软件和高科技玩具等。

三、地点

德国纽伦堡国际展览中心。

四、主办者

德国纽伦堡展览公司。

五、举办周期

每年一届。

六、首届时间

1949年。

七、官方网站

http：//www.toyfair.de；

http：//www.spielwarenmesse.de。

纽约玩具展（TOY FAIR）

一、简介

美国玩具工业协会主办的纽约玩具博览会是美洲最大的玩具博览会，也是世界三大玩具博览会之一，仅对专业观众开放。该展会历史悠久，成交效果显著。2009年该展净展出面积近4.2万平方米，来自94个国家和地区的近20 000名专业买家和玩具从业人员参观展会。770名美国和世界各地的媒体代表到会采访。有近2 100家公司参加了展出，吸引了来自世界各地的贸易观众达23 000人次。从2007年起，中国玩具展团已正式搬入纽约贾维茨会议中心3楼中心展区，与世界顶级玩具公司同台竞技，在同等质量的情况下充分展现了我国玩具产品的价格优势，观众络绎不绝，签单踊跃。

二、参展范围

儿童玩具、婴儿玩具、电动玩具、长毛绒填充玩具、益智玩具、户外运动玩具、木制玩具、模型、节日饰品、焰火圣诞树及饰品等。

三、地点

纽约贾维茨会展中心（Javits Exhibits）。

四、主办者

美国玩具工业协会（Toy Industry Association™）。

五、举办周期

每年一届。

六、官方网站

http：//www.toyassociation.org。

中国香港玩具展（Hong Kong Toys & Games Fair）

一、简介

中国香港玩具展充分应用了天时、地利及专业筹办等成功元素，成为亚洲首屈一指、全球排名第二的专业玩具展览盛会，蜚声全球。2008年该展会展出面积55 951平方米，共有来自36个国家和地区的2003家参展企业参展，来自130个国家和地区约30 000名买家到会采购各种产品，其中50.7%来自海外。尽管中国香港玩具展早已蜚声国际，但中国香港贸发局仍不遗余力通过各种途径招揽更多的新兴及发达市场潜力丰厚的买家和机构到场参观采购，2008年共有82个来自55个国家和地区的采购团到会，成效显著。

二、展品范围

婴儿玩具及用品；电池操作玩具及电子玩具；魔术用具；糖果玩具；压铸、机械玩具及动作玩偶；益智玩具及游戏；嗜好玩具；派对用品、玩具零件及配件；软身玩具及洋娃娃；户外及运动用品；纸品及玩具包装；综合产品。

三、地点

香港会展中心（Hong Kong Convention and Exhibition Centre）。

四、主办者

香港贸发局。

五、举办周期

每年一届。

六、首届时间

1995年。

七、官方网站

http：//hktoyfair.hktdc.com；

http：//fieurope.ingredientsnetwork.com。

美国拉斯维加斯珠宝展（JCK）

一、简介

世界上规模最大，影响最广泛的珠宝业盛会。作为国际知名的珠宝专业展览，JCK Las Vegas珠宝展汇集了国际知名的珠宝品牌，并吸引着世界各地的专业买家光临，成为珠宝商拓展国际业务、树立品牌形象以及寻求国际合作的绝佳平台。

二、展品范围

黄金首饰；铂金首饰；白银首饰；珍珠；钻石和宝石首饰；金条、金币、金箔、金表和其他黄金制品；钻石；玉石；宝石机械和设备；工具和技术；包装和陈列用品；相关产品和服务等。

三、地点

拉斯维加斯会展中心（Sands Expo Center）。

四、主办者

励展集团。

五、举办周期

每年一届。

六、首届时间

1991年。

七、官方网站

http：//www.jcklasvegasshow.com。

瑞士巴塞尔国际钟表珠宝博览会

一、简介

巴塞尔博览会是世界钟表和珠宝领域最大规模的展会，被视为全球奢侈品市场的风向标。展会的总面积约为16万平方米，每年有2 000多位展商参展，近10万名专业的观众买家和近2 500家国际媒体到会。

二、展品范围

各式钟表、手表及表带、古董珠宝、名特珠宝、各种宝石、珍珠、银器、首饰等。

三、地点

瑞士巴塞尔展览中心。

四、主办者

MCH公司。

五、举办周期

每年一届。

六、首届时间

1917年。

七、官方网站

http：//www.baselworld.com。

中国香港珠宝首饰展览会（Hong Kong Jewellery & Gem Fair）

一、简介

中国香港珠宝首饰展览会是世界三大珠宝展之一，在全球珠宝业举足轻重。自2006年起，展会由香港会议展览中心（会展中心）扩充至亚洲国际博览馆（博览馆），是中国香港唯一一个横跨两大展馆举行的大型商贸展览会，极具代表性。2009年中国香港珠宝首饰展览会，吸引超过3 000家来自44个国家及地区的优质参展商，约30 000名来自124个国家和地区的买家出席，阵容鼎盛。亚洲国际博览馆将会全场展出首饰的原材料，包括裸钻、珍珠、有色宝石、设备及包装产品，而会展中心则会成为所有珠宝成品专用的展览场地。

二、展品范围

黄金首饰；铂金首饰；白银首饰；珍珠；钻石和宝石首饰；金条、金币、金箔、金表和其他黄金制品；钻石；玉石；宝石机械和设备；工具和技术；包装和陈列用品；相关产品和服务等。

三、地点

亚洲国际博览馆（博览馆）及香港会议展览中心（会展中心）。

四、主办者

亚洲博闻有限公司。

五、举办周期

每年一届。

六、首届时间

1983年。

七、官方网站

http：// www.hkjewellery.hktdc.com。

德国世界食品博览会（ANUGA）

一、简介

德国科隆国际食品展览会是德国科隆国际展览公司主办的重要展览项目之一，一直是德国及国际食品饮料工业中最重要的贸易展览会，也是世界上最大的食品及饮料贸易展览会。该展会每届都吸引着来自世界各地的食品、饮料生产商和专业贸易人士，是食品行业中相互建立客户联系、订购产品的理想场所和交流盛会。展会清晰的布局（10个专业馆区分明显，使得参观者能够有目的、有选择的参观）、产品类目，以及参展产品所具有的国际级水准，使得展会上大量的产品系列显得更加透明，保证了展会的高度影响力。并根据参观者搜寻和购买的习惯布置相关的产品分布，给参观者也减少很多的不便。

二、展品范围

基本食品和精细食品；冷冻食品；肉制品；冷藏食品；奶制品；面包、焙烤食品和热饮；饮料；餐饮技术；零售技术；美食和美食鉴赏；有机世界；非处方药 OTC 论坛；协会、组织、贸易媒体、服务提供商和信息技术。

三、地点

德国科隆国际展览中心。

四、主办者

德国科隆国际展览公司。

五、举办周期

每两年一届。

六、首届时间

1922年。

七、官方网站

http：//www.anuga.cn。

巴黎国际建筑博览会（BATIMAT）

一、简介

世界上最著名的建材及设备展。2007年展会展出总面积225 361平方米，2 779家展商参展，其中1 198家为国际展商，来自48个国家和地区。展会吸引了447 338名专业观众，其中建筑承包商占36.2%，建筑师、零售、批发商占39.7%，施工企业、制造商、施工企业等占24.1%。主办方励展集团非常注重对展会的宣传，在法国的400多家媒体及国际媒体上做广告宣传，向专业人士寄发180多万份参观卡和100万份宣传电邮，因此每一届的法国巴黎建材展都得到了与会观众的好评。

二、展品范围

1.主体工程区：屋架、结构构件、屋顶、防水材料、保温隔热材料、主体结构材料和结构配件、水处理系统、排水系统。

2.门窗及五金区：门窗、木门窗、金属门窗、塑料门窗、复合材料门窗、门窗闭锁开启系统、遮阳帘（篷）及其自动开启设备、门窗密封材料、门窗小五金、门锁、玻璃制品、铁艺制品。

3.装饰装修区：各种隔断材料、橱柜、墙地面装饰材料、瓷砖、大理石、花岗石、其他石材、石板、木质板材、木地板、油漆涂料、壁炉及烟道、厨房装饰、照明、装饰材料、游泳池装修及其设备、露天家具及设施、户外运动及娱乐设施。

4.建筑施工设备区：木材加工设备、金属加工设备、塑料加工设备、施工机具、工具、工地安全和防护设备及用品、建筑工地所使用的各种专用车辆。

5.智能化楼宇区：有线和无线网络和安全系统、各种电梯、中央真空除尘系统、整合安装和设备管理系统；终端、探测器和控制器；安全、门禁、照明和多媒体功能的管理和控制；智能屋顶、室外控制系统、遥控服务、设施的监控和维护。

三、地点

巴黎凡尔赛门展览中心。

四、主办者

励展集团。

五、举办周期

两年一届。

六、首届时间

1959年。

七、官方网站

http://www.batimat.com。

意大利 Cosmoprof 美容展

一、简介

意大利 Cosmoprof 美容展成立于 1967 年，是全球美容品牌第一展，历史悠久、享有盛誉，每年定期在意大利博罗尼亚展览中心举行。2007 年，其净展出面积 7.5 万平方米，有来自世界 50 多个国家的近 2 000 家企业参展，其中国际参展商达到 1 000 家，到会参观采购的专业观众达到 12 万人次，其中有 25% 属于国际采购商。世界绝大部分著名美容品公司都在这里设立了大型展位，发布最新的产品和技术。除了大量产品和技术，Cosmoprof 还直接影响和创造着世界潮流的走向。

二、展品范围

化妆品、香水、专业美发产品、美容用具、口腔卫生用品、家用卫生洗涤用品、家用芳香用品、礼品、首饰、发廊和化妆品专卖店用家具和器械、发廊用品和最新产品、专业美容院产品及设备、专业媒体、化妆品包装及原材料等。

三、地点

意大利博罗尼亚会展中心。

四、主办者

SoGeCos。

五、举办周期

每年一届。

六、首届时间

1967年。

七、官方网站

http：//www.cosmoprof.com。

美国国际电力展 （POWER-GEN International）

一、简介

由专业提供能源信息的国际知名企业——PennWell传媒公司举办，且历届展会在全球范围内极具影响力和权威性，是位列全球第一的电力展会，同时也是一个全球范围的专业的电力行业产品交易场所。根据美国贸易展会周刊调查，POWER-GEN International也是美国前50个快速发展的展会之一。

二、展出内容

电厂发电技术、电厂运行与维护、新型燃气轮机技术、维修与检查、联合循环技术、未来服务概念、简单循环技术、性能提高解决方案与降低运营成本战略、燃气轮机燃煤电站改造、原动机经济学改良、联合发电、储运损耗管理与运营和维修服务外包、气化、自动化与控制系统、运作经验、锅炉改造；新增容量；以最低的成本发电、确保最佳性能的维护与维修技术、核电、输电系统、清洁煤炭与先进的煤炭燃烧技术；输电网发展：高压直流系统、高压交流系统、变电站设计、内燃机与柴油机、分布式发电、废物变能源、蒸汽轮机技术、超临界电厂、太阳能等。

三、地点

美国拉斯维加斯。

四、主办者

美国PennWell公司。

五、举办周期

每年一届。

六、首届时间

1986年。

七、官方网站

http：//www.power-gen.com。

柏林国际旅游交易会 （ITB）

一、简介

一年一度的柏林国际旅游交易会是国际旅游界公认的规模最大、层次最高、成果最为显著的国际旅游盛会，享有"世界旅游业奥林匹克"的盛誉。每年都有10 000多家参展商（其中80%来自国外）和175 000多名参观者来到国际旅游交易会。参展企业是旅游业界的佼佼者，引领着国际旅游业的最新潮流。2008年的交易会吸引了全球186个国家和地区前来参展，展场面积达16万平方米，分为40个展馆。

二、地点

柏林会展中心。

三、主办者

Messe Berlin GmbH。

四、举办周期

每年一届。

五、首届时间

1966 年。

六、官方网站

http：//www.itb-berlin.de。

德国柏林国际轨道交通技术展览会　（Innotrans）

一、简介

展览分为轨道技术展区、交通技术设施建设展区、隧道建设展区、公共交通展区和车辆内饰展区等五大展区。为参展商的产品和技术提供了最佳的展示效果。展会现已成为全世界轨道交通行业规模最大、发展最快、专业观众最多的国际展览盛会。

二、展品范围

轨道交通车辆成套设备及组件，车辆保养技术与产品；车内装置设备，车辆内饰产品；轨道交通基础设施建设；公共轨道交通，包括固定设施、乘客信息系统、票费管理等；运输信息技术，包括交通管理、通信、数据处理、货运交通物流等；隧道建设，包括隧道建设机械设备与部件、材料与技术、通信和安全工程、通风系统、电力供应和照明系统等；轨道交通专业服务，包括咨询、科研等专业机构等。

三、地点

柏林会展中心。

四、主办者

Messe Berlin GmbH。

五、举办周期

双年展。

六、首届时间

1996 年。

七、官方网站

http：//www.innotrans.com。

法兰克福车展　（Frankfurt Motor Show）

一、简介

法兰克福车展创办于 1897 年，是世界最大的车展，有"世界汽车工业奥运会"之称。在第 35 届之前，该车展的举办地在柏林，当时只有 8 辆机动车参展。此后移师法兰克福，并确定一年为轿车展，一年为商用车展。展览时间一般在 9 月中旬，每两年举办一次，展览场地净面积是 22 万平方米，展出的车辆主要有轿车、跑车、商用车、特种车、改装车及汽车零部件等。此外，为配合车展，德国还举行不同规模的老爷车展览。

二、地点

法兰克福会展中心。

三、主办者

Association of the German Automotive Industry　（VDA）。

四、举办周期

每年一届。

五、首届时间

1987年。

六、官方网站

http://www.iaa.de。

巴黎车展（Paris Motor Show）

一、简介

享誉全球的巴黎国际汽车展，自1898年创办以来，直至1976年每年一届，以后每两年一届，是世界第二大汽车展。巴黎车展的展览时间一般在9、10月间，每两年举办一次，展览时间与德国法兰克福车展交替举办，展览地点位于巴黎市区，共有8个展馆，展出的车辆主要有轿车、跑车、商用车、特种车、改装车、古董车、电动车及汽车零部件等。近几年，德国法兰克福车展和法国巴黎车展还有当地具有特色的日用百货展览也参与其中。巴黎车展是国际车展中商业味最浓的一个。

二、地点

凡尔赛门展览中心、法兰克福会展中心。

三、主办者

AMC PROMOTINE公司。

四、举办周期

两年一届。

五、首届时间

1898年。

六、官方网站

http://www.mondialautomobile.com。

日内瓦车展（The International Geneva Motor Show）

一、简介

日内瓦车展是欧洲唯一每年度举办的大型车展。每年3月份举行，是各大汽车商首次推出新产品的最主要的展出平台，素有"国际汽车潮流风向标"之称。日内瓦车展在展览面积7万多平方米的室内展馆举行，面积虽然不大，由于瑞士无汽车工业，日内瓦车展成为最无偏向性的国际车展。技术和观念是日内瓦车展的核心所在，因此高科技、高配置的豪华车和代表流行趋势的概念车是最大看点，它每年总能吸引着30个国家900多辆汽车参展，是世界上举足轻重的车展之一。车展期间，日内瓦大小饭店均告客满，由于人数众多，许多人不得不住到洛桑、苏黎世、伯尔尼等城市甚至邻近的法国。

二、地点

日内瓦Palexpo国际展览中心。

三、主办者

Orgexpo基金会。

四、举办周期

每年一届。

五、首届时间

1905年。

六、官方网站

http：//www.salon-auto.ch。

北美车展（North American International Auto Show）

一、简介

北美车展创办于1907年，最先叫做"底特律车展"，是世界最早的汽车展览之一，1989年更名为"北美国际汽车展"，每年1月份举行。近年来，概念车在北美车展上所占的比例越来越高。展览面积约8万平方米左右，会议室、会谈室近百个。车展每年为底特律带来了可观的经济收益，年平均在4亿美元以上。

二、地点

底特律市科博中心（Cobo Center）。

三、主办者

北美车展组委会。

四、举办周期

每年一届。

五、首届时间

1907年。

六、官方网站

http：//www.naias.com。

东京车展（Tokyo Motor Show）

一、简介

日本东京车展创办于上世纪40年代，每年10月底举行，单数年为轿车展，双数年为商用车展，历来是日本本土生产的各种千姿百态的小型汽车唱主角的舞台。展馆位于东京附近的千叶县幕张展览中心，是目前世界最新、条件最好的展示中心。展出的展品主要有整车及零部件。

二、地点

日本千叶市幕张国际会展中心。

三、主办者

日本汽车工业协会（JAMA）。

四、举办周期

每年一届。

五、首届时间

1954年。

六、官方网站

http：//www.tokyo-motorshow.com。

纽约国际车展（New York International Auto Show）

一、简介

始于1900年的纽约国际车展是北美地区历史最悠久、规模最盛大的车展。纽约车展每年在复活节之前的拉开序幕，并于复活节之后的第一个星期天谢幕，为其9天左右。

二、地点

纽约曼哈顿Jacob Javits会展中心。

三、主办者

北美国际汽车工业协会。

四、举办周期

每年一届。

五、首届时间

1900年。

六、官方网站

http：//www.autoshowny.com。

〔附录2〕 中国获UFI资格认证展览会名单

1.上海国际汽车工业展览会，www.autoshanghai.org。

2.中国国际工程机械、建材机械、工程车辆及设备博览会，www.b-china.cn。

3.北京国际工程机械展览与技术交流会，www.e-bices.org。

4.中国长春国际汽车博览会，www.auto-changchun.com。

5.中国国际服装服饰博览会，www.chiconline.com.cn。

6.中国国际投资贸易洽谈会，www.chinafair.org.cn。

7.国际医疗仪器设备展览会，www.chinamed.net.cn。

8.北京国际印刷技术展览会，www.chinaprint.com.cn。

9.国际制冷、空调、供暖、通风及食品冷冻加工展览会，www.cr-expo.com。

10.中国东莞国际鞋展·鞋机展，www.chinashoesexpo.com。

11.中国（深圳）国际钟表珠宝礼品展览会，www.fair.ewatch.cn。

12.中国国际医药（工业）展览会暨技术交流会，www.chinapharmex.com。

13.中国国际机床工具展览会，www.bjces.com.cn。

14.中国国际石油石化技术装备展览会，www.cippe.net。

15.中国国际纺织机械展览会暨ITMA亚洲展览会，www.citme.com.cn。

16.中国国际安全生产及职业健康展览会，www.sino-safework.org.cn。

17.中国（大连）国际服装纺织品博览会，www.cdigf.gov.cn。

18.中国国际模具技术和设备展览会，www.diemouldchina.com。

19.中国国际地面材料及铺装技术展览会，www.domotexasiachinafloor.com。

20.国际食品、饮料、酒店设备、餐饮设备、烘培及服务展览会，www.fhcchina.com。

21.中国国际家具生产装潢与装饰机械及配件展览会，www.furnitekchina.net。

22. 中国国际高新技术成果交易会，www.chtf.com。

23. 国际名家具（东莞）展览会，www.3f.net.cn。

24. 广州（锦汉）家居用品及礼品展览会，www.jinhanfair.com。

25. 锦汉纺织服装及面料展览会，www.jinhanfair.com。

26. 中国国际铸造、锻造及工业炉展览会，www.metal-metallurgy-cn.com。

27. 多国仪器仪表学术会议暨展览会，www.miconex.com.cn。

28. 中国国际加工、包装及印刷科技展览会，www.propakchina.com。

29. 中国国际流体机械展（新加坡）www.hqlink.com。

30. 中国国际通信设备技术展览会，www.ptexpo.com.cn。

31. 中国（深圳）国际品牌服装服饰交易会，www.szic.cn。

32. 深圳国际礼品、工艺品、钟表及家庭用品展览会，www.szsinoexpo.com。

33. 深圳国际玩具及礼品展览会，www.szsinoexpo.com。

34. 中国深圳国际机械及模具工业展览会，www.simmexpo.com。

35. 中国国际石材产品及石材技术装备展览会，www.stonetechfair.com。

36. 中国国际林业、木工机械与供应展览，www.woodmacchina.net。

37. 义乌国际袜子、针织及服装工业展（香港），www.2456.com/yiwu。

38. 华南国际印刷展（香港），www.adsale.com.hk/aes/en/exhs-index.asp。

39. 中国国际电力展（香港），www.adsale.com.hk/cn/index.asp。

40. 中国国际塑料橡胶工业展览会（香港），www.adsale.com.hk/cn。

41. 顺德木工展（香港），www.adsale.com.hk/aes/en/exhs-index.asp。

42. 华南国际包装技术展（香港），www.adsale.com.hk/aes/en/exhs-index.asp。

43. 中国国际线缆及线材展，www.wirechina.net。

44. 中国国际管材展，www.tubechina.net。

45. 中国（上海）国际建材及室内装饰展览会，www.expojc.com。

46. 中国国际染料工业暨有机颜料、纺织化学品展览会，www.chinainterdye.com。

47. 中国（深圳）国际文化产业博览交易会，www.cnicif.com。

48. 中国国际全印展-中国国际印刷技术及设备器材展，www.allinprint.com。

49. 中国国际社会公共安全产品博览会，www.cpse.com.cn。

50. 深圳国际家具、家居饰品、家具配料展览会，www.chinafurnitureexpo.com。

51. 中国国际家居博览会，www.homeexpo.net。

52. 亚洲国际流体机械展，www.psseries.com。

53. 中国国际中小企业博览会，www.csmef.com.cn。

54. 中国（上海）国际建筑节能及新型建材展览会，www.expojc.com。

55. 中国（东莞）国际纺织制衣、鞋机鞋材工业技术展，www.textilenclothing-dongguan.com。

56. 中国国际光电博览会（CIOE），www.cioe.cn。

57. 中国义乌国际小商品博览会，www.yiwufair.com。

58. 中国国际农用化学品及植保展览会，www.agrochemshow.com。